Ist es wahr, dass es Kontaktlinsen für Hunde gibt?

≈≈ Wassermann 6. Woche 07:49 ☉ 17:24 | 09:07 ☾ 23:37

8 Dienstag
Februar

2011

Ja!

Wird ein Hund alt, lässt oft das Sehvermögen nach. Obwohl der Hund seine Umgebung in erster Linie riechend wahrnimmt, bedeutet der Verlust des Augenlichts auch für Fiffi eine Einschränkung. Deshalb hat ein Unternehmen in Brandenburg mitgedacht und Kontaktlinsen für Tiere entwickelt. Diese werden nicht wie Tages- oder Monatslinsen nur von außen auf den Augapfel gesetzt, sondern durch eine Operation ins Auge gebracht. Sie ersetzen nämlich die kranken Linsen des Patienten.

Kontaktlinsen haben auch einem englischen Rennhundbesitzer aus der Patsche geholfen. Sein Schützling wurde immer nur Zweiter. Bei einer Untersuchung stellte sich heraus, dass der Hund so stark kurzsichtig war, dass er den vor ihm laufenden Hund zur Orientierung brauchte. Nach dem Besuch beim Augenarzt gewann der Hund wieder.

Am 8. Februar wurden geboren:

Alfred Gusenbauer (*1960), österreich. SPÖ-Politiker, Bundeskanzler 2007–2008; **John Grisham** (*1955), US-amerikan. Jurist und Schriftsteller; **Manfred Krug** (*1937), dt. Schauspieler; **James Dean** (1931–1955), US-amerikan. Schauspieler; **Franz Marc** (1880–1916), dt. Maler und Grafiker; **Paula Modersohn-Becker** (1876–1907), dt. Malerin; **Jules Verne** (1828–1905), frz. Schriftsteller

Ist es wahr, dass …? 2011

Gewinnen Sie tolle Preise beim
Harenberg Kalender-Preisausschreiben

Unsere Preisfrage finden Sie auf der Rückseite
und im Internet unter **www.harenberg-kalender.de.**
Sie können das Teilnahmeblatt auch schriftlich beim Verlag anfordern.

1. Preis:  Erfüllen Sie sich Ihren persönlichen Wunsch.

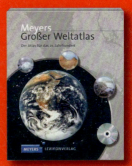

2.–5. Preis:

Je ein Exemplar
»Meyers Großer
Weltatlas (aktuelle
Ausgabe) im Wert
von je 99,95 €

6.–10. Preis:

Je ein Exemplar
»Harenberg Kalender
im Rahmen: Nature 2012«
im Wert von je 39,– €

11.–25. Preis:

Je ein Exemplar »Duden
– Zitate und Aussprüche«
im Wert von je 21,95 €

Die Preisfrage:
Wie viele Tage hat ein Schaltjahr?
☐ **364**   ☐ **365**   ☐ **366**

Bitte kreuzen Sie die richtige Antwort an und senden Sie Ihre Teilnahme-karte bis spätestens **31. März 2011** (Datum des Poststempels) per **Post** bzw. **Fax** oder nehmen Sie **online** teil. Vergessen Sie nicht, Ihre voll-ständige Anschrift einzutragen.

Die Ziehung der Gewinner erfolgt im April 2011. Eine Barauszahlung der Sachpreise ist nicht möglich. Alle Gewinner werden benachrichtigt und dürfen veröffentlicht werden, z.B. auf der Verlagsseite im Internet **(www.harenberg-kalender.de),** die Gewinnerliste können Sie beim Verlag anfordern. Mitarbeiter des Verlags und deren Angehörige können nicht teilnehmen. Der Rechtsweg ist ausgeschlossen.

Ja, der KV&H Verlag darf diese Angaben speichern. Er stellt sicher, dass meine Daten nicht an Dritte weitergegeben werden. Ich bin damit einverstanden, dass Sie mir gelegentlich neue Angebote zusenden. (Text ggf. streichen)

Absender

Anrede   ☐ Frau   ☐ Herr   Titel _____   Geburtsjahr └──┴──┴──┴──┘

_____
Vorname/Name

_____
Straße/Haus-Nr.

_____
PLZ/Ort

_____
Telefon/E-Mail   Ist es wahr, dass …? 2011

Per Post	**Per Fax**	**online**
Kundenservice Kalender	06 21 / 39 01-76 57 0	www.harenberg-kalender.de/
Postfach 10 03 11 · 68003 Mannheim		gewinnspiel

Ist es wahr, dass man schneller von West nach Ost fliegen kann als umgekehrt?

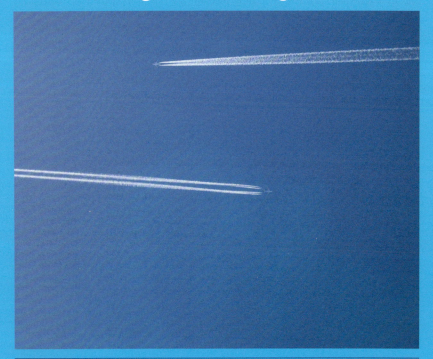

≋ Wassermann   6. Woche   07:47 ☉ 17:26 | 09:26 ☽ –

9 Mittwoch

Februar

2011

Ja!

Erddrehung und Wind sorgen dafür, dass ein Flug von London nach Miami neun Stunden, zurück aber nur acht Stunden dauert. In luftigen neun bis zwölf Kilometern Höhe bläst der Jetstream. Dort stoßen Hoch- und Tiefdruckgebiete aneinander, sodass hier aufgrund des Druckausgleichs zwischen den Luftmassen ein starker Wind entsteht, der eine Geschwindigkeit von bis zu 600 km/h erreichen kann. In Verbindung mit der Erddrehung bläst der Jetstream von West nach Ost.

Da der Jetstream ziemlich konstant auftritt, macht ihn sich die Luftfahrt zunutze und stimmt sowohl Flughöhe, Flugroute als auch Flugpläne auf ihn ab. Fliegt man nach Westen, versucht man, den Jetstream zu vermeiden. Fliegt man nach Osten, nutzt man den Jetstream als Rückenwind, um schneller zu fliegen und Treibstoff zu sparen.

Am 9. Februar wurden geboren:

Carla Del Ponte (*1947), schweizer. Juristin, Chefanklägerin des UN-Kriegsverbrechertribunals 1999 bis 2007; **Mia Farrow** (*1945), US-amerikan. Schauspielerin; **John Maxwell Coetzee** (*1940), südafrikan. Schriftsteller, Literaturnobelpreisträger 2003; **Gerhard Richter** (*1932), dt. Maler und Grafiker; **Thomas Bernhard** (1931–1989), österreich. Schriftsteller; **Brendan Behan** (1923–1964), ir. Schriftsteller; **Alban Berg** (1885–1935), österreich. Komponist

Ist es wahr, dass es in Europa keine

Malaria

gibt?

≈≈≈ Wassermann 6. Woche 07:46 ☉ 17:28 | 09:50 ☽ 00:45

10 **Donnerstag** **2011**
Februar

Nein!

Malaria gibt es auch in Europa, es muss nur warm genug sein. Wer in der Nähe eines Flughafens wohnt, ist im Sommer besonders gefährdet, da Mücken, die aus den Tropen kommen, laue Sommernächte überleben und hier ahnungslose Schläfer infizieren können. Deshalb kommt es immer wieder vor, dass vereinzelt Malariafälle auftreten, die aber meistens schnell erkannt und behandelt werden.

In Deutschland gab es bis in die 1950er-Jahre Malaria. 1826 gab es an der deutschen Nordseeküste sogar 10000 Infizierte und zahlreiche Todesfälle. Doch Wissenschaftler sehen die Gefahr einer erneuten Epidemie in Deutschland als gering an. Dazu seien zu wenige Menschen infiziert. Und denjenigen, die infiziert seien, werde schnell geholfen, sodass nur wenige Mücken den Erreger aufnehmen und verbreiten könnten.

Am 10. Februar wurden geboren:

Stephan Balkenhol (*1957), dt. Bildhauer; **Frank Bsirske** (*1952), dt. Gewerkschafter, Vorsitzender der Dienstleistungsgewerkschaft ver.di seit 2001; **Frank-Patrick Steckel** (*1943), dt. Theaterregisseur; **Bertolt Brecht** (1898–1956), dt. Schriftsteller und Regisseur; **Boris Pasternak** (1890–1960), russ. Schriftsteller, Literaturnobelpreisträger 1958; **Adelina Patti** (1843–1919), italien. Sängerin (Sopran)

Ist es wahr, dass das Frühstück die wichtigste Mahlzeit des Tages ist?

≈≈ Wassermann   6. Woche   07:44 ☉ 17:30 | 10:20 ☽ 01:53

11 Freitag
Februar

2011

Ja!

Wer seinem Magen morgens eine gute Grundlage gönnt, kommt besser durch den Tag. Beim Frühstück nehmen wir Kohlenhydrate zu uns, die das Gehirn zum Arbeiten braucht. Auch wird der Blutzuckerspiegel erhöht, was sich positiv auf die Konzentrationsfähigkeit auswirkt.

Das funktioniert aber nur, wenn das Frühstück auch einigermaßen gesund ist. Fett und Weißmehlprodukte sollten tabu sein. Kohlenhydrate, Obst in Form von Frischobst oder Saft und ungesüßter Tee oder Kaffee sind für Erwachsene in Ordnung. Dazu Vollkornbrot mit Quark oder Marmelade, ein Ei, für den, der es verträgt, ein Glas Milch. Mit einem solchen Frühstück bleibt die Leistungsfähigkeit länger erhalten.

Besonders Kinder sollten vernünftig frühstücken, damit in der Schule nicht der große Einbruch kommt.

Am 11. Februar wurden geboren:

Mary Quant (*1934), brit. Modedesignerin; **Gotthilf Fischer** (*1928), dt. Chorleiter; **Paul Bocuse** (*1926), frz. Meisterkoch; **Hans-Georg Gadamer** (1900–2002), dt. Philosoph; **Else Lasker-Schüler** (1869–1945), dt. Schriftstellerin; **Thomas Alva Edison** (1847–1931), US-amerikan. Erfinder (Glühlampe, Kinematograph); **Karoline von Günderode** (1780–1806), dt. Dichterin

Ist es wahr, dass …? 2011

Ist es wahr, dass Galileo Galilei von der katholischen Kirche verfolgt wurde?

≋ Wassermann 6. Woche 07:42 | 07:40 ☉ 17:31 | 17:33 | 10:58 | 11:49 ☽ 02:59 | 04:00

12 | 13 Samstag Sonntag Februar 2011

Ja!

Es waren aber nicht nur die Kirchenoberen, die bei Galilei »Stress« verursacht haben, sondern auch seine wissenschaftlichen Kollegen. Sie wollten beispielsweise die Entdeckung der Jupitermonde nicht wahrhaben, obwohl ein einfacher Blick durch Galileis Fernrohr ausgereicht hätte, um sich von deren Existenz zu überzeugen.

Die Kirche ging mit ihm nicht so streng ins Gericht wie mit vielen anderen, denn es war schon zu Galileis Zeit offensichtlich, dass die Wissenschaften und die strenge Auslegung der Bibel nicht vereinbar waren. Insbesondere Galileis heliozentrisches Weltbild, das die Sonne als Mittelpunkt des Universums ansah, wurde auch von den Jesuiten schon als mögliche Alternative zum geltenden geozentrischen Weltbild anerkannt. Deshalb fielen die Strafen für Galileis »Vergehen« auch vergleichsweise mild aus.

Am 12. Februar wurden geboren:

Max Beckmann (1884–1950), dt. Maler und Grafiker; **Abraham Lincoln** (1809–1865), US-amerikan. Politiker, Präsident der USA 1861–65; **Charles Darwin** (1809–1882), brit. Naturforscher; **Franz I.** (1768–1835), als Franz II. letzter röm.-dt. Kaiser 1792–1806, Kaiser von Österreich ab 1804

Am 13. Februar wurden geboren:

Robbie Williams (*1974), brit. Popsänger und Entertainer; **Sigmar Polke** (*1941), dt. Maler; **Georges Simenon** (1903–1989), belg. Kriminalschriftsteller; **Charles Maurice de Talleyrand** (1754–1838), frz. Politiker

Ist es wahr, dass …? 2011

Ist es wahr, dass Glühbirnen hauptsächlich durchbrennen, wenn sie eingeschaltet werden?

LESERFRAGE von **Detmar S.** aus Alzey

≈≈ Wassermann   7. Woche   07:38 ☉ 17:35 | 12:52 ☽ 04:54

14 Montag
Valentinstag
Februar

2011

Ja!

Ein Tippen auf den Schalter — puff, die Birne ist kaputt. Jedem ist das schon einmal passiert und jeder fragt sich dann: »Warum eigentlich?« Das hat physikalische Gründe: Eine kalte 60-Watt-Glühbirne hat einen elektrischen Widerstand von 53 Ohm. Wird nun der Lichtschalter betätigt, ergibt sich bei einer Spannung von 230 Volt eine Stromstärke von 4,3 Ampère. Das ist für das Birnchen schon ziemlich happig. Im Betrieb erhöht sich der Widerstand der Birne auf etwa 880 Ohm. Bei gleicher Spannung ergibt sich eine Stromstärke von nur 0,26 Ampère, also 17-mal kleiner als beim Einschalten.

Wenn die Birne älter oder von minderwertiger Qualität ist, übersteht sie diese großen Unterschiede bei der Stromstärke nicht und segnet das Zeitliche.

Am 14. Februar wurden geboren:

René Fleming (*1958), US-amerikan. Sängerin (Sopran); **Alexander Kluge** (*1932), dt. Schriftsteller und Filmregisseur; **Herbert A. Hauptman** (*1917), US-amerikan. Biophysiker, Chemienobelpreisträger 1985; **Fritz Zwicky** (1898–1974), schweizer. Physiker und Astronom; **Max Horkheimer** (1895–1973), dt. Philosoph und Soziologe (Frankfurter Schule); **Leon Battista Alberti** (1404–1472), italien. Baumeister und Kunsttheoretiker der Renaissance

Ist es wahr, dass rohes Gemüse mehr Nährstoffe als gekochtes enthält?

~~~ Wassermann   7. Woche   07:36 ☉ 17:37 | 14:06 ☽ 05:37

15 Dienstag
Februar

2011

Manchmal!

Es kommt auf das Gemüse und auf die Zubereitungsart an. Karotten, Zucchini und Brokkoli werden durchs Kochen sogar gesünder, wie italienische Forscher herausfanden. Die »antioxidative Gesamtleistung« steigt nämlich, weil die Inhaltsstoffe des Gemüses für den menschlichen Organismus leichter zugänglich sind, wenn das Gemüse gekocht ist. Antioxidanzien schützen die Körperzellen vor den »freien Radikalen«, die das Krebsrisiko erhöhen. Wird das Gemüse gekocht, freut sich außerdem der Verdauungstrakt, denn die Fasern werden elastischer, was den Darm bei seiner Arbeit entlastet.

Auch für die Zähne ist zu viel Rohkost nicht ganz unproblematisch: Ungekochtes besitzt oft einen hohen Säuregehalt, der den Zahnschmelz angreifen kann. Deshalb ist der Griff zur Zahnbürste auch nach dem Genuss von Rohkost ein Muss.

Am 15. Februar wurden geboren:

Jens Fiedler (*1970), dt. Radrennfahrer; **Elke Heidenreich** (*1943), dt. Journalistin und Schriftstellerin; **HAP (Helmut Andreas Paul) Grieshaber** (1909–1981), dt. Grafiker und Maler; **Susan Brownell Anthony** (1820–1906), US-amerikan. Frauenrechtlerin; **Ludwig XV.** (1710–1774), König von Frankreich 1715–74; **Galileo Galilei** (1564–1642), italien. Mathematiker, Philosoph und Physiker

Ist es wahr, dass Alexander der Große groß war?

〜〜 Wassermann   7. Woche   07:34 ☉ 17:39 | 15:29 ☽ 06:12

16 Mittwoch
Februar   **2011**

Nein!

Historiker gehen davon aus, dass Alexander richtig klein war, nämlich etwa 1,50 m. Was ihn groß machte, waren seine Erfolge bei der Eroberung anderer Länder und der Gründung zahlreicher Städte.

Während seines kurzen Lebens von 356 bis 323 v. Chr. vergrößerte er das Reich seines Vaters Philipp II. beträchtlich. Es reichte von Griechenland über die Türkei, Syrien, Iran, Irak, Afghanistan und Pakistan bis an Indien heran. Zusätzlich eroberte er Ägypten und wurde dort als Pharao angesehen. Schon zu seinen Lebzeiten rankten sich Legenden um den Schlachtenlenker, die im »Alexanderroman« gipfelten. Moderne Forscher bezweifeln jedoch, dass Alexander das taktische Genie war, als das er lange Zeit galt. Seine Entscheidungen seien teilweise nicht durchdacht und so mancher Rückzug sei tatsächlich eine militärische Katastrophe gewesen.

Am 16. Februar wurden geboren:

John McEnroe (*1959), US-amerikan. Tennisspieler; **John Schlesinger** (1926–2003), brit. Filmregisseur; **Ernst Haeckel** (1834–1919), dt. Zoologe und Philosoph (biogenetisches Grundgesetz); **Giambattista Bodoni** (1740–1813), italien. Buchdrucker, Schöpfer der Bodoni-Schrifttype; **Friedrich Wilhelm,** gen. **Der Große Kurfürst** (1620–1688), Kurfürst von Brandenburg 1640–88; **Philipp Melanchthon** (1497 bis 1560), dt. Humanist

Ist es wahr, dass man grünen Tee mehrmals aufgießen kann?

〜 Wassermann　　　7. Woche　　　07:32 ☉ 17:40 | 16:55 ☽ 06:41

17 **Donnerstag**
Februar

2011

Ja!

Doch die richtige Zubereitung will gelernt sein: Der erste Aufguss sollte höchstens 40 Sekunden lang ziehen. Er schmeckt dann nicht so bitter, enthält aber schon die Stoffe, die der Gesundheit zuträglich sind. Beim Aufgießen entfalten die Blätter ihr Aroma am besten, wenn sie im Teewasser schwimmen können. Ein großes Teesieb ist deshalb die beste Wahl. Sollen die Blätter bei einem weiteren Aufguss zum Einsatz kommen, verlassen sie die Teekanne zum Abtropfen. Beim nächsten Aufguss sollten die Blätter länger ziehen, und beim dann folgenden wieder etwas länger. Bis zu vier Minuten Ziehzeit sind maximal zu empfehlen.

Wie oft ein Tee aufgegossen werden kann, ist abhängig von seiner Qualität. Grüner Tee, der hierzulande erhältlich ist, verträgt zwei bis drei, hochwertige Oolongtees aus Taiwan schaffen bis zu neun Aufgüsse.

Am 17. Februar wurden geboren:

Paris Hilton (*1981), US-amerikan. Fotomodell, Schauspielerin und Unternehmerin; **Heinrich Breloer** (*1942), dt. Regisseur und Drehbuchautor; **Rita Süssmuth** (*1937), dt. CDU-Politikerin; **Friedrich Alfred Krupp** (1854–1902), dt. Unternehmer; **Georg Wenzeslaus von Knobelsdorff** (1699–1753), dt. Baumeister; **Arcangelo Corelli** (1653–1713), italien. Komponist

Ist es wahr, dass der **DURCHSCHNITT** immer die Mitte angibt?

♒ Wassermann   7. Woche   07:30 ☉ 17:42 | 18:23 ○ 07:05

18 Freitag
Februar

2011

Nein!

Der gemeinhin als »Durchschnitt« bezeichnete Wert ist das arithmetische Mittel, und dieses sagt nichts über die Verteilung von Werten aus. Es ist also nicht so, dass der Durchschnitt eine Menge in zwei Hälften teilt, so als würde man einen Kuchen durchschneiden.

Ein Beispiel: Kevin, Lea, Maxi und Romy haben keine Murmeln. Alexander hat aber 20 Murmeln. Bildet man den Durchschnitt, hätte jedes Kind vier Murmeln. Tatsächlich hat aber nur einer mehr und vier haben weniger als der Durchschnitt. Hätte Alexander 200 Murmeln, läge der Durchschnitt gar bei 40, was die Realität noch weiter verzerrt. Wenn Werte also ungleich verteilt sind, reicht ein Spitzenwert, um den Durchschnitt nach oben zu ziehen.

Am 18. Februar wurden geboren:

István Szabó (*1938), ungar. Filmregisseur; **Milos Forman** (*1932), tschech.-US-amerikan. Filmregisseur; **Toni Morrison,** eigtl. **Chloe Anthony Wofford** (*1931), US-amerikan. Schriftstellerin, Literaturnobelpreisträgerin 1993; **André Breton** (1896–1966), frz. Schriftsteller, Theoretiker des Surrealismus; **Nikos Kasantzakis** (1883–1957), neugriech. Dichter; **Hedwig Courths-Mahler** (1867–1950), dt. Schriftstellerin; **Ramakrishna** (1834–1886), hinduist. Reformer und Philosoph

Ist es wahr, dass Reis eine Wasserpflanze ist?

♓ Fische　　　7. Woche　　　07:29 | 07:27 ☉ 17:44 | 17:46 | 19:50 | 21:17 ☾ 07:27 | 07:48

19|20　Samstag
　　　　Sonntag
　　　　Februar　　2011

Nein!

Der Urreis, den Menschen vor fast 10 000 Jahren domestiziert haben, war keine echte Wasserpflanze, sondern gedieh dort, wo häufig Niederschläge vorkamen. Selbst heute gibt es eine Form des Reisanbaus, die auf überschwemmte Felder verzichtet. Das kann in Niederungen oder an Berghängen geschehen, sodass man hier von »Trockenreis« oder »Bergreis« spricht.

Da diese Form des Reisanbaus weniger Ertrag bringt, werden rund 80% des Reises im Nassanbau erwirtschaftet. Hierbei steht die Pflanze ständig im Wasser und holt sich hieraus ihre Nährstoffe. Der Vorteil dabei: Durch die permanente Bewässerung haben Unkräuter und Schädlinge wenig Chancen, sich zu vermehren. Doch selbst beim Nassanbau wird deutlich, dass es sich um keine Wasserpflanze handelt, da Reis auf ein ziemlich trockenes Feld gesät werden muss, das erst später geflutet wird.

Am 19. Februar wurden geboren:

Prinz Andrew (*1960), zweiter Sohn der brit. Königin Elisabeth II.; **Gabriele Münter** (1877–1962), dt. Malerin (Blauer Reiter); **Sven Hedin** (1865–1952), schwed. Asienforscher; **Luigi Boccherini** (1743–1805), italien. Komponist; **Nikolaus Kopernikus** (1473–1543), Astronom

Am 20. Februar wurden geboren:

Gordon Brown (*1951), brit. Labour-Politiker, Premierminister seit 2007; **Sidney Poitier** (*1927), US-amerikan. Schauspieler; **Heinz Erhardt** (1909–1979), dt. Humorist; **Enzo Ferrari** (1898–1988), italien. Automobilkonstrukteur

Ist es wahr, dass …? 2011

Ist es wahr, dass es einen Bahnhof mit Kusszone gibt?

)(Fische   8. Woche   07:25 ☉ 17:48 | 22:43 ☾ 08:10

21 Montag
Februar

2011

Ja!

Einige Engländer konnten es wohl nicht ertragen, dass an ihrem Bahnhof hemmungslos geknutscht wird, sodass im Bahnhof von Warrington im Nordwesten Englands eine Kusszone eingerichtet wurde. Offizielle Begründung: Die Küssenden blockieren den Eingang zum Bahnhof und versperren so ankommenden Taxis den Weg.

Deshalb weist ein Kussverbotsschild deutlich darauf hin, dass hier keine Intimitäten erwünscht sind; stattdessen soll die eigens eingerichtete Kusszone genutzt werden. Wer widerrechtlich vor dem Bahnhof knutscht, wird mit 30 Pfund zur Kasse gebeten. Ob jemand schon einmal die Strafe kassiert hat, ist übrigens nicht bekannt. Bekannt ist aber, dass bei anderen englischen Bahnhöfen keine Kusszonen geplant sind.

Am 21. Februar wurden geboren:

Håkan Nesser (*1950), schwed. Kriminalschriftsteller; **Margarethe von Trotta** (*1942), dt. Schauspielerin und Filmregisseurin; **Harald V.** (*1937), König von Norwegen ab 1991; **Andrés Segovia y Torres** (1893 bis 1987), span. klassischer Gitarrist; **John Mercer** (1791–1866), brit. Chemiker und Industrieller (Baumwollveredelung); **Peter III.** (1728–1762), russ. Zar, Ehemann von Katharina II.

Ist es wahr, dass …? 2011

Ist es wahr, dass man aus Toten Diamanten machen kann?

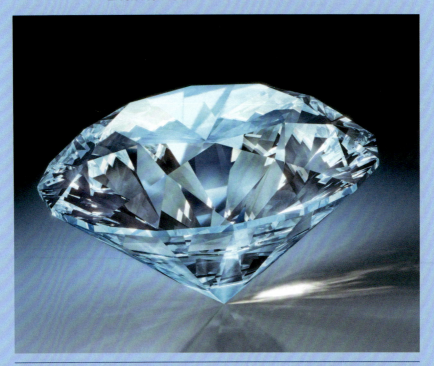

♓ Fische   8. Woche   07:22 ☉ 17:49 – ☾ 08:35

22 Dienstag
Februar
2011

Ja!

Der Mensch trägt Kohlenstoff in sich, der Diamant auch. Was liegt also näher, als aus einem Menschen einen Diamanten zu machen? Diese ziemlich absonderliche Idee stammt aus den USA und mittlerweile hat sich auch eine Firma in der Schweiz dem Herstellen von »Leichenklunkern« verschrieben.

Zunächst muss der Verblichene eingeäschert werden. Aus einem Teil dieser Asche wird Kohlenstoff isoliert, der in einer Diamantpresse bei einem Druck von rund 80 000 Atmosphären und 3000 °C zu einem Kunstdiamanten gepresst wird. Der ganze Vorgang dauert etwa sechs bis acht Wochen. Form, Farbe und Karatzahl kann der Kunde variabel festlegen. Grenzen setzt hier nur der Geldbeutel, denn ein Diamant kann gut und gern bis zu 10 000 Euro kosten. In Deutschland ist die Diamantbestattung verboten, aber die Schweiz ist ja nicht weit …

Am 22. Februar wurden geboren:

Niki Lauda (*1949), österreich. Automobilrennfahrer; **Horst Köhler** (*1943), dt. Finanzfachmann und CDU-Politiker, Bundespräsident seit 2004; **Giulietta Masina** (1921–1994), italien. Schauspielerin, Ehefrau Federico Fellinis; **Luis Buñuel** (1900–1983), span. Filmregisseur; **August Bebel** (1840–1913), dt. sozialdemokratischer Politiker; **Arthur Schopenhauer** (1788–1860), dt. Philosoph; **George Washington** (1732 bis 1799), US-amerikan. General, erster Präsident der USA 1789–97

Ihre Meinung ist uns wichtig!

Wir danken Ihnen, dass Sie sich für einen Harenberg Kalender entschieden haben. Damit wir unsere Kalender für Sie noch attraktiver gestalten können, sind wir an Ihren Anregungen, aber auch an Ihrer Kritik sehr interessiert. Bitte beantworten Sie folgende Fragen, damit wir noch mehr für Sie tun können.

- **Wie zufrieden sind Sie mit diesem Kalender?** _____
  Wir bitten um Ihre Bewertung in Schulnoten von 1 = sehr zufrieden bis 6 = überhaupt nicht.

- **Was gefällt Ihnen an diesem Kalender am besten?**
  _____
  _____

- **Gibt es etwas, das Ihnen an diesem Kalender nicht gefällt?**
  _____
  _____

- **Was vermissen Sie in diesem Kalender, was würden Sie ergänzen?**
  _____
  _____

- **Ich habe diesen Kalender** ○ selbst gekauft ○ geschenkt bekommen.
- **Ich benutze diesen Kalender zum** ○ ersten Mal oder ○ _____ Mal.
- **Wollen Sie den Kalender auch im nächsten Jahr wieder nutzen?** ○ ja ○ nein
- **Welche Themengebiete interessieren Sie am meisten?**
  ○ Gesundheit und Ernährung ○ Kurioses und Anekdoten ○ Geschichte und Politik
  ○ Haus und Garten ○ Sport und Freizeit ○ Allgemeinwissen ○ Tiere und Pflanzen

Sie können uns Ihre Meinung auch online mitteilen: **www.harenberg-kalender.de/meinung**

Informationsgutschein

☐ Bitte senden Sie mir kostenlos Informationen zur neuen Kalender-Edition.

Absender

Anrede   ☐ Frau   ☐ Herr   Titel _____   Geburtsjahr |___|___|___|___|

_____
Name

_____
Vorname

_____
Straße/Haus-Nr.

_____
PLZ/Ort

_____
Telefon/E-Mail

_____
Datum/Unterschrift   Ist es wahr, dass ...? 2011

Ja, der KV&H Verlag darf diese Angaben speichern. Er stellt sicher, dass meine Daten nicht an Dritte weitergegeben werden. Widersprechen Sie dem Speichern Ihrer Daten, streichen Sie diesen Text.

Per Post

Kundenservice Kalender
Postfach 10 03 11 · 68003 Mannheim

Per Fax

06 21 / 39 01-76 880

Per E-Mail

bestellen@
derkalenderverlag.de

Ist es wahr, dass Reis
weniger Kalorien
enthält
als Nudeln?

)(Fische   8. Woche   07:20 ☉ 17:51 | 00:07 ☾ 09:04

23 Mittwoch
Februar   **2011**

Nein!

Nudeln und Reis enthalten in etwa die gleiche Menge an Kalorien, nämlich rund 120 kcal pro 100 g. Das Problem bei den Nudeln: Sie kommen gern mit einem Käse-Sahne-Sößchen daher, das ziemlich viel Fett enthält. Werden die stark kohlenhydrathaltigen Nudeln mit Fett gemeinsam eingenommen, freuen sich die körpereigenen Fettspeicher, denn das Fett kann sich so schnell einlagern.

Am gesündesten genießt man deshalb Nudeln und Reis als Beilage ohne üppige Soßen. Bei Nudeln sind solche ohne Eier oder Vollkornnudeln am besten, beim Reis sind Naturreis und Parboiledreis gesünder als weißer oder polierter Reis.

Am 23. Februar wurden geboren:

Peter Fonda (*1939), US-amerikan. Filmschauspieler; **Erich Kästner** (1899–1974), dt. Schriftsteller; **Elisabeth Langgässer** (1899–1950), dt. Schriftstellerin; **Karl Jaspers** (1883–1969), dt. Philosoph des Existenzialismus; **Mayer Amschel Rothschild** (1744–1812), dt. Bankier, Gründer der Rothschild-Banken; **Georg Friedrich Händel** (1685–1759), dt. Komponist

Ist es wahr, dass ein Museumsbesuch anstrengender als eine Wanderung sein kann?

♓ Fische   8. Woche   07:18 ☉ 17:53 | 01:26 ☾ 09:41

24 Donnerstag
Februar
2011

Ja!

Auch wenn sich bildungsferne Zeitgenossen bei einem Museumsbesuch schrecklich langweilen können, vollbringt der Körper beim Gang durch heilige Hallen oder muffige Gänge wahre Höchstleistungen. Meistens merken wir erst am Abend, wie anstrengend es war, wenn wir mit dicken Füßen und schweren Beinen auf der Couch liegen.

Gehen, stehen bleiben, wieder langsam ein paar Schritte weiter und wieder stehen bleiben. So bewegt man sich durchs Museum. Ans kraft- und schwungvolle Gehen ist im Museum nicht zu denken. Es überwiegen die Haltekräfte und solche, die nötig sind, um zu beschleunigen und wieder abzubremsen. Das geht nicht auf die großen, sondern auf die kleinen Muskelgruppen, was deutlich anstrengender ist. Zudem bietet die oft schlechte Raumluft nicht unbedingt eine optimale Sauerstoffversorgung des Körpers.

Am 24. Februar wurden geboren:

Alain Prost (*1955), frz. Automobilrennfahrer; **John Neumeier** (*1942), US-amerikan. Choreograf; **Bettino Craxi** (1934–2000), italien. Politiker, Ministerpräsident 1983–87; **Richard Hamilton** (*1922), brit. Maler (Pop-Art); **Franz Burda** (1903–1986), dt. Verleger; **Wilhelm Grimm** (1786–1859), dt. Literaturwissenschaftler, Sammler von Märchen und Sagen; **Karl V.** (1500–1558), röm.-dt. Kaiser 1530–56

Ist es wahr, dass …? 2011

Ist es wahr, dass Banken gut mit dem Geld ihrer Kunden umgehen können?

♓ Fische   8. Woche   07:16 ☉ 17:55 | 02:36 ☾ 10:27

25 **Freitag**
Februar   **2011**

Nicht immer!

Niemand, der im Jahr 2008 halbwegs aufmerksam die Nachrichten verfolgt hat, wird glauben, dass Banken Kompetenzprofis in Sachen Geld sind. Da wurden faule Kredite fein in ganzen Kreditpaketen versteckt und an andere Banken verhökert. Die haben nichts gemerkt, bis das große Erwachen kam und sie nicht mehr zahlungsfähig waren.

Eigentlich hätten diese faulen Kredite erst gar nicht vergeben werden dürfen, denn bevor jemand Geld geliehen bekommt, sollte geprüft werden, ob er überhaupt in der Lage ist, den Kredit zurückzuzahlen. Das ist nicht passiert, und so haben Tausende Geldanleger ihr Geld in Fonds investiert oder Zertifikate gekauft, die nachher nichts mehr wert waren.

Am 25. Februar wurden geboren:

Franz Xaver Kroetz (*1946), dt. Dramatiker; **George Harrison** (1943–2001), brit. Popmusiker; **Anthony Burgess** (1917–1993), brit. Schriftsteller; **Gert Fröbe** (1913–1988), dt. Schauspieler; **Karl May** (1842–1912), dt. Schriftsteller; **Auguste Renoir** (1841–1919), frz. Maler, Grafiker und Bildhauer; **Carlo Goldoni** (1707 bis 1793), italien. Komödiendichter des Rokoko

Ist es wahr, dass der Eid des Hippokrates von Hippokrates stammt?

♓ Fische | 8. Woche | 07:14 | 07:12 ☉ 17:57 | 17:58 | 03:36 | 04:23 ☾ 11:22 | 12:25

26 | 27 Samstag / Sonntag / Februar 2011

Vielleicht!

Der griechische Arzt Hippokrates lebte etwa von 460 bis 370 v. Chr. Zum ersten Mal erwähnt wurde der Eid einige Jahrhunderte später, im 1. Jh. n. Chr., vom römischen Arzt Scibonius Largus. Woher dieser den Eid hat, ist unklar, sodass nicht mit Sicherheit gesagt werden kann, ob Hippokrates der Urheber ist.

Schon in der ursprünglichen Fassung kommen Elemente wie Verschwiegenheitspflicht, Verbot des Schwangerschaftsabbruchs oder der aktiven Sterbehilfe und das Handeln zum Wohl der Patienten vor. Einen großen Raum nimmt auch die Verbreitung des Ärztehandwerks ein, denn ein Arzt durfte sein Wissen nur seinen Söhnen oder denen seines Lehrers sowie ordentlichen Studenten weitergeben.

Die moderne Alternative des Eides ist die Genfer Deklaration des Weltärztebundes, die 1948 in Kraft trat.

Am 26. Februar wurden geboren:

Michel Houellebecq (*1958), frz. Schriftsteller; **Ariel »Arik« Scharon** (*1928), israel. Politiker, Ministerpräsident 2001–2006; **Buffalo Bill**, eigtl. **William Frederick Cody** (1846–1917), US-amerikan. Pionier und Offizier; **Victor Hugo** (1802–1885), frz. Schriftsteller

Am 27. Februar wurden geboren:

Elizabeth Taylor (*1932), brit.-US-amerikan. Filmschauspielerin; **Alfred Hrdlicka** (1928–2009), österreich. Bildhauer, Grafiker und Maler; **John Steinbeck** (1902–1968), US-amerikan. Schriftsteller, Literaturnobelpreisträger 1962; **Rudolf Steiner** (1861–1925), österreich. Anthroposoph

Ist es wahr, dass …? 2011

Ist es wahr, dass **alle vier Jahre** ein Schaltjahr ist?

| ♓ Fische | 9. Woche | 07:10 ☉ 18:00 \| 04:59 ☾ 13:33 |

28 Montag
Februar

2011

Nein!

Wer am 29. Februar 1896 geboren wurde, musste acht Jahre bis zu seinem nächsten Geburtstag warten. Das Jahr 1900 war nämlich kein Schaltjahr, weil es bei vollen Hundertern kein Schaltjahr gibt.

Keine Regel ohne Ausnahme: Ist die Jahreszahl durch 400 ganzzahlig teilbar, gibt es doch wieder den 29. Februar, so geschehen beispielsweise im Jahr 2000. Der nächste »Doppelnuller« mit Schaltjahr wird entsprechend erst im Jahr 2400 sein.

Das Schaltjahr verdanken wir dem julianischen Kalender, der ab 45 v. Chr. alle vier Jahre einen Zusatztag pro Jahr vorsah. Weil ein Sonnenjahr aber eben minimal kürzer als 365,25 Tage ist, war der Kalender im Jahr 1582 schon zehn Tage weiter als die Sonne. Deshalb beschloss Papst Gregor XIII., bei vollen Hundertern, die nicht durch 400 teilbar sind, nicht zu »schalten«. Das Kalenderjahr dauert deshalb 365,2425 Tage.

Am 28. Februar wurden geboren:

Erika Pluhar (*1939), österreich. Schauspielerin und Chansonsängerin; **Klaus Staeck** (*1938), dt. Grafiker; **Frank O. Gehry** (*1929), US-amerikan. Architekt; **Linus Pauling** (1901–1994), US-amerikan. Chemiker, Chemienobelpreisträger 1954, Friedensnobelpreisträger 1962; **Alfred von Schlieffen** (1833–1913), preuß. Generalfeldmarschall (Schlieffen-Plan); **Michel Eyquem de Montaigne** (1533–1592), frz. Schriftsteller und Philosoph

Ist es wahr, dass Beethoven »Für Elise« für Elise geschrieben hat?

♓ Fische 9. Woche 07:08 ☉ 18:02 | 05:28 ☾ 14:43

1 **Dienstag**

März

2011

Nein!

Unzählige Kinder haben das Klavierstück in a-Moll im Klavierunterricht gespielt und sich wahrscheinlich gefragt, wer denn diese Elise war. Falsch gefragt, denn die melodiöse Elise war wahrscheinlich eine Therese. Diese Dame wäre beinahe Frau van Beethoven geworden, denn der Komponist hegte im Jahr 1810 Heiratsgedanken mit der Tochter des Großhändlers Jacob Malfatti, doch kam diese Verbindung nie zustande.

Dass aus der Therese dann eine Elise wurde, liegt wahrscheinlich an Beethovens unleserlicher Handschrift. Der Musikwissenschaftler Ludwig Hohl bekam 1865 das original aufgeschriebene Musikstück in die Hände und deutete den Titel entsprechend. Kurze Zeit später verschwand das Original, sodass sich heute niemand mehr an des Komponisten »Sauklaue« versuchen kann.

Am 1. März wurden geboren:

Harry Belafonte (*1927), US-amerikan. Sänger und Schauspieler; **Yitzhak Rabin** (1922–1995), israel. Politiker, Ministerpräsident 1974–77 und 1992–95, Friedensnobelpreisträger 1994; **David Niven** (1909 bis 1983), brit. Schauspieler; **Glenn Miller** (1904–1944), US-amerikan. Orchesterleiter und Posaunist; **Oskar Kokoschka** (1886–1980), österreich. Maler und Schriftsteller des Expressionismus; **Frédéric Chopin** (1810–1849), poln. Komponist und Pianist

Ist es wahr, dass …? 2011

Ist es wahr, dass es eine einheitliche Rechtschreibung in Deutschland gibt?

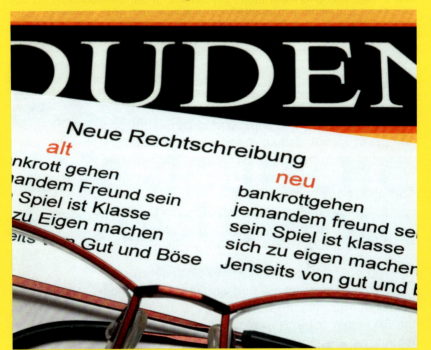

♓ Fische 9. Woche 07:06 ☉ 18:04 | 05:50 ☾ 15:52

2 Mittwoch
März

2011

Im Wesentlichen ja!

Im Land der Dichter und Denker kann zwar im privaten Bereich jeder so schreiben, wie er will, für Schulen und Behörden gibt es jedoch eine verbindliche Rechtschreibung. Diese Norm lässt in manchen Bereichen verschiedene Schreibungen gelten, z. B. ist sowohl eng befreundet als auch engbefreundet korrekt. Auch Schreibweisen von Wörtern mit fremdsprachigem Ursprung lassen Spielraum: Fotografie und Photographie sind gleichermaßen möglich.

Verantwortlich für eine gewisse Freiheit bei der schriftlichen Gestaltung ist die Rechtschreibreform, mit der 1996 neue Regelungen eingeführt wurden. Das Ganze wurde 2004 und 2006 noch einmal überarbeitet und gilt seit dem 1. August 2006 auch offiziell. Seitdem ist es für Eltern, die mit ihren Grundschulkindern Deutsch üben müssen, nicht unbedingt einfacher geworden …

Am 2. März wurden geboren:

Daniel Craig (*1968), brit. Schauspieler; **Jon Bon Jovi** (*1962), US-amerikan. Rocksänger; **Lou Reed** (*1942), US-amerikan. Sänger und Gitarrist; **Michail Sergejewitsch Gorbatschow** (*1931), sowjet. Politiker, KPdSU-Generalsekretär 1985–91, Staatspräsident 1990/91; **Walter Bruch** (1908–1990), dt. Ingenieur und Fernsehpionier; **Kurt Weill** (1900–1950), dt. Komponist; **Pius XII.**, eigtl. **Eugenio Pacelli** (1876 bis 1958), Papst 1939–58

Ist es wahr, dass …? 2011

Ist es wahr, dass

das Lichtjahr

eine Zeitspanne angibt?

)(Fische   9. Woche   07:04 ☉ 18:05 | 06:09 ☾ 17:00

3 **Donnerstag**
März

2011

Nein!

Das Lichtjahr gibt eine Entfernung an. Laut Definition ist es die Strecke, die das Licht im Vakuum in einem tropischen Jahr zurücklegt. Das entspricht ungefähr einer Entfernung von 9,5 Billionen km. Wenn Entfernungen innerhalb unseres Sonnensystems angegeben werden, bedient man sich der kleineren Einheiten Lichtsekunde, -minute, -stunde oder -tag. So ist die Sonne beispielsweise 8,3 Lichtminuten von der Erde entfernt, der Mond nur 1,3 Lichtsekunden. Um zum nächsten potenziell bewohnbaren Planeten zu gelangen, braucht das Licht 20,5 Jahre.

Obwohl in Fernsehen und Presse oft von »Lichtjahr« die Rede ist, ist es keine wissenschaftliche Einheit. Astronomen rechnen lieber in Parsec – einer Abkürzung für Parallaxensekunde –, die 3,26 Lichtjahren entspricht.

Am 3. März wurden geboren:

Ariane Mnouchkine (*1939), frz. Schauspielerin, Regisseurin und Theaterleiterin; **Heiner Geißler** (*1930), dt. CDU-Politiker; **Gudrun Pausewang** (*1928), dt. Schriftstellerin; **Ronald Searle** (*1920), engl. Zeichner; **Fritz Thiedemann** (1918–2000), dt. Springreiter; **Jean Harlow** (1911–1937), US-amerikan. Filmschauspielerin; **Alexander Graham Bell** (1847–1922), brit.-US-amerikan. Erfinder (Telefon)

Ist es wahr, dass …? 2011

Ist es wahr, dass ein Dackel gegen einen Braunbären gewinnen kann?

♓ Fische   9. Woche   07:01 ☉ 18:07 | 06:26 ● 18:07

4 Freitag
März

2011

Ja!

Dass Dackel frech sind, wissen nicht nur Dackelbesitzer, dass sie jedoch einen ausgewachsenen Braunbären in die Flucht schlagen können, ist neu. So geschehen 1998 in der Nähe der kroatischen Stadt Rijeka.

Als ein 46-jähriger Mann im Wald von einem Braunbären attackiert wurde, zeigte sein vierbeiniger Begleiter Heldenmut. Herrchen lag schon verletzt am Boden und der Bär ließ nicht locker. Unerschrocken sprang Dackel Bobi auf den Rücken des Bären und biss zu. In Kombination mit lautem Gebell schien der Dackel wohl derart furchteinflößend, dass Meister Petz das Weite suchte. Bis auf leichte Verletzungen bei Herr und Hund ging die Sache glimpflich aus. Fragt sich nur, ob der Bär ernsthaft Schaden genommen hat …

Am 4. März wurden geboren:

Jan Garbarek (*1947), norweg. Jazzsaxofonist; **Miriam Makeba** (1932–2008), südafrikan. Sängerin; **Bernhard Haitink** (*1929), niederländ. Dirigent; **Alan Sillitoe** (*1928), engl. Schriftsteller; **Hans Jürgen Eysenck** (1916–1997), dt.-brit. Psychologe; **Antonio Vivaldi** (1678–1741), italien. Komponist und Violinist; **Heinrich der Seefahrer** (1394–1460), Infant von Portugal und Entdeckungsreisender

Ist es wahr, dass man durch übermäßiges Essen den Magen überdehnen kann?

)(Fische   9. Woche   06:59 | 06:57 ⊙ 18:09 | 18:10 | 06:42 | 06:58 ☽ 19:13 | 20:19

Samstag
Sonntag
März

2011

Ja!

Der Magen ist ein sehr dehnbares Hohlorgan aus Muskelgewebe. Im leeren Zustand fasst er etwa 75 Milliliter. Mit ein wenig Übung und der Zufuhr von ausreichend Nahrungsmitteln lässt er sich auf 2,5 Liter ausdehnen. Das schaffen aber nur geübte Esser; in der Regel ist ein Magen bei 1,5 Litern Inhalt gefüllt.

Stößt man bei einem üppigen Mahl an die Grenzen seines Fassungsvermögens, macht sich dies mit Magendruck, Völlegefühl und unter Umständen sogar mit Schmerzen bemerkbar. Für die Ausdehnung des Magens sorgen Zellproteine, dank deren Hilfe sich der Magen entspannen und mehr Nahrung aufnehmen kann. Sie werden dann stimuliert, wenn Nervenzellen in der Magenwand bestimmte Stoffe ausstoßen.

Genauso wie man den Magen dehnen kann, kann man ihn auch verkleinern. Das geht meistens jedoch nur operativ, z. B. mit einem Magenband.

Am 5. März wurden geboren:

Felipe González Márquez (*1942), span. sozialistischer Politiker, Ministerpräsident 1982–96; **Pier Paolo Pasolini** (1922–1975), italien. Schriftsteller und Filmregisseur; **Rosa Luxemburg** (1870–1919), dt. sozialistische Politikerin (Spartakusbund); **Giovanni Battista Tiepolo** (1696–1770), italien. Maler des Barock

Am 6. März wurden geboren:

Gabriel García Márquez (*1927), kolumbian. Schriftsteller, Literaturnobelpreisträger 1982; **Friedrich von Bodelschwingh** (1831–1910), dt. ev. Theologe; **Michelangelo Buonarroti** (1475–1564), italien. Bildhauer, Maler, Baumeister und Dichter

Ist es wahr, dass …? 2011

Ist es wahr, dass Fasching ein heidnischer Brauch ist?

)(Fische 10. Woche 06:55 ☉ 18:12 | 07:14 ☽ 21:26

7 Rosenmontag
März

2011

Vielleicht!

Dass Fasching, Fastnacht oder Karneval in die Nähe des Frühlings fällt, ist kein Zufall. Als die Erde noch nicht elektrifiziert und damit ziemlich dunkel war, feierten die Menschen mit dem Fasching das Ende des Winters und den Einzug des Frühlings mit der allseits erwachenden Natur. Die alten Germanen versuchten den Winter zu vertreiben, indem sie sich per Kostüm in Geister und Kobolde verwandelten und mit Ratschen oder Rasseln mächtig Lärm machten – so die landläufige Meinung.

Die neuere Fastnachtsforschung steht dem germanischen Ursprung jedoch kritisch gegenüber. Sie führt an, dass vor allen Dingen während der NS-Zeit germanische Bräuche herangezogen wurden, um Feste zu erklären. Tatsächlich verdichtet sich aber die Lehrmeinung, dass Fastnacht ein christliches Fest ist, das den Beginn der Fastenzeit einläutet.

Am 7. März wurden geboren:

Ivan Lendl (*1960), tschech.-US-amerikan. Tennisspieler; **Walter Röhrl** (*1947), dt. Automobilrennfahrer; **Rudi Dutschke** (1940–1979), dt. Studentenführer; **Anna Magnani** (1908–1973), italien. Schauspielerin; **Heinz Rühmann** (1902–1994), dt. Schauspieler; **Maurice Ravel** (1875–1937), frz. Komponist; **Piet Mondrian** (1872–1944), niederländ. Maler

Ist es wahr, dass

Dreck?

den Magen reinigt?

LESERFRAGE
von **Jens J.**

♓ Fische   10. Woche   06:53 ☉ 18:14 | 07:33 ☽ 22:33

8 **Dienstag**
Fastnacht
März

2011

Nicht unbedingt!

Dreck reinigt nicht den Magen, der Kontakt mit demselben kann aber positive Auswirkungen auf die Gesundheit haben. Zu viel Sauberkeit ist nämlich ungesund. Wenn der Mensch, vor allen Dingen der sehr junge Mensch, nicht in Kontakt mit diversen Keimen gelangt, wird sein Immunsystem arbeitslos. Allergien und chronische Atemwegserkrankungen können die Folge sein.

Nun gibt es auch Erde, die für die innere und äußere Anwendung gedacht ist: die Heilerde. Sie besteht aus Silikaten und Mineralien, darunter Silizium, Kalzium, Aluminium und Eisen. Nimmt man sie als Pulver, Getränk oder in Pillenform ein, kann sie Magensäure binden und so bei Sodbrennen und Magen-Darm-Beschwerden helfen. Äußerlich aufgetragen soll sie bei Akne und Entzündungen gute Dienste tun. Das macht zwar den Magen nicht sauber, ist aber dennoch nützlich.

Am 8. März wurden geboren:

Timo Boll (*1981), dt. Tischtennisspieler; **Anselm Kiefer** (*1945), dt. Maler; **Walter Jens** (*1923), dt. Schriftsteller, Kritiker und Literaturwissenschaftler; **Heinar Kipphardt** (1922–1982), dt. Schriftsteller; **Otto Hahn** (1879–1968), dt. Chemiker, Chemienobelpreisträger 1944; **Carl Philipp Emanuel Bach** (1714–1788), dt. Komponist

Was **SIE** schon immer wissen wollten!
Schreiben Sie uns Ihre Frage und gewinnen Sie!

Ist es wahr, dass

_____

_____

_____ ?

Die originellsten Fragen werden in den Harenberg-Kalender »Ist es wahr, dass …?« aufgenommen und beantwortet.

Unter allen Einsendern verlosen wir: 10 Harenberg Premium Kalender »Geheimnisvolle Natur 2012«

Alle Teilnehmer, deren Frage abgedruckt wird, erhalten den Kalender »Ist es wahr, dass …?« als Geschenk und werden zusammen mit der Frage veröffentlicht. Bitte haben Sie Verständnis, dass Ihre Frage nur im Fall der Veröffentlichung beantwortet wird.

Senden Sie uns die Frage per Post, per Fax oder per E-Mail.

Informationsgutschein

☐ Bitte senden Sie mir kostenlos Informationen zur neuen Kalender-Edition.

Absender

Anrede   ☐ Frau   ☐ Herr   Titel _____   Geburtsjahr |___|___|___|___|

_____
Name

_____
Vorname

_____
Straße/Haus-Nr.

_____
PLZ/Ort

_____
Telefon/E-Mail

_____
Datum/Unterschrift   Ist es wahr, dass ...? 2011

Ja, der KV&H Verlag darf diese Angaben speichern. Er stellt sicher, dass meine Daten nicht an Dritte weitergegeben werden. Widersprechen Sie dem Speichern Ihrer Daten, streichen Sie diesen Text.

Per Post
Kundenservice Kalender
Postfach 10 03 11 · 68003 Mannheim

Per Fax
06 21/39 01-76 880

Per E-Mail
bestellen@
derkalenderverlag.de

Ist es wahr, dass der Bodensee der größte See Deutschlands ist?

)(Fische　　　10. Woche　　　06:51 ☉ 18:16 | 07:55 ☽ 23:41

9　**Aschermittwoch**　　　　**2011**

　　März

Je nachdem!

Die Müritz ist der größte See, der komplett innerhalb Deutschlands liegt. Seine Wasserfläche von 109 km² ist jedoch deutlich kleiner als die des Bodensees, der im Ganzen 536 km² groß ist. Beim Bodensee ist jedoch zu berücksichtigen, dass ein Teil seiner Wasserfläche, nämlich gut 40 %, auf Österreich und die Schweiz entfällt. Dennoch ist selbst bei Abzug der Fremdwasserfläche der deutsche Wasseranteil noch größer als bei der Müritz.

Das Spiel auf die Spitze treiben kann man, wenn man den größten See Baden-Württembergs betrachtet. Hier wäre der größte Binnensee der Schluchsee mit einer Größe von schnuckeligen 5,1 km², einer Fläche, die über hundertmal in den Bodensee hineinpasst. Das haben nämlich Experten des Statistischen Landesamtes offiziell festgestellt.

Am 9. März wurden geboren:

Juliette Binoche (*1964), frz. Schauspielerin; **Bobby Fischer** (1943–2008), US-amerikan. Schachspieler; **Juri Alexejewitsch Gagarin** (1934–1968), sowjet. Kosmonaut, erster Mensch im All; **Peter Scholl-Latour** (*1924), dt. Journalist; **Vita Sackville-West** (1892–1962), engl. Schriftstellerin; **Amerigo Vespucci** (1454 bis 1512), italien. Seefahrer, Namensgeber Amerikas

Ist es wahr, dass …? 2011

Ist es wahr, dass die Sphinx weiblich ist?

♓ Fische   10. Woche   06:48 ☉ 18:17 | 08:22 ☽ –

10 **Donnerstag**
März   **2011**

Nein!

Die Mehrzahl der Sphingen ist männlich. Das liegt auch in der Natur der Sache, da die Statue einen männlichen Löwen mit Menschenkopf darstellt. Meistens war dies die Abbildung eines Pharaonenkopfes, wie auch bei der Großen Sphinx von Giseh, die wahrscheinlich König Cheops darstellt. Neben Menschenköpfen wurden auch Löwenkörper mit den Köpfen von Falken, Widdern oder Sperbern kombiniert.

Dass ein männliches Objekt im Deutschen einen weiblichen Artikel besitzt, geht vermutlich auf die Wortherkunft aus dem Griechischen zurück. Hier bezeichnete »Sphinx« ursprünglich die Tochter von Typhon und Echidna, beides Gestalten aus der griechischen Mythologie. Das grammatische Geschlecht dieses Wortes war bei den Griechen eindeutig weiblich, genau wie bei uns im Deutschen.

Am 10. März wurden geboren:

Jupp Derwall (1927–2007), dt. Fußballtrainer; **Paul Wunderlich** (*1927), dt. Maler, Grafiker und Bildhauer; **Albert Fraenkel** (1848–1916), dt. Arzt, Entdecker des Erregers der kruppösen Lungenentzündung; **Joseph von Eichendorff** (1788–1857), dt. Schriftsteller der Romantik; **Luise** (1776–1810), preuß. Königin als Frau von Friedrich Wilhelm III.; **Friedrich von Schlegel** (1772–1829), dt. Kulturphilosoph und Dichter der Frühromantik

Ist es wahr, dass …? 2011

Ist es wahr, dass nur Frankreich eine Fremdenlegion hat?

♓ Fische 10. Woche 06:46 ☉ 18:19 | 08:57 ☽ 00:46

11 Freitag
März

2011

 **Nein!**

Auch in Spanien setzt man auf die Kampfkraft von unerschrockenen Söldnern. Seit 1920 verdingen sich Elitesoldaten in der Spanischen Legion, zu Beginn waren etwa ein Viertel ausländische Freiwillige. Die durften zunächst in Marokko kämpfen, das zu dieser Zeit ein spanisches Protektorat war, um die Bevölkerung »ruhigzustellen«. Unter General Francisco Franco trug die Spanische Legion an der Seite der deutschen Legion Condor und mit Unterstützung italienischer Freiwilliger dazu bei, dass dieser seine Diktatur errichten konnte.

Heute beteiligt sich die Legion vornehmlich an Friedensmissionen wie etwa im ehemaligen Jugoslawien, in Haiti oder im Irak. Ausländer dürfen nur noch eintreten, wenn ihre Muttersprache Spanisch ist.

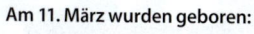

Am 11. März wurden geboren:

Nina Hagen (*1955), dt. Rocksängerin; **Janosch,** eigtl. **Horst Eckert** (*1931), dt. Schriftsteller und Illustrator; **Joachim Fuchsberger** (*1927), dt. Schauspieler; **Harold Wilson** (1916–1995), brit. Labour-Politiker, Premierminister 1964–70 und 1974–76; **Robert Havemann** (1910–1982), dt. Chemiker und DDR-Regimekritiker; **Helmuth James von Moltke** (1907–1945), dt. Jurist und Widerstandskämpfer gegen das NS-Regime

Ist es wahr, dass

Wirtschaftswachstum

mehr Arbeitsplätze bringt?

| ♓ Fische | 10. Woche | 06:44 | 06:42 ☉ 18:21 | 18:23 | 09:41 | 10:37 ☾ 01:48 | 02:43 |

12 | **13** Samstag
            Sonntag
            März
                        2011

Nicht unbedingt!

Ein Blick in die Statistiken offenbart, dass seit 1971 die deutschen Wirtschaftsdaten viermal rückläufig waren, sich aber die Anzahl der Erwerbstätigen elfmal verringert hat, teilweise, obwohl die Wirtschaft gewachsen ist. Ob Wachstum mehr Beschäftigung generiert, hängt von der Höhe des Wachstums ab. Fällt es gering aus, können die Beschäftigten die gestiegene Nachfrage durch eine höhere Produktivität ausgleichen. Erst ab einem bestimmten Wert werden mehr Arbeitskräfte nachgefragt. Dieser Wert ist die »Beschäftigungsschwelle«.

Ihre Höhe schwankt je nach Rahmenbedingungen. Sie ist höher, wenn Unternehmer bei einem Wachstum lieber in den technischen Fortschritt investieren, als Leute einzustellen. Erst wenn die Produktivität nicht mehr gesteigert werden kann, werden Arbeitsplätze und damit Arbeitskräfte benötigt.

Am 12. März wurden geboren:

Liza Minnelli (*1946), US-amerikan. Sängerin und Schauspielerin; **Edward Albee** (*1928), US-amerikan. Dramatiker; **Mustafa Kemal Atatürk** (1881–1938), türk. Politiker, Staatsgründer der Türkei; **Gabriele D'Annunzio** (1863–1938), italien. Dichter

Am 13. März wurden geboren:

Wolfgang Rihm (*1952), dt. Komponist; **Theo(dor) Albrecht** (*1922), dt. Unternehmer (Aldi); **Oskar Loerke** (1884–1941), dt. Schriftsteller; **Karl Friedrich Schinkel** (1781–1841), dt. Baumeister; **Joseph II.** (1741–1790), röm.-dt. Kaiser 1765–90

Ist es wahr, dass …? 2011

Ist es wahr, dass die GEZ Peilwagen gegen Schwarzseher einsetzt?

)(Fische 11. Woche 06:39 ☉ 18:24 | 11:44 ☽ 03:29

14 Montag
März
2011

Nein!

Der GEZ liebstes »Nervinstrument« sind Briefe, mit denen vermeintliche Schwarzseher aufgefordert werden, doch bitte ihre Geräte anzumelden. Um dem Ganzen Nachdruck zu verleihen, sind die Briefe ziemlich zackig formuliert und enthalten auch gleich den Hinweis auf ein mögliches Bußgeld. Fruchtet das nicht, fangen Außendienstmitarbeiter an, im Umfeld des Verdächtigen zu »recherchieren«. Hierbei kann auch schon mal der Nachbar befragt werden.

Mit Peilwagen werden Schwarzseher aber nicht ausfindig gemacht. Wahrscheinlich hat wieder ein Messwagen der Regulierungsbehörde für Post- und Telekommunikation Ihren Weg gekreuzt. Hiermit werden elektromagnetische Störfelder gesucht, die für Funk und Telefon problematisch werden können. Radiowellen oder terrestrische Fernsehsignale können dabei nicht geortet werden.

Am 14. März wurden geboren:

Wolfgang Petersen (*1941), dt.-US-amerikan. Regisseur; **Albert Einstein** (1879–1955), dt.-US-amerikan. Physiker, Physiknobelpreisträger 1921; **Paul Ehrlich** (1854–1915), dt. Mediziner, Medizinnobelpreisträger 1908; **Ferdinand Hodler** (1853–1918), schweizer. Maler; **Johann Strauß (Vater)** (1804–1849), österreich. Komponist (Walzer, Märsche); **Georg Philipp Telemann** (1681–1767), dt. Komponist

Ist es wahr, dass …? 2011

Ist es wahr, dass Greifvögel am besten sehen können?

)(Fische · 11. Woche · 06:37 ☉ 18:26 | 13:00 ☽ 04:07

15 Dienstag März   2011

Nein!

Wer Adleraugen hat, kann schon richtig gut sehen, wer Mantelgarnelenaugen hat, noch besser. Die Mantelgarnele sieht nämlich alles! Ihre Augen sitzen auf je einem beweglichen Stiel, sodass sie sich – wie bei einem Chamäleon – unabhängig voneinander bewegen lassen. Jedes Auge besitzt drei Pseudopupillen. Die machen 3-D-Brillen überflüssig, denn der Mantelgarnele reicht ein Auge, um damit dreidimensional sehen zu können.

Und schließlich sieht die Mantelgarnele die Welt kunterbunt, denn sie sieht alle Wellenbereiche von Ultraviolett bis Infrarot. Dazu kommt polarisiertes Licht, mit dem sie ihre Beute besser identifizieren kann.

Am 15. März wurden geboren:

Ry Cooder (*1947), US-amerikan. Rockmusiker (»Buena Vista Social Club«); **Elisabeth Plessen** (*1944), dt. Schriftstellerin; **Zarah Leander** (1907–1981), schwed. Schauspielerin und Sängerin; **Berthold Graf Schenk von Stauffenberg** (1905–1944), dt. Jurist und Widerstandskämpfer gegen das NS-Regime; **Paul Heyse** (1830–1914), dt. Schriftsteller, Literaturnobelpreisträger 1910

Ist es wahr, dass ...? 2011

Ist es wahr, dass Päpste ihr Amt nicht aufgeben dürfen?

♓ Fische　　　11. Woche　　　06:35 ☉ 18:28 | 14:22 ☽ 04:38

16 Mittwoch
März **2011**

Nein!

Einmal Papst, immer Papst – das muss nicht sein. Wenn das Oberhaupt der katholischen Kirche sein Amt abgeben und abdanken möchte, kann er dies tun. Voraussetzung dafür ist, dass es freiwillig geschieht und öffentlich bekannt gemacht wird.

Geregelt ist dies im Canon 332, Absatz 2 des kanonischen Rechts: »Falls der Papst auf sein Amt verzichten sollte, ist zur Gültigkeit verlangt, dass der Verzicht frei geschieht und hinreichend kundgemacht, nicht jedoch, dass er von irgendwem angenommen wird.« Im medialen Zeitalter könnte der Papst also per Fernsehansprache jederzeit seinen Rücktritt verkünden, der dann auch sofort wirksam wäre.

In der Praxis hat jedoch erst ein Papst freiwillig abgedankt: Papst Coelestin V. warf 1294 nach etwa einem halben Jahr das Handtuch, weil er ohnehin nicht wollte und sich als Spielball der Mächtigen in Rom sehr unwohl fühlte.

Am 16. März wurden geboren:

Isabelle Huppert (*1953), frz. Schauspielerin; **Bernardo Bertolucci** (*1941), italien. Filmregisseur; **Nadja Tiller** (*1929), dt.-österreich. Schauspielerin; **Elisabeth Flickenschildt** (1905–1977), dt. Schauspielerin; **Clemens August Graf von Galen** (1878–1946), dt. kath. Theologe, Bischof von Münster ab 1933, Kardinal 1946; **Georg Simon Ohm** (1789–1854), dt. Physiker

Ist es wahr, dass
Fleischliebhaber
öfter Nierensteine bekommen?

)(Fische 11. Woche 06:33 ☉ 18:29 | 15:47 ☽ 05:04

17 **Donnerstag**
März
2011

Nein!

Eine Vielzahl von Faktoren spielt bei der Bildung von Nierensteinen eine Rolle. Zunächst ist ein Mangel an Flüssigkeit zu nennen. Im Urin sind verschiedene Stoffe gelöst wie beispielsweise Harnsäure, Kalzium, Phosphat und Oxalat. Wenn ein Mensch zu wenig trinkt, ist die Konzentration dieser Stoffe im Urin höher, unter Umständen so hoch, dass sie Kristalle bilden. Diese können immer größer und schließlich zu Nierensteinen werden. Deshalb gilt: viel trinken!

Aber auch die Ernährung kann Nierensteine begünstigen. Wer viele Milchprodukte zu sich nimmt, sorgt für einen steigenden Kalziumspiegel. Wer gern Fleisch verzehrt, erhöht den Harnsäurespiegel im Urin – beides Stoffe, die bei der Nierensteinbildung eine Rolle spielen. Und schließlich sind Bewegungsmuffel gefährdet, weil auch bei ihnen der Kalziumspiegel steigen kann.

Am 17. März wurden geboren:

Rudolf Gametowitsch Nurejew (1938–1993), russ. Tänzer und Choreograf; **Siegfried Lenz** (*1926), dt. Schriftsteller; **Nat »King« Cole** (1917–1965), US-amerikan. Jazzmusiker und Schlagersänger; **Brigitte Helm** (1908–1996), dt. Schauspielerin; **Gottlieb Daimler** (1834–1900), dt. Ingenieur und Erfinder; **Marie-Jeanne Roland** (1754–1793), frz. Schriftstellerin und Revolutionärin

Ist es wahr, dass Safran das teuerste Gewürz der Welt ist?

H Fische　　　11. Woche　　　06:30 ☉ 18:31 | 17:14 ☽ 05:27

18 Freitag
März

2011

Ja! Safran und Gold unterscheiden sich hinsichtlich ihres Preises pro Gramm kaum. Je nach Goldart kann Safran sogar teurer sein. Im Handel kostet 1 g bis zu 14 Euro, 333er-Gold ist schon für weniger zu haben.

Safran wird aus den Blüten des Safrankrokus gewonnen. Bis zu 150 000 Blüten werden benötigt, um 1 kg Safran herzustellen. Verwendet werden nämlich nur die Stempelfäden der Blüte. Geerntet wird in Handarbeit. Dann durchstreifen die Pflücker während der zweiwöchigen Blüteperiode die Felder und ernten pro Tag bis zu 80 g.

Safran wird hauptsächlich im Iran – mit einem Marktanteil von rund 90% – und im europäischen Mittelmeerraum angebaut. Exoten unter den Safrananbauern sind Österreich und die Schweiz.

Am 18. März wurden geboren:

John Updike (1932–2009), US-amerikan. Schriftsteller; **Egon Bahr** (*1922), dt. SPD-Politiker; **Sir Galahad,** eigtl. **Bertha Eckstein** (1874–1948), österreich. Schriftstellerin und Journalistin; **Arthur Neville Chamberlain** (1869–1940), brit. konservativer Politiker, Premierminister 1937–40; **Rudolf Diesel** (1858–1913), dt. Ingenieur; **Nikolai Andrejewitsch Rimski-Korsakow** (1844–1908), russ. Komponist

Ist es wahr, dass …? 2011

Ist es wahr, dass Handwerksburschen »auf die Walz« gehen?

♓ Fische　　11. Woche　　06:28 | 06:26 ☉ 18:33 | 18:34 | 18:42 | 20:10 ○ 05:48 | 06:10

19 | 20 Samstag / Sonntag / März　　**2011**

Ja! Nachdem die Wanderschaft von Gesellen zeitweilig fast gänzlich zum Erliegen gekommen war, erlebt die Tradition seit Beginn der 1980er-Jahre wieder einen Aufschwung. Hinzu kommt, dass auch Frauen auf die Walz gehen, um sich die Sporen für die Meisterprüfung zu verdienen.

Um überhaupt ein Wandergeselle werden zu können, muss ein Gesellenbrief vorliegen. Auch muss der Geselle ledig sein, darf keine Schulden haben und nicht vorbestraft sein. Er sollte höchstens 30 sein, kein Auto besitzen und sich während der Walz keinesfalls auf Sozialleistungen des Staates verlassen.

Das wahrscheinlich Unangenehmste: Während der dreijährigen Wanderschaft darf man seinem Heimatort nicht näher als 50 km kommen.

Am 19. März wurden geboren:

Glenn Close (*1947), US-amerikan. Schauspielerin; **Philip Roth** (*1933), US-amerikan. Schriftsteller; **Hans Küng** (*1928), schweizer. kath. Theologe; **Frédéric Joliot-Curie** (1900–1958), frz. Physiker, Chemienobelpreisträger 1935; **Max Reger** (1873–1916), dt. Komponist

Am 20. März wurden geboren

Holly Hunter *1958, US-amerikan. Schauspielerin; **Beniamino Gigli** (1890–1957), italien. Sänger (Tenor); **Henrik Ibsen** (1828–1906), norweg. Dramatiker; **Johann Christian Friedrich Hölderlin** (1770–1843), dt. Dichter; **Ovid** (43 v. Chr.–17/18 n. Chr.), röm. Dichter

Ist es wahr, dass …? 2011

Ist es wahr, dass man montagmorgens müder ist als sonst?

♈ Widder   12. Woche   06:24 ☉ 18:36 | 21:38 ☾ 06:34

21 Montag
Frühlingsanfang
März

2011

Ja!

Die Schlafqualität hat maßgeblichen Einfluss darauf, ob wir morgens wie gerädert oder einigermaßen entspannt dem Bett entsteigen. Und diese Schlafqualität ist in der Nacht von Sonntag auf Montag in der Regel schlechter als in anderen Nächten.

Während der Arbeitswoche haben wir geschuftet und meistens auch viel zu wenig geschlafen. Diesen Schlaf holen wir übers Wochenende nach, mit der Folge, dass wir am Sonntagmorgen richtig schön ausgeschlafen sind. Deshalb besteht auch kein Anlass, am Abend pünktlich ins Bett zu gehen, denn wir sind ja überhaupt nicht müde. Wer sich dennoch auf die Matratze quält, schläft schlecht ein, wacht vielleicht öfter auf – und denkt womöglich an den kommenden Montag mit all seiner Arbeit. Ein erholsamer Schlaf ist das beileibe nicht, und deshalb klingelt der Wecker montags noch ein wenig unangenehmer als sonst.

Am 21. März wurden geboren:

Timothy Dalton (*1946), brit. Schauspieler; **Hans-Dietrich Genscher** (*1927), dt. FDP-Politiker; **Fritzi Massary** (1882–1969), österreich. Sängerin und Schauspielerin; **Modest Petrowitsch Mussorgski** (1839 bis 1881), russ. Komponist; **Jean Paul** (1763–1825), dt. Schriftsteller; **Johann Sebastian Bach** (1685–1750), dt. Komponist

Ist es wahr, dass »Macker« und »Knilch« ursprünglich einen Mann bezeichnen?

♈ Widder   12. Woche   06:21 ☉ 18:38 | 23:03 ☾ 07:03

22 **Dienstag**
März

2011

Nein!

Wer cool sein will und seinen Lebensgefährten als »Macker« bezeichnet oder wer den blöden Typen da vorn einen »Knilch« nennt, verwendet im zweiten Fall eine Bezeichnung für einen kastrierten Esel. Das mag sich in manchen Fällen sogar als passend erweisen.

Die Bezeichnung »Macker« kommt aus dem Niederdeutschen und hatte ursprünglich die Bedeutung »Mitarbeiter« oder »Kamerad«. Heute wird es für Männer verwendet, die ein übertriebenes männliches Gehabe zelebrieren, für Machos eben. Der Knilch geht in eine ähnliche Richtung, denn er steht abwertend für einen unangenehmen Mann. Ein Knilch kann aber auch ein kleiner quirliger Junge sein, wie das Lied »In der Weihnachtsbäckerei« deutlich macht: »Zwischen Mehl und Milch macht so mancher Knilch eine riesengroße Kleckerei.«

Am 22. März wurden geboren:

Andrew Lloyd Webber (*1948), brit. Komponist; **André Heller** (*1947), österreich. Schriftsteller und Unterhaltungskünstler; **Paul Schockemöhle** (*1945), dt. Springreiter; **Bruno Ganz** (*1941), schweizer. Schauspieler; **Marcel Marceau** (1923–2007), frz. Pantomime; **Wilhelm I.** (1797–1888), preuß. König ab 1861 und dt. Kaiser ab 1871; **Anthonis van Dyck** (1599–1641), fläm. Maler

Ist es wahr, dass es keinen **Neckermann-Katalog** mit der Nummer

gab?

♈ Widder 12. Woche 06:19 ☉ 18:39 | – ☾ 07:38

23 Mittwoch
März

2011

Ja!

Neckermann macht zwar vieles möglich, doch einen Katalog mit der Nummer 1 gab es nie. Der erste Katalog des Versandhändlers erschien im März 1950 unter dem Namen »Neckermann-Illustrierte«. Darin konnte die Hausfrau 133 Textilartikel begutachten und bestellen. 100 000 Stück dieses ersten Kataloges wurden gedruckt. Das entsprach dem Umfang der Adresskartei, die Neckermann während der zwei Jahre zuvor aufgebaut hatte. Um den Kunden eine längere Firmentradition vorzugaukeln, wurde als Katalognummer die 119 vergeben.

In der Folgezeit wurde das Sortiment größer, der Katalog immer dicker. Doch seit Ende der 1990er-Jahre erhielt der Katalog eine mächtige Konkurrenz: das Internet. Die meisten Neukunden werden seither über die firmeneigene Website gewonnen; in der Schweiz wurde der Katalog 2008 sogar zugunsten des Online-Handels eingestellt.

Am 23. März wurden geboren:

Wernher von Braun (1912–1977), dt.-US-amerikan. Raketeningenieur; **Akira Kurosawa** (1910–1998), japan. Filmregisseur; **Joan Crawford** (1906–1977), US-amerikan. Schauspielerin; **Lale Andersen** (1905 bis 1972), dt. Chansonsängerin und Schauspielerin (»Lili Marleen«); **Erich Fromm** (1900–1980), dt.-US-amerikan. Psychoanalytiker; **Juan Gris** (1887–1927), span. Maler und Grafiker; **Emmy Noether** (1882–1935), dt. Mathematikerin

Ist es wahr, dass es ungesund ist, sich nur von Rohkost zu ernähren?

♈ Widder   12. Woche   06:17 ☉ 18:41 | 00:20 ☾ 08:22

24 **Donnerstag**
März

2011

Ja!

Wer auf Bugs Bunnys Spuren wandelt und ausschließlich rohes Gemüse oder Obst zu sich nimmt, lebt ungesund. Zunächst rebelliert der Darm gegen die einseitige Ernährung und zeigt dies mit Blähungen und Durchfall. In der pflanzlichen Nahrung sind zudem Enzyminhibitoren enthalten, die verhindern, dass die Pflanze komplett verdaut werden kann. Stattdessen setzt ein Gärungsprozess im Darm ein, der Fäulnisgifte erzeugt, die die Darmschleimhaut schädigen können.

Und schließlich besteht das Risiko, dass wertvolle Nährstoffe nicht aufgenommen werden. Hierzu zählen Proteine, Kohlenhydrate, bestimmte Vitamine wie D, B_2 oder B_{12} und Mineralstoffe wie Eisen, Kalzium und Zink. Sogar Fett braucht der Körper, denn bestimmte Fette sind wichtig für den Aufbau der Zellen und die Bildung von Hormonen.

Am 24. März wurden geboren:

Nena, eigtl. **Gabriele Susanne Kerner** (*1960), dt. Popsängerin; **Peter Bichsel** (*1935), schweizer. Schriftsteller; **Steve McQueen** (1930–1980), US-amerikan. Schauspieler; **Martin Walser** (*1927), dt. Schriftsteller; **Dario Fo** (*1926), italien. Dramatiker, Literaturnobelpreisträger 1997; **John Knittel** (1891–1970), schweizer. Schriftsteller

Ist es wahr, dass das Erbgut des Menschen die meisten Chromosomen enthält?

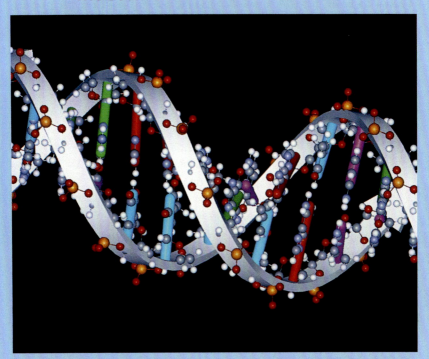

♈ Widder   12. Woche   06:14 ☉ 18:43 | 01:26 ☾ 09:16

25 Freitag
März

2011

Nein!

Man sollte doch meinen, dass der Mensch als höheres – oder höchstes – Lebewesen auch die meisten Chromosomen besitzt. Doch, man höre und staune, die meisten Chromosomen besitzt eine südostasiatische Farnart mit dem wohlklingenden Namen Ophioglossum reticulantum, besser bekannt als Natternzunge. Sie besitzt stolze 630 Chromosomenpaare in jeder einzelnen Zelle.

Da nimmt sich der Mensch mit seinen 46 Chromosomen recht bescheiden aus und liegt damit nur unwesentlich über der Blindschleiche, die 44 Chromosomen hat. Noch weniger zu bieten haben der Pferdespulwurm mit zwei, die Stechmücke mit sechs oder die Taufliege mit acht Chromosomen. Unsere nächsten Verwandten, die Menschenaffen Schimpanse, Gorilla und Orang-Utan, haben je 48 Chromosomen.

Am 25. März wurden geboren:

Sarah Jessica Parker (*1965), US-amerikan. Schauspielerin; **Elton John** (*1947), brit. Popmusiker; **Aretha Franklin** (*1942), US-amerikan. Soulsängerin; **Simone Signoret** (1921–1985), frz. Schauspielerin; **Helmut Käutner** (1908–1980), dt. Regisseur; **Béla Bartók** (1881–1945), ungar. Komponist und Pianist; **Arturo Toscanini** (1867–1957), italien. Dirigent; **Katharina von Siena** (1347–1380), italien. Mystikerin

Ist es wahr, dass …? 2011

Ist es wahr, dass man durch eine *Pille ohne Wirkstoff* gesund werden kann?

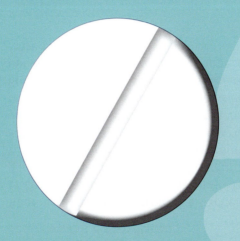

♈ Widder · 12. Woche · 06:12 | 07:10 ☉ 18:44 | 19:46 · 02:19 | 03:59 ☾ 10:18 | 12:25

26 | **27** Samstag **Sonntag** | Sommerzeit März **2011**

Ja!

Allein der Glaube hilft und mobilisiert Selbstheilungskräfte, die einen Kranken wieder gesund machen können. Sogar einen Namen hat dieses Phänomen: »Placeboeffekt«. Studien haben nachgewiesen, dass eine Pille ohne Wirkstoff besser helfen kann, als wenn der Patient überhaupt nicht behandelt wird. Jedoch ist die Behandlung mit einer wirksamen Pille besser als mit einem Placebo.

Aber nicht nur Pillen kommen als Scheinmedikamente zum Einsatz. Auch Scheinakkupunkturen oder sogar Scheinoperationen sind schon durchgeführt worden. So wurden in Texas 120 Personen mit einer Arthrose im Knie operiert, davon die Hälfte richtig, die andere Hälfte erhielt nur oberflächliche Schnitte. Obwohl bei der zweiten Gruppe keine richtige Behandlung stattfand, waren insgesamt 90%, also mindestens 40% der zweiten Gruppe, nach zwei Jahren noch zufrieden.

Am 26. März wurden geboren:

Patrick Süskind (*1949), dt. Schriftsteller; **Diana Ross** (*1944), US-amerikan. Soul- und Popsängerin; **Erica Jong** (*1942), US-amerikan. Schriftstellerin; **Tennessee Williams** (1911–1983), US-amerikan. Dramatiker

Am 27. März wurden geboren:

Golo Mann (1909–1994), dt. Historiker und Publizist; **Ludwig Mies van der Rohe** (1886–1969), dt.-US-amerikan. Architekt; **Heinrich Mann** (1871–1950), dt. Schriftsteller; **Wilhelm Conrad Röntgen** (1845 bis 1923), dt. Physiker, erster Nobelpreisträger für Physik 1901

Ist es wahr, dass …? 2011

Ist es wahr, dass das Nordseewattenmeer einzigartig ist?

♈ Widder　　　13. Woche　　　07:08 ☉ 19:48 | 04:30 ☾ 13:34

28 Montag März　　　2011

Nein!

Das Nordseewattenmeer ist zwar so schützenswert, dass große Teile davon seit 2009 zum UNESCO-Weltnaturerbe zählen, einzigartig ist dieses Wattenmeer jedoch nicht. Es gibt Wattenmeere nämlich auch am Ärmelkanal, an der Irischen See, an der Atlantikküste Nordafrikas und Nordamerikas, bei Schanghai und an den Gelbmeerküsten Nord- und Südkoreas.

Charakteristisch für ein Wattenmeer ist ein sehr flacher Meeresboden, der in einer Gezeitenzone liegt. So fällt ein Teil des Meeresbodens zweimal am Tag trocken und wird zweimal am Tag überflutet. Der trocken fallende Teil wird »Watt« genannt.

Ein Wattenmeer ist Lebensraum für viele Tiere, die nur im Watt vorkommen, darunter der Wattwurm, verschiedene Muscheln und Vögel. Für Zugvögel ist das Watt ein wichtiger Rastplatz auf ihrer Flugroute.

Am 28. März wurden geboren:

Mario Vargas Llosa (*1936), peruan. Schriftsteller; **Werner Bahlsen** (1904–1985), dt. Keksfabrikant; **Sepp Herberger** (1897–1977), dt. Fußballspieler und -trainer, Bundestrainer 1949–64; **Maxim Gorki** (1868 bis 1936), russ.-sowjet. Schriftsteller; **Aristide Briand** (1862–1932), frz. Politiker, Außenminister 1925–32, Friedensnobelpreisträger 1926; **Theresia von Ávila** (1515–1582), span. Mystikerin und Dichterin

Ist es wahr, dass …? 2011

Ist es wahr, dass Stress die Haare grau macht?

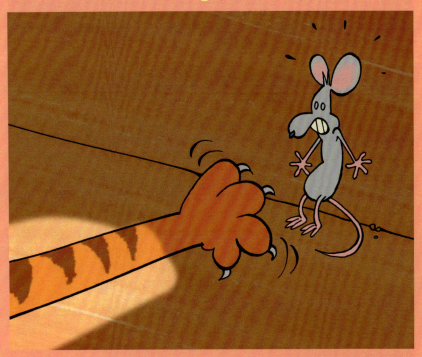

♈ Widder   13. Woche   07:05 ☉ 19:49 | 04:55 ☾ 14:43

29 **Dienstag**   **2011**
       März

Nein!

Die Haare grau – oder besser weiß – macht das Fehlen des Pigmentes Melanin. Wird der Mensch älter, bilden sich die Melanozyten zurück. Sie produzieren Melanin oder besser produzierten. Fallen sie als Melaninproduzenten aus, werden die Haare weiß. Weil dies nicht bei allen Haaren gleichzeitig geschieht, erscheint die Mischung aus weißen und natürlich gefärbten Haaren zuerst grau und dann weiß.

Doch Stress kann dies nicht verursachen. Wann jemand weiße Haare bekommt, ist genetisch bedingt. Bei dem einen kann das schon mit 30 passieren, beim anderen erst mit 60. Vielleicht kann auch ein gesunder Lebensstil die Haarverweißung aufhalten, so wie auch die Faltenbildung positiv durch Nichtrauchen und Nichtsonnenbaden beeinflusst werden kann. Studien hierzu fehlen allerdings.

Am 29. März wurden geboren:

Christopher Lambert (*1957), US-amerikan. Schauspieler; **Georg Klein** (*1953), dt. Schriftsteller; **John Major** (*1943), brit. konservativer Politiker, Premierminister 1990–97; **Brigitte Horney** (1911–1988), dt. Schauspielerin; **Ernst Jünger** (1895–1998), dt. Schriftsteller; **Yvan Goll** (1891–1950), frz.-dt. Schriftsteller; **Wilhelm Liebknecht** (1826–1900), dt. Journalist und SPD-Politiker

Ist es wahr, dass …? 2011

Ist es wahr, dass Handys mehr leisten als ein Computer?

♈ Widder   13. Woche   07:03 ☉ 19:51 | 05:15 ☾ 15:51

30 Mittwoch
März   **2011**

Ja!

Kaum vorstellbar, dass der Computer, mit dem die Astronauten von Apollo 11 zum Mond geflogen sind, weniger leistungsfähig war als ein heutiges Durchschnittshandy. Der Rechenknecht, der bei der Mondlandung seinen Dienst tat, verfügte über einen Arbeitsspeicher von 4 KB. Zum Vergleich: Eine simple Text-E-Mail kann diesen Wert schon locker überschreiten.

Mit diesem Miniarbeitsspeicher konnte er 40 000 Additionen in der Sekunde bei einer Taktrate von 100 kHz durchführen. Darüber können heutige Handyhersteller nur lächeln, denn ein Allerweltshandy arbeitet mit 100 MHz, also dem 1000-Fachen. Insofern ist ein Handy dem Apollocomputer haushoch überlegen und dabei deutlich kleiner als der 61 × 32 × 15 cm große und 31,7 kg schwere Weltraumrechner.

Am 30. März wurden geboren:

Norah Jones (*1979), US-amerikan. Sängerin; **Céline Dion** (*1968), kanad. Sängerin; **Eric Clapton** (*1945), brit. Rockgitarrist und Sänger; **Hans Hollein** (*1934), österreich. Architekt; **Vincent van Gogh** (1853 bis 1890), niederländ. Maler; **Friedrich Wilhelm Raiffeisen** (1818–1888), dt. Sozialreformer, Gründer der Raiffeisengenossenschaften; **Robert Wilhelm Bunsen** (1811–1899), dt. Chemiker (Bunsen-Brenner)

Ist es wahr, dass …? 2011

Ist es wahr, dass Flamingos immer rosafarben sind?

♈ Widder   13. Woche   07:01 ☉ 19:53 | 05:33 ☾ 16:58

31 Donnerstag März   2011

Nein!

Junge Flamingos sind generell grau; ältere Tiere bekommen nur unter bestimmten Bedingungen ihr rosafarbenes Gefieder: Der Flamingo mag gern Algen, Salinenkrebse, Insektenlarven und Pflanzensamen. Algen und Krebse enthalten den Farbstoff Karotin, der auch in Karotten enthalten ist, und genau dieser färbt das Gefieder rosa. Im Flamingoorganismus wird das Karotin über Enzyme in der Leber in diverse Pigmente umgewandelt, die sich in Haut und Federn einlagern.

Lebt nun der Flamingo in einem Zoo, ist es für ihn äußerst schwierig, an Algen und Krebse zu gelangen. Deshalb würde sein Gefieder auch weiß bleiben, wenn nicht der Mensch Mittel und Wege gefunden hätte, der Flamingonahrung Carotinoide beizufügen. Das ist für die Zoobesucher höchst erfreulich, denn deshalb sehen sie meistens rosafarbene Flamingos.

Am 31. März wurden geboren:

Ewan McGregor (*1971), brit. Schauspieler; **Al(bert) Gore** (*1948), US-amerikan. Politiker (Demokraten), Friedensnobelpreisträger 2007; **Volker Schlöndorff** (*1939), dt. Filmregisseur; **Richard Chamberlain** (*1935), US-amerikan. Schauspieler; **Octavio Paz** (1914–1998), mexikan. Schriftsteller, Literaturnobelpreisträger 1990; **Joseph Haydn** (1732–1809), österreich. Komponist; **René Descartes** (1596–1650), frz. Philosoph, Mathematiker und Naturwissenschaftler

Ist es wahr, dass in Höhlen viele Urtiere leben?

♈ Widder   13. Woche   06:59 ☉ 19:54 | 05:49 ☾ 18:04

1 Freitag
April

2011

Ja!

Im muffigen Dunkel einer Höhle lässt es sich wunderbar ungestört von Einflüssen jeglicher Evolution überdauern. Es gibt keine Sonne, keinen Wind, die Temperatur schwankt so gut wie nicht. Die Lebensbedingungen sind also sehr konstant. Zudem tendiert die Zahl der Feinde gegen null.

Deshalb finden sich in Höhlen Tiere wie Brunnenkrebse, Doppelschwänze oder Grottenolme. Gemeinsam ist diesen Tieren, dass ihre Vergangenheit mehrere Hundert Millionen Jahre zurückreicht. So gibt es etwa den Grottenolm schon seit 150 Millionen Jahren. Der gelblich fleischfarbene Schwanzlurch lebt in unterirdischen Gewässern im Dinarischen Gebirge, das entlang der adriatischen Küste verläuft. Er hat gleichermaßen Kiemen und Lungen, ist blind und ernährt sich von Krebsen. Der Grottenolm kann mehr als 70 Jahre alt werden.

Am 1. April wurden geboren:

Mario Botta (*1943), schweizer. Architekt; **Wangari Maathai** (*1940), kenian. Biologin und Umweltaktivistin, Friedensnobelpreisträgerin 2004; **Rolf Hochhuth** (*1931), dt. Schriftsteller; **O(tto) W(ilhelm) Fischer** (1915–2004), österreich. Schauspieler; **Edgar Wallace** (1875–1932), engl. Kriminalschriftsteller; **Otto von Bismarck** (1815–1898), preuß.-dt. Staatsmann, erster Kanzler des Dt. Reiches; **Nikolaj Gogol** (1809–1852), russ. Schriftsteller der Romantik

Ist es wahr, dass

klebrige Spritzer

auf geparkten Autos von Bäumen stammen?

♈ Widder   13. Woche   06:56 | 06:54 ☉ 19:56 | 19:58 | 06:05 | 06:22 ● 19:10 | 20:17

2 | 3   Samstag / Sonntag / April   **2011**

Nein!

Jetzt haben Sie wieder nicht aufgepasst und Ihr Auto unter einem Baum geparkt. Als Sie zurückkommen, sehen Sie viele kleine Spritzer auf Ihrer Windschutzscheibe, die sich trotz »Superklar« im Scheibenwaschwasser nur schlecht entfernen lassen. Zu blöd, dass diese Bäume immer das klebrige Etwas absondern …

Doch die Bäume trifft keine Schuld, denn aus ihnen tropft nichts heraus. Das, was das Auto mit klebrigen Spritzern verunstaltet, ist Läusekot. Die Läuse saugen den Pflanzensaft auf, weil sie Proteine brauchen. Da dieser jedoch hauptsächlich Kohlenhydrate und nur wenig Proteine enthält, müssen die Läuse entsprechend intensiv saugen – und eben entsprechend intensiv wieder ausscheiden. Der Ahorn erweist sich hierbei als besonders läusekotproduktiv, sodass Sie hierunter besser nicht parken.

Am 2. April wurden geboren:

Hans Rosenthal (1925–1987), dt. Showmaster; **Émile Zola** (1840–1902), frz. Schriftsteller; **Hans Christian Andersen** (1805–1875), dän. Schriftsteller; **Giacomo Girolamo Casanova** (1725–1798), italien. Abenteurer und Schriftsteller; **Karl der Große** (748–814), König der Franken ab 768, röm. Kaiser ab 800

Am 3. April wurden geboren:

Jane Goodall (*1934), brit. Primatenforscherin; **Helmut Kohl** (*1930), dt. CDU-Politiker, Bundeskanzler 1982–98; **Marlon Brando** (1924–2004), US-amerikan. Schauspieler; **Doris Day** (*1924), US-amerikan. Schauspielerin

Ist es wahr, dass …? 2011

Ist es wahr, dass auf Kupferdächern Grünspan zu sehen ist?

♈ Widder   14. Woche   06:52 ☉ 19:59 | 06:40 ☽ 21:24

4 Montag
April

2011

Nein!

Grünspan ist die Bezeichnung für Kupferacetat, das Kupfersalz der Essigsäure. Es bildet sich, wenn Kupfer, beispielsweise als Draht oder Blech, in Kontakt mit Essig gelangt. So lässt sich beobachten, dass in Essig eingelegte Speisen an Kupferdosen eben diesen Grünspan erzeugen. Mit dem Grünzeug wird auch Grünes gemacht, denn es fungiert als Farbpigment in der Palette Grün bis Blau. Früher wurde damit das Giftgrün hergestellt, heute macht es im Feuerwerk als bengalisches Licht grüne Flammen.

Und jetzt: Das, was auf Kupferdächern zu sehen ist, ist Patina, präzise ausgedrückt: ein Kupferhydroxidgemisch. Es entsteht, wenn ein Kupferdach Wind und Wetter ausgesetzt ist – was bei einem Dach ziemlich oft vorkommt –, oder aber bei Kupferdenkmälern wie beispielsweise der Freiheitsstatue.

Am 4. April wurden geboren:

Heath Ledger (1979–2008), austral. Schauspieler; **Aki Kaurismäki** (*1957), finn. Filmregisseur; **Anthony Perkins** (1932–1992), US-amerikan. Schauspieler; **Marguerite Duras** (1914–1996), frz. Schriftstellerin; **Maurice de Vlaminck** (1876–1958), frz. Maler, Hauptvertreter des Fauvismus; **Bettina von Arnim** (1785 bis 1859), dt. Dichterin; **Caracalla** (186–217), röm. Kaiser 211–217

Ist es wahr, dass Brotscheiben häufiger auf die beschmierte Seite fallen?

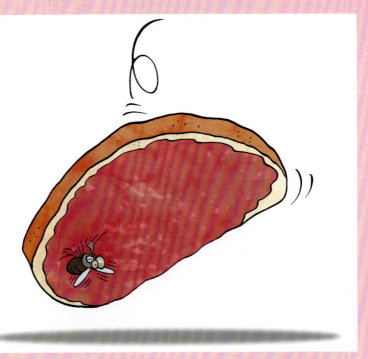

♈ Widder   14. Woche   06:50 ☉ 20:01 | 07:01 ☽ 22:31

5 Dienstag
April

2011

Ja!

Niemand will uns ärgern, wenn das Brot ausgerechnet auf die beschmierte Seite fällt, den Boden versaut und den Brotaufstrich mit allerlei Fusseln und dem üblichen Schmutz bereichert. Nein, es ist einfach das Zusammenspiel von Tischhöhe und Brotgröße.

Versuche haben ergeben, dass in 80% der Fälle das Brot mit dem »Gesicht« auf dem Boden landet, wenn es von einem Tisch fällt. Beim Herunterfallen nämlich beginnt sich das Brot zu drehen, schafft aber keine ganze Umdrehung. Wäre der Tisch 3 m hoch, steigt die Chance auf eine vernünftige Landung auf 50%. Jetzt gibt es zwei Möglichkeiten: Entweder verlagert man das Frühstück auf einen Tisch in 3 m Höhe oder man legt das Brot immer mit der beschmierten Seite auf den Teller.

Am 5. April wurden geboren:

Franziska van Almsick (*1978), dt. Schwimmerin; **Gregory Peck** (1916–2003), US-amerikan. Schauspieler; **Bette Davis** (1908–1989), US-amerikan. Schauspielerin; **Herbert von Karajan** (1908–1989), österreich. Dirigent; **Spencer Tracy** (1900–1967), US-amerikan. Schauspieler; **Mistinguett** (1873–1956), frz. Varietékünstlerin, Tänzerin und Sängerin des »Moulin Rouge«; **Thomas Hobbes** (1588–1679), engl. Philosoph und Staatstheoretiker

Ist es wahr, dass man Krabben pulen kann?

♈ Widder 14. Woche 06:47 ☉ 20:03 | 07:27 ☽ 23:37

6 Mittwoch
April

2011

Nein!

Was gibt es Schöneres, als sich den Nordseeurlaub mit ein bisschen Krabbenpulen zu versüßen? Stundenlange Fummelei mit dem filigranen Schalentier, stinkende Finger und eine Ausbeute, die in einem krassen Missverhältnis zum Einsatz steht. Aber es macht Spaß! Doch dabei wissen die wenigsten, dass sie gar keine Krabben pulen, sondern Garnelen.

Um eine Krabbe pulen zu können, bräuchte man sicherlich schweres Gerät wie etwa Hammer und Meißel, denn Krabben sind Krebse. Der Taschenkrebs gehört dazu und auch die Chinesische Wollhandkrabbe. An der Nordsee findet sich die gemeine Strandkrabbe zuhauf, genauso wie die Garnele. Sie ist jedoch ungleich schwerer zu entdecken als die Krabbe, denn die Nordseegarnele ist in lebendigem Zustand sandfarben. Ihre rötliche Färbung erhält sie erst, wenn sie gekocht wird.

Am 6. April wurden geboren:

Barry Levinson (*1942), US-amerikan. Regisseur; **Hans W. Geissendörfer** (*1941), dt. Regisseur (»Lindenstraße«); **Donald Wills Douglas** (1892–1981), US-amerikan. Industrieller, Gründer der Flugzeugwerke Douglas; **Anthony Fokker** (1890–1939), niederländ. Flugzeugkonstrukteur; **Erich Mühsam** (1878–1934), dt. Schriftsteller des Expressionismus; **Raffael,** eigtl. **Raffaello Santi** (1483–1520), italien. Maler und Baumeister der Hochrenaissance

Ist es wahr, dass …? 2011

Ist es wahr, dass es nur im Mittelalter Hexenprozesse gab?

♈ Widder 14. Woche 06:45 ☉ 20:04 | 07:59 ☽ –

7 Donnerstag
April

2011

Nein!

Das »finstere Mittelalter« war schon längst Geschichte, als die letzten unglücklichen Frauen als Hexen umgebracht wurden. Eine davon war Anna Schnidenwind, die am 24. April 1751 in Endigen am Kaiserstuhl in Baden-Württemberg erdrosselt und verbrannt wurde. Ihr wurde vorgeworfen, sechs Wochen zuvor ein Feuer ausgelöst zu haben, das den Ort stark zerstörte.

Auch Anna Schwegelin wurde 1775 als Hexe verurteilt, jedoch von der Urteilsvollstreckung verschont, weil der zuständige Richter erneut ermitteln wollte. Doch bevor es dazu kam, starb sie im Gefängnis eines natürlichen Todes.

Namenlose Frauen bilden den traurigen Abschluss der Hexenprozesse: 1793 wurde in Südpreußen eine Hexe hingerichtet, 1836 auf der polnischen Halbinsel Hel eine mutmaßliche Hexe ertränkt.

Am 7. April wurden geboren:

Russell Crowe (*1964), austral. Schauspieler; **Gerhard Schröder** (*1944), dt. SPD-Politiker, Bundeskanzler 1998–2005; **Francis Ford Coppola** (*1939), US-amerikan. Filmregisseur; **Johannes Mario Simmel** (1924 bis 2009), österreich. Schriftsteller; **Ravi Shankar** (*1920), ind. Sitarspieler und Komponist; **Billie Holiday** (1915–1959), US-amerikan. Jazz- und Bluessängerin; **Gabriela Mistral** (1889–1957), chilen. Schriftstellerin, Literaturnobelpreisträgerin 1945

Ist es wahr, dass die meiste Literatur über Steuern aus Deutschland kommt?

♈ Widder   14. Woche   06:43 ☉ 20:06 | 08:40 ☽ 00:40

8 Freitag
April

2011

Ja!

Wir machen unserem Ruf als Bürokratieweltmeister alle Ehre. Rund 70% der Steuerliteratur ist auf Deutsch erschienen. Es besteht Aufklärungsbedarf, denn die deutsche Steuergesetzgebung ist so kompliziert, dass nur Spezialisten einen Überblick haben, welche Steuer wo erhoben wird oder – viel wichtiger – welche Steuer sich wo sparen lässt. Normalbürger haben angesichts der mehr als 20 verschiedenen Steuergesetze keine Möglichkeit, alle Tricks und Kniffe anzuwenden, mit denen sich die Steuerlast mindern lässt.

Der Gesetzgeber sucht Mittel und Wege, um die Staatseinnahmen zu erhöhen und schreckt dabei vor keiner Grausamkeit zurück. Besonders Genussmittel werden gern für eine Besteuerung herangezogen. Auch in der jüngeren Geschichte war man einfallsreich: So gab es eine Jungfern-, Spatzen- oder Fahrradsteuer.

Am 8. April wurden geboren:

Vivienne Westwood (*1941), brit. Modeschöpferin; **Kofi Annan** (*1938), ghana. Politiker und Diplomat, UNO-Generalsekretär 1997–2006; **Jacques Brel** (1929–1978), belg.-frz. Chansonsänger; **Sonja Henie** (1912–1969), US-amerikan.-norweg. Eiskunstläuferin; **Mary Pickford** (1893–1979), US-amerikan. Schauspielerin, Mitbegründerin der »United Artists«; **Edmund Husserl** (1859–1938), dt. Philosoph

Ist es wahr, dass Hunde ein schlechtes Gewissen haben können?

♈ Widder　　14. Woche　　06:41 | 06:39 ☉ 20:08 | 20:09　| 09:31 | 10:33 ☽ 01:36 | 02:24

9 | 10 Samstag
Sonntag
April　　　　　　　　　**2011**

Nein!

Ein Hund lebt im Hier und Jetzt. Was vor fünf Minuten war? Längst vergessen. Deshalb begrüßt er Sie auch schwanzwedelnd, wenn Sie nach Hause kommen, er aber vor einer Stunde Ihren Lieblingsschuh zerfetzt hat.

Und dann gehts los. Sie werden wütend, verströmen über Ihren Schweiß eine Menge Buttersäure und signalisieren dem Hund, dass Sie richtig sauer sind. Dann werden Sie laut und möglicherweise handgreiflich. Ihr Hund hat gelernt, dass das für ihn nichts Gutes bedeutet. Er zieht seinen Schwanz ein, macht seine Augen riesengroß und sich selbst ganz klein. »Das ist das schlechte Gewissen«, sind Sie sich sicher. Tatsächlich reagiert der Hund aber nur auf Ihre Körpersprache. Nur wenn Sie ihn auf frischer Tat ertappen, kann er einen Zusammenhang zwischen der Missetat und Ihrem Ärger herstellen. Also Schuhe beim nächsten Mal besser rechtzeitig wegräumen.

Am 9. April wurden geboren:

Jean-Paul Belmondo (*1933), frz. Schauspieler; **Heinz Nixdorf** (1925–1986), dt. Unternehmer und Computerkonstrukteur; **Lew Kopelew** (1912–1997), russ. Schriftsteller und Germanist; **Helene Lange** (1848 bis 1930), dt. Lehrerin und Frauenrechtlerin

Am 10. April wurden geboren:

Omar Sharif (*1932), ägypt. Schauspieler; **Max von Sydow** (*1929), schwed. Schauspieler; **Stefan Heym** (1913–2001), dt. Schriftsteller; **Joseph Pulitzer** (1847–1911), US-amerikan. Journalist und Verleger; **Samuel Hahnemann** (1755–1843), dt. Arzt, Begründer der Homöopathie

Ist es wahr, dass …? 2011

Ist es wahr, dass Glas eine Flüssigkeit ist?

LESERFRAGE von **Michael P.** aus Kronshagen

♈ Widder 15. Woche 06:36 ☉ 20:11 | 11:44 ☽ 03:04

11 Montag
April

2011

Ja!

Im Sinn der Thermodynamik ist Glas eine »gefrorene unterkühlte Flüssigkeit«. Flüssigkeit deshalb, weil Glas so schnell abkühlt, dass keine Zeit für die Kristallisation bleibt. Das ist so, weil Glas »amorph« ist, seine Atome also unregelmäßig angeordnet sind. Sie ordnen sich während des Abkühlens nicht regelmäßig an, um einen Kristall zu bilden.

So viel zur Physik. Für den Normalsterblichen ist Glas ein Festkörper. Lässt man eine bestimmte Kraft über einen längeren Zeitraum auf Glas einwirken, kann es sich zwar verformen, doch das macht noch keine Flüssigkeit aus, weil das auch kristalline Strukturen können. Deshalb gehören Berichte von nach unten hin zerfließenden Kirchenfenstern in den Bereich der Mythen und Legenden.

Am 11. April wurden geboren:

Bernd Eichinger (*1949), dt. Filmproduzent; **Marlen Haushofer** (1920–1970), österreich. Schriftstellerin; **Ferdinand Lassalle** (1825–1864), dt. Politiker und Arbeiterführer; **Henry Creswicke Rawlinson** (1810 bis 1895), brit. Assyriologe, Entzifferer der akkadischen Keilschrift; **Margarethe von Navarra** (1492–1549), Königin von Navarra und Schriftstellerin

Ist es wahr, dass man besser sieht, wenn man *die Augen* zusammenkneift?

♈ Widder   15. Woche   06:34 ☉ 20:13 | 13:00 ☽ 03:37

12 Dienstag
April

2011

Ja!

Brillenhasser wissen, wovon hier die Rede ist. Bevor das Nasenfahrrad unvermeidlich wird, versucht man es mit dem Zusammenkneifen, wenn Dinge in der Ferne nicht mehr lesbar sind – und siehe da: Es funktioniert!

Beim gesunden Seher wird das einfallende Licht auf der Netzhaut in einem Punkt gebündelt, sodass ein scharfes Bild entsteht. Beim Kurzsichtigen liegt dieser Punkt vor, beim Weitsichtigen hinter der Netzhaut. Beim Blinzeln wird die Menge der einfallenden Lichtstrahlen reduziert, sodass das Lichtbündel kleiner wird, aber unter Umständen wieder genau auf die Netzhaut trifft. Der Blinzler sieht also scharf, aber durchs Kneifen weniger und dunkler. Da ist die Brille doch bestimmt die bessere Alternative …

Am 12. April wurden geboren:

Herbert Grönemeyer (*1956), dt. Sänger, Pianist und Schauspieler; **Andy Garcia** (*1956), kuban. Schauspieler; **Joschka Fischer** (*1948), dt. Politiker (Die Grünen), Außenminister 1998–2005; **Montserrat Caballé** (*1933), span. Sängerin (Sopran); **Hardy Krüger** (*1928), dt. Schauspieler; **Paul Dahlke** (1904 bis 1984), dt. Schauspieler

Ist es wahr, dass die Grasmücke etwas mit Mücken und Gras zu tun hat?

♈ Widder　　　15. Woche　　　06:32 ☉ 20:14 | 14:21 ☽ 04:03

13 Mittwoch
April

2011

Nein!

Auch ist die Grasmücke keine Mücke, sondern ein Vogel. Der Name »Grasmücke« hat seinen Ursprung im Althochdeutschen und kommt von »grasmucka«, was »Grauschlüpfer« oder »Grauschmieger« bedeutet. Sie haben sich ihren Namen durch ihre gräuliche Farbe und die Fähigkeit, durch niedriges Gebüsch schlüpfen und huschen zu können, erworben.

Grasmücken sind heimische Vögel, die in Gärten, Parks, Wäldern und im Dickicht zu Hause sind. Vor allen Dingen die Mönchsgrasmücke versüßt uns den Frühling mit ihrem angenehmen Gesang. Zu dieser Jahreszeit sind die Zugvögel aus England oder dem Mittelmeerraum zurückgekehrt und treten mit Amsel & Co. in den Gesangswettstreit. Manche Grasmücke kommt auch frisch aus Südafrika, manche hat den Winter hier verbracht und ist durchs dichte Buschwerk gehuscht …

Am 13. April wurden geboren:

Garri Kasparow (*1963), aserbaidschan. Schachspieler; **Jean-Marie Gustave Le Clézio** (*1940), frz. Schriftsteller, Literaturnobelpreisträger 2008; **Samuel Beckett** (1906–1989), ir. Schriftsteller, Literaturnobelpreisträger 1969; **Georg Lukács** (1885–1971), ungar. marxistischer Literaturtheoretiker; **Thomas Jefferson** (1743–1826), US-amerikan. Politiker, Präsident der USA 1801–09; **Katharina von Medici** (1519 bis 1589), frz. Königin

Ist es wahr, dass …? 2011

Ist es wahr, dass sich Dänen mit deutschen Akten den Hintern abwischen?

♈ Widder 15. Woche 06:30 ☉ 20:16 | 15:44 ☽ 04:27

14 **Donnerstag** April **2011**

Ja!

Es ist nicht Ausdruck der Missachtung deutscher Bürokratie, durch den sich die Dänen dazu hinreißen lassen, sich mit deutschen Akten den Hintern abzuwischen, nein, es hat einen ganz praktischen Hintergrund. Das Kraftfahrt-Bundesamt sitzt in Flensburg und Flensburg liegt ganz nah an der Grenze zu Dänemark. Im Kraftfahrt-Bundesamt befindet sich die Verkehrssünderkartei, die sich angesichts ständiger Löschungen und hinzukommender Sünder ständig im Umbruch befindet.

Hierbei fallen Aktenberge an, die vernichtet werden sollen. Das übernimmt der hauseigene Reißwolf. Die Papierschnipsel werden von einer dänischen Firma abgeholt und zu Hygienepapier verarbeitet. Das ist umweltfreundlich, und so mancher Verkehrssünder wird sich über den hohen Symbolgehalt freuen, wenn vielleicht seine Akte auf einer dänischen Toilette im Einsatz ist.

Am 14. April wurden geboren:

Adrien Brody (*1973), US-amerikan. Schauspieler; **Péter Esterházy** (*1950), ungar. Schriftsteller; **Julie Christie** (*1940), brit. Schauspielerin; **Erich von Däniken** (*1935), schweizer. Schriftsteller; **Rod Steiger** (1925–2002), US-amerikan. Filmschauspieler; **John Gielgud** (1904–2000), brit. Schauspieler, Regisseur und Theaterleiter

Ist es wahr, dass der Amazonas der längste Fluss der Welt ist?

♈ Widder   15. Woche   06:28 ☉ 20:18 | 17:08 ☽ 04:48

15 Freitag
April

2011

Nein!

Der Nil ist 6671, der Amazonas ist etwa 6400 km lang. Ganz genau kann die Länge des Amazonas nicht bestimmt werden, da er in einem trichterförmigen Delta in den Atlantik mündet. Je nach Gezeitenstrom dringt Salzwasser ins Landesinnere ein oder Süßwasser in Richtung Meer, sodass die Mündung um rund 200 km variiert. Beim Nil ist das anders. Hier können Quelle und Mündung exakt bestimmt werden, was bei der Längenangabe von Vorteil ist. Unstrittig ist, dass der Amazonas der wasserreichste Fluss der Erde ist. Er bewegt mehr Wasser als alle Flüsse auf den Plätzen zwei bis sieben zusammen.

Die Rangliste der längsten Flüsse wird von Asien dominiert. Der längste Fluss Europas ist die Wolga auf Platz 25 mit einer Länge von 3534 km.

Am 15. April wurden geboren:

Emma Thompson (*1959), brit. Schauspielerin; **Richard von Weizsäcker** (*1920), dt. CDU-Politiker, Bundespräsident 1984–94; **Robert Walser** (1878–1956), schweizer. Schriftsteller; **Wilhelm Busch** (1832 bis 1908), dt. Dichter, Zeichner und Maler; **Katharina I.** (1684–1727), russ. Zarin; **Leonardo da Vinci** (1452 bis 1519), italien. Maler, Bildhauer, Architekt, Zeichner und Naturforscher

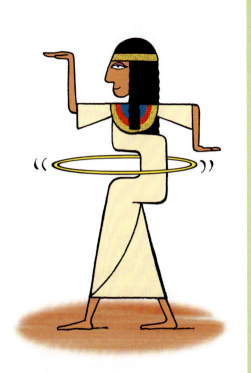

Ist es wahr, dass es Hula-Hoop-Reifen erst seit rund 50 Jahren gibt?

♈ Widder 15. Woche 06:26 | 06:23 ☉ 20:19 | 20:21 | 18:35 | 20:03 ☽ 05:10 | 05:33

16 | 17 Samstag Sonntag April 2011

Nein!

Hüftschwingende Kinder gab es im alten Ägypten angeblich schon vor 3000 Jahren. Damals waren es nicht Plastikreifen, sondern aus Weinreben geflochtene Spielgeräte. In der Antike war das Reifentreiben sehr beliebt. Hippokrates schrieb dem Reifentreiben sogar eine gesundheitsfördernde Wirkung für Menschen mit schwacher Konstitution zu. Indianer und Inuit verwendeten den Reifen, um für die Jagd zu trainieren, und im 19. Jahrhundert war das Reifentreiben für das Jungvolk eine ganz normale Beschäftigung.

Doch erst als der Reifen nicht mehr aus Holz, sondern aus Plastik gefertigt wurde, begann eine regelrechte Hula-Hoop-Manie. Quasi über Nacht wurden seine »Erfinder«, Richard B. Knerr und Arthur K. Melvin, zu Millionären.

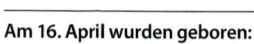

Am 16. April wurden geboren:

Margrethe II. (*1940), Königin von Dänemark ab 1972; **Benedikt XVI.,** eigtl. **Joseph Ratzinger** (*1927), Papst ab 2005; **Peter Ustinov** (1921–2004), brit. Schriftsteller und Schauspieler; **Charlie Chaplin** (1889 bis 1977), brit. Schauspieler und Regisseur

Am 17. April wurden geboren:

James Last (*1929), dt. Orchesterleiter; **Thornton Wilder** (1897–1975), US-amerikan. Schriftsteller; **Nikita Chruschtschow** (1894–1971), sowjet. Politiker, Ministerpräsident 1958–64; **Tania Blixen** (1885–1962), dän. Schriftstellerin

Ist es wahr, dass Tomaten vor Prostatakrebs schützen?

♈ Widder   16. Woche   06:21 ☉ 20:23 | 21:30 ○ 05:59

18 Montag
April

2011

Vielleicht!

Zum Reigen der Nahrungsmittel, die gegen dieses oder jenes schützen sollen, gesellt sich auch die Tomate. Sie enthält das Farbpigment Lycopin, das im Laborversuch das Wachstum von Tumorzellen – und hier insbesondere von Prostatakrebszellen – stoppen konnte. Dazu passte auch eine Studie, bei der 47 000 Männer über sechs Jahre beobachtet wurden. Es stellte sich heraus, dass das Risiko, an Prostatakrebs zu erkranken, bei Tomatenessern um 35% geringer war als bei denen, die nur wenig Tomaten aßen.

Keine Studie ohne Gegenstudie, und so kam eine weitere Studie mit 28 000 Teilnehmern zu dem Ergebnis, dass es dem Prostatakrebs völlig egal ist, ob man Tomaten isst oder nicht. Man vermutet nun, dass es eine Kombination aus Tomaten und anderen Nahrungsmitteln ist, die sich positiv auswirkt und vor Krebs schützen kann.

Am 18. April wurden geboren:

Haile Gebrselassie (*1973), äthiop. Leichtathlet (Langstreckenläufer); **Esther Schweins** (*1970), dt. Schauspielerin und Kabarettistin; **Marcia Haydée** (*1937), brasilian. Tänzerin, Choreografin und Ballettdirektorin; **Otto Piene** (*1928), dt. Maler und Lichtkünstler; **David Ricardo** (1772–1823), brit. Nationalökonom; **Francis Baring** (1740–1810), brit. Bankier; **Lucrezia Borgia** (1480–1519), italien. Renaissancefürstin

Ist es wahr,
dass durch die Verwendung von PCs
PAPIER
eingespart wird?

♈ Widder 16. Woche 06:19 ☉ 20:24 | 22:53 ☾ 06:31

19 Dienstag

April

2011

Nein!

Deutschland zählt zu den größten Papierverbrauchern in der Welt. Der Verbrauch ist in den vergangenen 60 Jahren etwa um das Achtfache gestiegen. Hierzu trägt der Computer bei, denn noch nie war es so einfach und dabei relativ günstig, mal schnell etwas auszudrucken. »Datei/Drucken«, Mausklick, und schon spuckt der Drucker das Blatt aus. Informationen werden ausgedruckt, E-Mails aufs Papier gebracht und in Aktenordnern abgeheftet. Müsste man das mit Hand und Stift schreiben, würde man sich zweimal überlegen, ob das Blatt Papier dran glauben muss.

Abhilfe kann der Duplexdruck schaffen. Ein Blatt Papier wird einfach von zwei Seiten bedruckt. Wer Papier zur »Datensicherung« verwendet, weicht besser auf externe Festplatten aus, denn Daten zu löschen ist umweltfreundlicher als Papier wegzuwerfen.

Am 19. April wurden geboren:

Tim Curry (*1946), brit. Schauspieler; **Frank Elstner** (*1942), dt.-österreich. Fernsehmoderator; **Jayne Mansfield** (1933–1967), US-amerikan. Schauspielerin; **Fernando Botero** (*1932), kolumbian. Maler; **Alexis Korner** (1928–1984), brit. Rockmusiker; **Richard Arthur Warren Hughes** (1900–1976), engl. Schriftsteller, Verfasser des ersten Hörspiels (»Danger«, 1924)

Ist es wahr, dass man Polizeihunde nicht anbellen darf?

♉ Stier 16. Woche 06:17 ☉ 20:26 | – ☾ 07:12

20 Mittwoch
April

2011

Ja!

Der Polizeihund ist sensibel. Wer ihn anbellt, riskiert, bestraft zu werden, zumindest dann, wenn man in Kalifornien wohnt. Dort nämlich hatte im Jahr 2003 ein Mann eine Gruppe Polizisten in Begleitung ihrer Hunde angebellt. Die Initiative hatte jedoch ein Polizeihund ergriffen, als er den Kellner zuerst anbellte. Prompt reagierte der Mann und bellte zurück.

Das gefiel dem Hundeführer nicht, da dies eine Behinderung des Polizeidienstes darstellte. Und so wurde Anklage erhoben und eine Strafe von 1000 Dollar und ein Jahr Gefängnis angedroht. Ob es nun freie Meinungsäußerung war, wie der Anwalt des Beschuldigten meinte, oder Beamtenbeleidigung, wie der Staatsanwalt meinte, ist nicht mehr zu ermitteln.

Am 20. April wurden geboren:

Jessica Lange (*1949), US-amerikan. Schauspielerin; **John Eliot Gardiner** (*1943), brit. Dirigent; **Ryan O'Neal** (*1941), US-amerikan. Schauspieler; **Joan Miró** (1893–1983), span. surrealistischer Maler; **Harold Lloyd** (1893–1971), US-amerikan. Schauspieler; **Heinrich (Henry) Goebel** (1818–1893), dt.-US-amerikan. Erfinder (Glühlampe); **Napoleon III.** (1808–1873), Kaiser der Franzosen 1852–70

Ist es wahr, dass …? 2011

**Ist es wahr,
dass kalt gepresstes
Öl gesünder als
anderes Öl ist?**

♉ Stier · 16. Woche · 06:15 ☉ 20:28 | 00:07 ☾ 08:03

21 Donnerstag
April

2011

Ja!

Kalt gepresstes Öl enthält mehrfach ungesättigte Fettsäuren, die sich positiv auf den Cholesterinspiegel auswirken sollen. Zwar ist ihr Anteil mit etwa 9% relativ gering, doch reicht es für Ernährungswissenschaftler aus, um kalt gepresstes Öl zu empfehlen. Bezüglich seines Fettgehalts ist es dem Öl egal, ob es raffiniert oder bei niedrigen Temperaturen hergestellt wird. Sie haben alle 900 Kalorien pro 100 g und sind deshalb nur sparsam einzusetzen. Wenn jedoch ein Öl ausschließlich aus einfach gesättigten oder gesättigten Fettsäuren besteht, ist es auf jeden Fall die schlechtere Wahl.

Der Begriff »kalt gepresst« bezeichnet den Vorgang bei der Herstellung, der schonender ist als der der Raffinierung. Wärmeempfindliche Vitamine und Duftstoffe bleiben beim Kaltpressen erhalten.

Am 21. April wurden geboren:

Elisabeth II. (*1926), Königin von Großbritannien und Nordirland ab 1952, Haupt des Commonwealth; **Anthony Quinn** (1915–2001), US-amerikan. Schauspieler; **Marcel Camus** (1912–1982), frz. Filmregisseur; **Max Weber** (1864–1920), dt. Soziologe, Wirtschaftshistoriker und Sozialökonom; **Charlotte Brontë** (1816–1855), brit. Schriftstellerin

Ist es wahr, dass …? 2011

Ist es wahr, dass Polygamie bei den Mormonen erlaubt ist?

♉ Stier 16. Woche 06:13 ☉ 20:29 | 01:07 ☾ 09:04

22 **Karfreitag**
April

2011

Nein!

Die »Kirche Jesu Christi der Heiligen der Letzten Tage«, besser bekannt als »Mormonen«, erlaubt die Polygamie offiziell nicht – allerdings erst seit dem 24. September 1890, als auf Druck der US-Regierung der damalige Präsident Wilford Woodruff in einem Manifest auf die Mehrfachehe verzichtete. Wer heute dennoch mehrere Frauen gleichzeitig ehelichen möchte, gehört laut Gordon B. Hinckley, jetziger Präsident, nicht mehr zu dieser Kirche und wird exkommuniziert.

Entsprechend werden nach Lesart der Mormonen diejenigen, die dennoch Schlagzeilen durch haremsähnliche Verhältnisse machen, als »Splittergruppen« bezeichnet, die mit der eigentlichen Kirche nichts zu tun haben, so auch der Sektenführer Warren Jeffs, der nicht nur Kinder missbrauchte und mit älteren Männern verkuppelte, sondern auch mit mehreren Frauen zusammenlebte.

Am 22. April wurden geboren:

Steve Fossett (1944–2007), US-amerikan. Abenteurer; **Jack Nicholson** (*1937), US-amerikan. Schauspieler; **Yehudi Menuhin** (1916–1999), US-amerikan. Violinist; **Robert Oppenheimer** (1904–1967), US-amerikan. Kernphysiker; **Wladimir Iljitsch Lenin** (1870–1924), russ. Revolutionär und sowjet. Politiker; **Madame de Staël** (1766–1817), schweizer.-frz. Schriftstellerin; **Immanuel Kant** (1724–1804), dt. Philosoph

Ist es wahr, dass …? 2011

Ist es wahr, dass Hasen Nagetiere sind?

♉ Stier | 16. Woche | 06:11 | 06:09 ☉ 20:31 | 20:33 | 01:54 | 02:30 ☾ 10:12 | 11:22

23 | **24** Samstag Ostersonntag April **2011**

Nein!

Sie haben zwar diese zwei lustigen Zähnchen und nagen alles an, was ihnen ins Gesichtsfeld kommt, dennoch sind Hasen keine Nagetiere. Sie gehören zur Familie der Hasenartigen aus der Ordnung der Hasentiere. Was sie mit Nagetieren gemeinsam haben, sind ihre nachwachsenden Schneidezähne. Sie haben keine Wurzel und nutzen sich nur ab, wenn das Tierchen genügend Hartes zu beißen hat. Auch besitzen sie eine Lücke zwischen den Reihen der Backenzähne, wie sie für Nagetiere charakteristisch ist, und kommen ohne Behaarung auf die Welt.

Die Zähne offenbaren jedoch auch einen Unterschied, der Hasen und Kaninchen als »Hasenartige« kennzeichnet: die Stiftzähne. Sie sitzen hinter den oberen Schneidezähnen und fehlen bei den Nagetieren völlig.

Am 23. April wurden geboren:

Haldór Kiljan Laxness (1902–1998), isländ. Schriftsteller, Literaturnobelpreisträger 1955; **Max Planck** (1858–1947), dt. Physiker, Physiknobelpreisträger 1918; **William Turner** (1775–1851), engl. Maler, Wegbereiter des Impressionismus; **William Shakespeare** (1564–1616), engl. Dichter und Dramatiker

Am 24. April wurden geboren:

Barbra Streisand (*1942), US-amerikan. Schauspielerin und Sängerin; **Shirley MacLaine** (*1934), US-amerikan. Schauspielerin; **Bernhard Grzimek** (1909–1987), dt. Zoologe; **Willem De Kooning** (1904 bis 1997), niederländ.-US-amerikan. Maler (Action Painting)

Ist es wahr, dass …? 2011

Ist es wahr, dass hauptsächlich Menschen mit geringen Abwehrkräften

bekommen?

♉ Stier 17. Woche 06:07 ☉ 20:34 | 02:58 ☾ 12:33

25 Ostermontag
April

2011

Nein!

Wenn jemand eine Allergie entwickelt, arbeitet sein Immunsystem auf Hochtouren. Das Problem dabei: Eigentlich gibt es für das Immunsystem überhaupt keinen Grund, tätig zu werden, denn das, was attackiert wird, sind keine schädlichen Eindringlinge, sondern ziemlich normale Alltagsstoffe wie beispielsweise Tierhaare oder Pollen.

Beim Erstkontakt werden Antikörper gebildet, die sich an den Eindringling binden, um ihn auszuschalten. Beim nächsten Aufeinandertreffen setzen Mastzellen Histamin frei, das für die unangenehmen Begleiterscheinungen der Allergie verantwortlich ist. Triefnase, rote Augen, Atemnot und Ausschlag sind die Folge.

Damit das Immunsystem etwas Sinnvolles tun kann, raten Ärzte von übertriebener Hygiene ab. Dann ist die Gefahr, dass eine Allergie ausgebildet wird, geringer.

Am 25. April wurden geboren:

Al(fred James) Pacino (*1940), US-amerikan. Schauspieler; **Albert Uderzo** (*1927), frz. Comic-Künstler; **Sammy Drechsel** (1925–1986), dt. Journalist, Regisseur und Kabarettist; **Ella Fitzgerald** (1918–1996), US-amerikan. Jazzsängerin; **Wolfgang Pauli** (1900–1958), österreich. Physiker, Physiknobelpreisträger 1945; **Oliver Cromwell** (1599–1658), engl. Staatsmann und Heerführer

Ist es wahr, dass …? 2011

Ist es wahr, dass Zecken im Gras sitzen?

♉ Stier 17. Woche 06:05 ☉ 20:36 | 03:20 ☾ 13:42

26 Dienstag April 2011

Ja!

Sie lassen sich nicht von Bäumen fallen, sondern warten in Büschen, im Gras oder im Dickicht auf ihren Wirt. Je älter die Zecke ist, desto höher steigt sie hinauf, um auf Beute zu lauern: Larven schaffen 25 cm, Nymphen 50 cm und erwachsene Zecken bis zu 1,5 m.

Dort warten sie so lange, bis sich ihr hallersches Organ meldet. Es sitzt in den beiden vorderen Beinen der Zecke und reagiert auf Temperaturveränderungen, Kohlendioxid und Milchsäure, die Warmblüter für gewöhnlich absondern. Ändert sich dann noch der Lichteinfall in Zeckennähe und beginnt der Ruheplatz zu schwanken, geht die Zecke in Lauerstellung. Streift nur jemand am Grashalm oder Blatt vorbei, klammert sich die Zecke daran und hat – möglicherweise – einen neuen Wirt gefunden.

Am 26. April wurden geboren:

Giorgio Moroder (*1940), italien. Komponist und Musikproduzent; **Michael Mathias Prechtl** (1926 bis 2003), dt. Maler, Grafiker und Illustrator; **Marianne Hoppe** (1911–2002), dt. Schauspielerin; **Ludwig Wittgenstein** (1889–1951), österreich. Philosoph; **Eugène Delacroix** (1798–1863), frz. Maler der Romantik; **Maria von Medici** (1573–1642), Königin von Frankreich 1610–17; **Mark Aurel** (121–180), röm. Kaiser 161 bis 180

Ist es wahr, dass es den Mahlstrom wirklich gibt?

♉ Stier　　　17. Woche　　　06:03 ☉ 20:38 | 03:38 ☾ 14:49

27 Mittwoch
April

2011

Ja!

Die strudeligen Verwirbelungen, die auf den Mahlstrom zurückgehen, sind zwischen den norwegischen Lofotinseln Moskenesøy und Værøy zu finden. Der Mahlstrom ist ein Gezeitenstrom und entsteht durch den Wechsel von Ebbe und Flut. Seine kräftigen Wasserwirbel haben zahlreiche Schriftsteller inspiriert. So nimmt Jules Verne in seinen »20000 Meilen unter dem Meer« ebenso darauf Bezug wie Edgar Allan Poe in »Sturz in den Mahlstrom«.

Die nordische Sage »Edda« verrät, wie der Mahlstrom entstanden ist: Der dänische König Frode hat eine Handmühle, mit der er Dinge herbeimahlen kann. Die Mühlsteine werden von zwei Riesinnen bewegt, die dem König Reichtümer herbeimahlen. Irgendwann landen sie auf einem Schiff und müssen so viel Salz herbeimahlen, dass das Schiff kentert. Die Mühlsteine fallen ins Meer, wo sie immer noch mahlen.

Am 27. April wurden geboren:

Anouk Aimée (*1932), frz. Schauspielerin; **Hans-Joachim Kulenkampff** (1921–1998), dt. Schauspieler und Quizmaster; **Ulysses Simpson Grant** (1822–1885), US-amerikan. General, Präsident der USA 1869–77; **Herbert Spencer** (1820–1903), engl. Philosoph; **Samuel Morse** (1791–1872), US-amerikan. Maler und Erfinder (Morsetelegraf); **Mary Wollstonecraft** (1759–1797), engl. Schriftstellerin und Frauenrechtlerin

Ist es wahr, dass …? 2011

Ist es wahr, dass man vom **Alkohol** zur Schnarchnase wird?

| ♉ Stier | 17. Woche | 06:01 ☉ 20:39 \| 03:55 ☾ 15:55 |

28 Donnerstag
April

2011

Ja!

Alkohol macht nicht nur die Seele leicht, sondern lässt auch die Atemmuskeln erschlaffen. Das weiche Rachengewebe verliert seine Spannung und schwingt während des Atmens hin und her. Schon schnarcht der trunkene Schläfer.

Zudem erhöht sich durch den Alkoholkonsum das Risiko, eine Schlafapnoe zu entwickeln. Dabei setzt der Atem für mehrere Sekunden aus, wodurch der Sauerstoffgehalt im Blut sinkt. Auch hierfür liegt der Grund in einer Erschlaffung der Muskulatur um die oberen Atemwege, sodass die obere Luftröhre zusammenfällt. Die Atmung ist behindert und wird unter einem lauten Schnarchen wieder aufgenommen. Wer also ohnehin schon stark schnarcht, verschlimmert noch die Situation durch Alkohol.

Am 28. April wurden geboren:

Terry Pratchett (*1948), brit. Schriftsteller; **Yves Klein** (1928–1962), frz. Maler; **Kurt Gödel** (1906–1978), österreich. Mathematiker; **Charlie Rivel,** eigtl. **José Andreu Rivel** (1896–1983), span. Clown; **Erich Salomon** (1886–1944), dt. Fotograf; **Karl Kraus** (1874–1936), österreich. Schriftsteller; **James Monroe** (1758 bis 1831), US-amerikan. Politiker, Präsident der USA 1817–25

Ist es wahr, dass man im Toten Meer nicht angeln kann?

♉ Stier · 17. Woche · 05:59 ☉ 20:41 | 04:11 ☾ 17:01

29 Freitag
April

2011

Ja!

Es ist so tot, dass bis auf ein paar hartgesottene Mikroorganismen oder salzliebende Pflanzen absolut nichts darin lebt. Dennoch kamen im Jahr 2003 christliche Unternehmer auf die Idee, Angelscheine fürs Tote Meer zu verkaufen. Sie fragten bei der zuständigen israelischen Behörde nach und ernteten zunächst ungläubiges Staunen. Doch als die Geschäftsleute eine Bibel zückten und Ezechiel, Kapitel 47, Vers 9 und 10, zitierten, hatten die Beamten ein Einsehen. Dort steht nämlich, dass sich das Tote Meer wieder erholen und Platz für zahlreiche Fische bieten werde.

Das war überzeugend und so war der Weg frei für den Angelscheinverkauf für rund 85 Euro das Stück. Um jeglichen Betrugsverdacht auszuschließen, bekamen die Unternehmer aber die Auflage, auf dem Angelschein zu vermerken, dass es im Toten Meer keine Fische gibt, die man angeln kann.

Am 29. April wurden geboren:

Michelle Pfeiffer (*1958), US-amerikan. Schauspielerin; **Daniel Day-Lewis** (*1957), ir.-brit. Schauspieler; **Walter Kempowski** (1929–2007), dt. Schriftsteller; **Fred Zinnemann** (1907–1997), österreich.-US-amerikan. Filmregisseur; **Hirohito** (1901–1989), japan. Kaiser ab 1926; **Duke Ellington** (1899–1974), US-amerikan. Jazzmusiker; **William Randolph Hearst** (1863–1951), US-amerikan. Journalist und Verleger

Ist es wahr, dass …? 2011

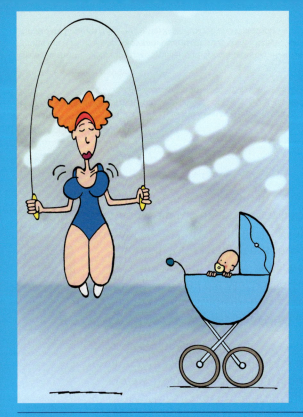

Ist es wahr, dass Muttermilch beim Sport sauer wird?

♉ Stier | 17. Woche | 05:57 | 05:55 ☉ 20:42 | 20:44 | 04:28 | 04:46 ☾ 18:07 | 19:14

30 | 1 Samstag
Sonntag | Maifeiertag
April | Mai

2011

Nein!

Wenn eine stillende Mutter Sport treiben möchte, sollte sie das tun. Der Qualität der Muttermilch tut dies keinen Abbruch. Berichte, die Anfang der 1990er-Jahre in Zeitungen kursierten, offenbaren, dass Babys die Muttermilch nach dem Training ihrer Mütter weniger mochten. Als Grund wurde eine durchs Training bedingte Erhöhung der Milchsäure angeführt, die dazu führe, dass die Milch den Babys nicht mehr schmecke.

Der Haken dabei: Die Babys bekamen die Milch im Rahmen einer Studie mit einer für sie ungewohnten Pipette und die Mütter hatten vorher bis an die Belastungsgrenze Sport getrieben, was den Milchsäuregehalt tatsächlich erhöhen kann. Doch sind sowohl Pipette als auch die Trainingsintensität Umstände, die für »Mama-Normalsportlerin« wohl eher selten in Betracht kommen.

Am 30. April wurden geboren:

Ulla Hahn (*1946), dt. Schriftstellerin; **Karl XVI. Gustav** (*1946), König von Schweden ab 1973; **Luise Rinser** (1911–2002), dt. Schriftstellerin; **Jaroslav Hašek** (1883–1923), tschech. Schriftsteller; **Carl Friedrich Gauß** (1777–1855), dt. Mathematiker, Astronom und Physiker

Am 1. Mai wurden geboren:

Oliver Bierhoff (*1968), dt. Fußballspieler und Sportfunktionär; **Ralf Dahrendorf** (1929–2009), dt. Soziologe und FDP-Politiker; **Giovanni Guareschi** (1908–1968), italien. Schriftsteller; **Marie-Joseph Pierre Teilhard de Chardin** (1881–1955), frz. Paläontologe und Philosoph

Ist es wahr, dass …? 2011

Ist es wahr, dass es
»Montagsautos«
gibt?

| ♉ Stier | 18. Woche | 05:54 ☉ 20:46 \| 05:06 ☾ 20:21 |

2 Montag
Mai

2011

Ja!

Es gibt Menschen, die fast mehr Zeit in der Werkstatt als zu Hause verbringen. Sie sind Besitzer eines Autos, das sich von einem Mangel zum nächsten fährt – eben Besitzer eines Montagsautos. Ob diese Autos tatsächlich montags produziert worden sind, ist fraglich, doch gibt es tatsächlich bestimmte Modellreihen, in denen der Wurm steckt.

Hierbei spielt zum einen die Qualität des Produktionsprozesses eine Rolle, also das, was »am Band« passiert. Zum anderen sind die Zulieferer, die einzelne Komponenten für die Autos herstellen, verantwortlich. Wenn ein Teil nicht passt oder nachlässig geplant und produziert wurde, wird es dennoch eingebaut und verdirbt das ganze Auto. Sind mehrere Teile mangelhaft oder nicht gut aufeinander abgestimmt, häufen sich die Fehler und Pannen und das Montagsauto ist fertig.

Am 2. Mai wurden geboren:

David Beckham (*1975), brit. Fußballspieler; **Axel Caesar Springer** (1912–1985), dt. Verleger; **Bing Crosby** (1904–1977), US-amerikan. Schauspieler und Sänger; **Gottfried Benn** (1886–1956), dt. Schriftsteller; **Novalis,** eigtl. **Friedrich Leopold Freiherr von Hardenberg** (1772–1801), dt. Dichter; **Katharina II., die Große** (1729–1796), russ. Zarin 1762–96

Ist es wahr, dass Würmer gern in Äpfel kriechen?

♉ Stier 18. Woche 05:52 ☉ 20:47 | 05:31 ● 21:28

3 **Dienstag**
Mai

2011

Nein!

Zweifelsohne hat schon fast jeder einmal einen Apfel mit Fleischeinlage erwischt. »Ein Wurm, igitt«, entfährt es uns und wir schneiden ihn heraus. Doch ein Wurm ist es nicht, sondern eine Larve des Apfelwicklers.

Das ist ein Nachtfalter, der sich bevorzugt Obstbäume aussucht, um seine Eier unterzubringen. Er legt sie auf Früchte oder Blätter, sodass die Larven leicht in die Frucht eindringen können. Sie mögen sowohl das Fruchtfleisch als auch die Kerne. Nach drei bis vier Wochen ist die Larve mit dem Apfel fertig und verlässt ihn, um in einem Kokon zu überwintern. Der sitzt in der Baumrinde oder im Boden. Im Mai schlüpft dann der fertige Apfelwickler, der – sofern er weiblich ist – wieder Eier auf die Äpfel legt.

Ist es warm genug, verpuppt sich die Larve schon Ende Juni, sodass eine zweite Faltergeneration im September bereitsteht.

Am 3. Mai wurden geboren:
Aldo Rossi (1931–1997), italien. Architekt; »**Sugar**« **Ray Robinson,** eigtl. **Walker Smith** (1920–1989), US-amerikan. Boxer; **Golda Meir** (1898–1978), israel. Politikerin, Ministerpräsidentin 1969–74; **August von Kotzebue** (1761–1819), dt. Dramatiker; **Matthäus Daniel Pöppelmann** (1662–1736), dt. Baumeister des Spätbarock (Dresdner Zwinger); **Niccolò Machiavelli** (1469–1527), italien. Schriftsteller und Staatsbeamter

Ist es wahr, dass …? 2011

Ist es wahr, dass man das Wetter vorhersagen kann?

♉ Stier 18. Woche 05:50 ☉ 20:49 | 06:01 ☽ 22:33

4 Mittwoch
Mai

2011

Ja!

Der Zeitraum muss nur kurz genug sein, aber selbst dann wird eine hundertprozentige Genauigkeit nie erreicht. Eine Vorhersage für die nächsten 24 Stunden stimmt zu etwa 90%, bei den nächsten drei Tagen sind es rund 75%. Wer Prognosen für die nächsten zwei Wochen abgeben möchte, wandelt auf dem schmalen Pfad der Kaffeesatzleserei, und wer schon jetzt einen verregneten Sommer ankündigt, ist wahrscheinlich ein Hellseher.

Kein Wunder, denn die Entstehung des Wetters ist komplex und wird von so vielen Faktoren beeinflusst, dass schon die kleinste Abweichung eine Vorhersage über den Haufen werfen kann. Zudem werden die Rechenmodelle zwar immer besser, berücksichtigen aber immer noch nicht sämtliche Einflussfaktoren wie die Beschaffenheit lokaler Gebirgshänge, die Rolle der Pflanzen in Wald und Flur oder den Flügelschlag eines Schmetterlings.

Am 4. Mai wurden geboren:

Keith Haring (1958–1990), US-amerikan. Maler; **Ulrike Meyfarth** (*1956), dt. Leichtathletin (Hochspringerin); **Amos Oz** (*1939), israel. Schriftsteller; **Audrey Hepburn** (1929–1993), US-amerikan. Schauspielerin; **Hosni Mubarak** (*1928), ägypt. General und Politiker, Staatspräsident ab 1981; **Friedrich Arnold Brockhaus** (1772–1823), dt. Verleger

Ist es wahr, dass …? 2011

Ist es wahr, dass Hecken im Sommer nicht geschnitten werden sollten?

♉ Stier 18. Woche 05:48 ☉ 20:51 | 06:40 ☽ 23:31

5 **Donnerstag**
Mai

2011

Ja!

Eine Hecke bietet einen geschützten Lebensraum für zahlreiche Tiere. Igel wissen eine dichte Hecke ebenso zu schätzen wie Amsel, Nachtigall und Grünfink. Sie bauen ihre Nester gern in einer Hecke. Da sie zu den geschützten Vögeln zählen, sollten Heckenbesitzer besondere Rücksicht auf ihr Brutverhalten nehmen. Ein Heckenschnitt, womöglich noch mit einer elektrischen Heckenschere, kann nicht nur Nester zerstören, sondern die Vögel so stören, dass sie ihre Brut aufgeben.

Deshalb sollte die Hecke von März bis September am besten überhaupt nicht geschnitten werden. Falls man gar nicht anders kann, sollte man sich vorher vergewissern, dass sich keine Nester in der Hecke befinden. Brutzeit ist bis Ende Juli, bei manchen Vogelarten bis August. Danach gehts wieder.

Am 5. Mai wurden geboren:

Heike Henkel (*1964), dt. Leichtathletin (Hochspringerin); **Eddi Arent** (*1925), dt. Schauspieler; **Sylvia Pankhurst** (1882–1960), brit. Schriftstellerin, Sozialistin und Frauenrechtlerin; **Hans Pfitzner** (1869–1949), dt. Komponist; **Henryk Sienkiewicz** (1846–1916), poln. Schriftsteller, Literaturnobelpreisträger 1905; **Karl Marx** (1818–1883), dt. Philosoph und Ökonom; **Sören Kierkegaard** (1813–1855), dän. Philosoph und Theologe

Ist es wahr, dass …? 2011

Ist es wahr, dass **Internet** und **WWW** dasselbe ist?

| ♉ Stier | 18. Woche | 05:46 ☉ 20:52 \| 07:28 ☽ – |

6 Freitag
Mai

2011

Nein!

Das Internet, hergeleitet von »interconnected networks«, bezeichnet das weltweite Netzwerk von Rechnern oder Rechnernetzwerken, die Daten austauschen. Dazu zählen E-Mail, das Übertragen von Dateien, die Internettelefonie, Radio oder Fernsehen – und das WWW. Jeder Rechner, der ans Internet, beispielsweise über DSL, angeschlossen ist, ist gleichzeitig auch Teil des Internets und kann mit jedem beliebigen Rechner Daten austauschen.

Ein Teil des Internets ist das WWW, das World Wide Web. Dabei handelt es sich um das Geflecht von Webseiten, die auf verschiedenen Rechnern, den Servern, abgespeichert sind. Um sie ansehen zu können, benötigt man einen Browser. Die Webseiten sind so programmiert, dass man von einer Seite über einen Link auf eine andere gelangen kann, auch wenn ihre Daten auf einem anderen Server liegen.

Am 6. Mai wurden geboren:

Till Brönner (*1971), dt. Jazztrompeter; **George Clooney** (*1961), US-amerikan. Schauspieler; **Tony Blair** (*1953), brit. Labour-Politiker, Premierminister 1997–2007; **Hanns Dieter Hüsch** (1925–2005), dt. Kabarettist; **Orson Welles** (1915–1985), US-amerikan. Schauspieler und Regisseur; **Ernst Ludwig Kirchner** (1880 bis 1938), dt. Maler; **Christian Morgenstern** (1871–1914), dt. Schriftsteller; **Sigmund Freud** (1856–1939), österreich. Arzt, Begründer der Psychoanalyse

Ist es wahr, dass …? 2011

Ist es wahr, dass man Sterne kaufen kann?

♉ Stier　18. Woche　05:45 | 05:43 ☉ 20:54 | 20:55　| 08:27 | 09:35 ☽ 00:22 | 01:04

7 8 Samstag
Sonntag | Muttertag
Mai

2011

Ja!

Diverse Unternehmen bieten Sterne an, die der Kunde auf einen Wunschnamen taufen kann. Der Name wird in einer Datenbank – nämlich der des jeweiligen Unternehmens – eingetragen und bleibt dort »für immer« vermerkt. Der Preis für den Stern ist abhängig von seiner Helligkeit und schwankt zwischen 39 Euro für einen Stern, den man nur mit einem professionellen Teleskop sehen kann, und mehr als 600 Euro für einen hellen Hauptstern, der über das ganze Jahr hin deutlich sichtbar ist.

Einen Haken hat die Sternentaufe jedoch: Einzig die Internationale Astronomische Union (IAU) hat die Befugnis, astronomischen Objekten Namen zu verleihen. Hierbei hält sie sich an Regeln, die auch ihre Mitglieder akzeptiert haben. So tragen die hellen Sterne Namen, die ihnen schon die Araber gegeben haben. Alle anderen Sterne haben lediglich eine Nummer.

Am 7. Mai wurden geboren:

Gerhard Polt (*1942), dt. Kabarettist; **Eva (Evita) Perón** (1919–1952), argentin. Politikerin; **Gary Cooper** (1901–1961), US-amerikan. Schauspieler; **Peter Tschaikowsky** (1840–1893), russ. Komponist; **Johannes Brahms** (1833–1897), dt. Komponist

Am 8. Mai wurden geboren:

Keith Jarrett (*1945), US-amerikan. Jazzpianist; **Harry S. Truman** (1884–1972), US-amerikan. Politiker, Präsident der USA 1945–53; **Henri Dunant** (1828–1910), schweizer. Philanthrop (Gründer des Roten Kreuzes), Friedensnobelpreisträger 1901

Ist es wahr, dass …? 2011

Ist es wahr, dass ein Fußball auf nassem Rasen schneller wird?

LESERFRAGE von **Hans-Christian v.H.** aus Oldersum

♉ Stier   19. Woche   05:41 ☉ 20:57 | 10:49 ☽ 01:38

9 Montag
Mai

2011

Nein!

Um einen Gegenstand zu beschleunigen, muss eine Kraft auf ihn einwirken. Ein nasser Rasen produziert jedoch keine Kraft. Deshalb kann der Ball schon aus rein physikalischen Gesichtspunkten nicht schneller werden.

Was der nasse Rasen jedoch bewirkt, ist ein verringertes Abbremsen. Durch die nasse Oberfläche reduziert sich die Reibung, die der Ball beim Auftreffen auf dem Untergrund erfährt. Dadurch bremst er nicht so stark ab wie auf trockenem Rasen. Für den fernseherprobten Fußballfreund sieht es dann so aus, als würde der Ball schneller, weil unser Gehirn erwartet, dass er – wie meistens üblich – deutlich langsamer werden würde.

Am 9. Mai wurden geboren:

Wim Thoelke (1927–1995), dt. Fernseh-Showmaster; **Sophie Scholl** (1921–1943), dt. Widerstandskämpferin gegen den Nationalsozialismus; **Zita von Bourbon-Parma** (1892–1989), letzte Kaiserin von Österreich und Königin von Ungarn; **Howard Carter** (1873–1939), brit. Archäologe, Entdecker des Grabes von Tutanchamun; **Adam Opel** (1837–1895), dt. Maschinenbauer und Unternehmer (Fahrräder, Autos)

Ist es wahr, dass …? 2011

Ist es wahr, dass man

Kartoffeln

nicht mit dem Messer
zerschneiden soll?

♉ Stier | 19. Woche | 05:40 ☉ 20:58 | 12:06 ☽ 02:06

10 **Dienstag**
Mai

2011

Nein!

Was früher einmal zweckdienlich war, ist heute überholt. Früher war Essbesteck aus Eisen. Wo Eisen ist, ist auch Rost, und deshalb riskierte man beim Durchschneiden der Kartoffel Rost an derselben und einen ekelhaften Geschmack. Seitdem Edelstahl neben dem Teller seinen Platz gefunden hat, besteht die Gefahr nicht mehr, dass die Kartoffel verschmutzt wird. Doch einmal eingebürgerte Tischmanieren lassen sich nicht so einfach vom Tisch fegen.

Deshalb gilt auch heute noch das Durchschneiden der Kartoffel mit dem Messer als unschicklich. Wer fein sein und essen gehen möchte, zerteilt sie mit der Gabel. Das bekommt der Kartoffel als »Soßenträger« ohnehin besser und sieht eleganter aus. Was man höchstens zu Hause machen sollte: Kartoffeln und Soße mit der Gabel zermatschen.

Am 10. Mai wurden geboren:

Katja Seizinger (*1972), dt. alpine Skiläuferin; **David O. Selznick** (1902–1965), US-amerikan. Filmproduzent; **Anatole Litvak** (1902–1974), russ.-US-amerikan. Regisseur; **Fred Astaire** (1899–1987), US-amerikan. Tänzer; **Gustav Stresemann** (1878–1929), dt. Politiker, Reichsaußenminister 1923–29, Friedensnobelpreisträger 1926; **Johann Peter Hebel** (1760–1826), dt. Dichter

Ist es wahr, dass es nach den Eisheiligen nicht mehr friert?

♉ Stier   19. Woche   05:38 ☉ 21:00 | 13:25 ☾ 02:30

11 Mittwoch
Mai

2011

Nein!

Nichts ist so unberechenbar wie das Wetter. Kommt dann noch eine Kalenderreform dazu, gelten auch Bauernregeln nicht mehr. Doch der Reihe nach. Die Eisheiligen liegen zwischen dem 11. und 15. Mai. Bis dahin können empfindliche Pflanzen durch Nachtfröste geschädigt werden, sodass man sie erst nach Ende der Eisheiligen ins Freie setzen sollte. Doch zeigen langjährige Wetterbeobachtungen, dass es auch später noch Fröste geben kann. Haben sich die Bauern etwa geirrt?

Haben sie nicht, doch sie hatten nicht mit dem Reformeifer von Papst Gregor XIII. gerechnet. Der strich bei der Kalenderreform im Jahr 1582 zehn Tage, sodass die Eisheiligen eigentlich zehn Tage später sein müssten. Die Eisheiligen saßen aber fest auf ihren Daten, sodass sie im Verhältnis zur Jahreszeit um zehn Tage nach vorn verschoben wurden.

Am 11. Mai wurden geboren:

Hildegard Hamm-Brücher (*1921), dt. FDP-Politikerin; **Salvador Dalí** (1904–1989), span. surrealistischer Maler; **Rose Ausländer** (1901–1988), dt.-sprachige Schriftstellerin; **Martha Graham** (1894–1991), US-amerikan. Tänzerin und Choreografin; **Margaret Rutherford** (1892–1972), brit. Schauspielerin; **Karl Freiherr von Münchhausen,** gen. **Lügenbaron** (1720–1797), dt. Offizier und Abenteurer

Ist es wahr, dass man sich an Pflanzen verbrennen kann?

♉ Stier 19. Woche 05:36 ☉ 21:02 | 14:46 ☽ 02:51

12 Donnerstag
Mai

2011

Ja!

Der Übeltäter heißt »Riesenbärenklau« oder »Herkulesstaude«. Die aus dem Kaukasus in unsere Breiten eingewanderte Pflanze kann im Rahmen einer Fotodermatitis Verbrennungen zweiten Grades hervorrufen. Verantwortlich hierfür sind Furocumarine, die die Pflanze produziert. Gelangt ein Mensch in Kontakt damit und scheint die Sonne auf die betreffende Hautstelle, rötet sich zunächst die Haut. Dann können sich schmerzhafte Quaddeln und im schlimmsten Fall richtige Brandblasen bilden, deren Heilung Wochen dauern kann.

Ist es heiß, richtet die Pflanze sogar Schaden an, wenn man sie nicht berührt. Sie gibt die Furocumarine in die Luft ab, sodass Atemnot und Bronchitis die Folge sein können. Wegen ihrer Gefährlichkeit muss die Pflanze radikal bekämpft werden. Das geht nur mit Schutzanzug, denn selbst normale Kleidung schützt nicht vor ihren aggressiven Substanzen.

Am 12. Mai wurden geboren:

Joseph Beuys (1921–1986), dt. Objekt- und Aktionskünstler; **Dorothy Hodgkin** (1910–1994), brit. Chemikerin, Chemienobelpreisträgerin 1964; **Katharine Hepburn** (1907–2003), US-amerikan. Schauspielerin; **Helene Weigel** (1900–1971), dt.-österreich. Schauspielerin und Theaterleiterin; **Fritz Kortner** (1892–1970), österreich. Regisseur und Schauspieler; **Florence Nightingale** (1820–1910), brit. Krankenpflegerin; **Justus von Liebig** (1803–1873), dt. Chemiker

Ist es wahr, dass Männchen immer größer als Weibchen sind?

♉ Stier   19. Woche   05:35 ☉ 21:03 | 16:08 ☽ 03:12

13 Freitag Mai   **2011**

Nein!

Die meisten Männer sind zwar größer und stärker als Frauen – und das gilt ebenso für Säugetiere und viele Vogelarten –, bei Spinnen sieht die Sache jedoch anders aus: Hier gibt es Weibchen, die um ein Vielfaches größer als die Männchen sind. Entsprechend gefährlich lebt der Spinnenmann, denn nicht selten wird er nach dem Paarungsakt vom Weibchen verspeist. Beispielhaft steht hier die bis zu 25 mm große Wespenspinne, deren 6 mm großer Partner noch während der Vereinigung getötet und gefressen wird.

Das Männchen des Tiefseeanglerfisches Gigantactis kommt über den Status eines Anhängsels nicht hinaus. Er misst 2 cm, während sein Weibchen stattliche 40 cm groß ist. Entsprechend hat sie die Hosen an und versorgt ihn sogar über ihren Blutkreislauf mit allem Lebensnotwendigen. Ihr dient ihr Zwergmännchen nur zur Fortpflanzung.

Am 13. Mai wurden geboren:

Stevie Wonder, eigtl. **Steveland Morris-Judkins** (*1950), US-amerikan. Soulmusiker; **Senta Berger** (*1941), österreich. Schauspielerin; **Joe Louis** (1914–1981), US-amerikan. Boxer; **Daphne du Maurier** (1907–1989), brit. Schriftstellerin; **Georges Braque** (1882–1963), frz. Maler des Kubismus; **Maria Theresia** (1717–1780), Königin von Böhmen und Ungarn, röm.-dt. Kaiserin als Gattin von Franz I.

Ist es wahr, dass Sebastian Kneipp die Kneippkur erfunden hat?

♉ Stier · 19. Woche · 05:33 | 05:32 ☉ 21:05 | 21:06 | 17:33 | 18:58 ☽ 03:33 | 03:57

14 | **15** Samstag Sonntag Mai **2011**

Nein!

Die positive Wirkung von kalten Wassergüssen kannten schon die Assyrer und Babylonier. Auch Hippokrates (um 460–370 v. Chr.) und der Gladiatorenarzt Galen (um 129–199) wussten, dass kaltes Wasser allerlei Beschwerden lindern kann.

Bekannt wurde die Wasserkur durch den Webersohn Sebastian Kneipp (1821–1897). Doch auch Kneipp nutzte die Erkenntnisse, die andere schon viele Jahre vor ihm gewonnen hatten. So gilt als Begründer der Wasserheilkunde der niederschlesische Arzt Johann Siegmund Hahn (1696–1773). Er schrieb ein Buch mit dem aussagekräftigen Titel »Unterricht von Krafft und Würckung des frischen Wassers in die Leiber der Menschen, besonders der Krancken, bey dessen innerlichen und äusserlichen Gebrauch […]«. Eben dieses Buch fiel Kneipp rund 100 Jahre später in die Hände und er nutzte dieses Wissen, um seine Tuberkuloseerkrankung zu therapieren.

Am 14. Mai wurden geboren:

Cate Blanchett (*1969), austral. Schauspielerin; **Eoin Colfer** (*1965), ir. Kinderbuchautor; **George Lucas** (*1944), US-amerikan. Filmregisseur; **Otto Klemperer** (1885–1973), dt. Dirigent; **Karl IV.** (1316–1378), dt. König ab 1346, röm.-dt. Kaiser ab 1355

Am 15. Mai wurden geboren:

Jasper Johns (*1930), US-amerikan. Maler (Pop-Art); **Max Frisch** (1911–1991), schweizer. Schriftsteller; **Arthur Schnitzler** (1862–1931), österreich. Schriftsteller; **Klemens Wenzel Fürst von Metternich** (1773 bis 1859), österreich. Politiker

Ist es wahr, dass
Mikrowellengeräte
gefährlich sind?

♉ Stier   20. Woche   05:30 ☉ 21:08 | 20:23 ☽ 04:26

16 **Montag**
Mai

2011

Nein!

Ist die Mikrowelle funktionstechnisch in Ordnung und wird sie bestimmungsgemäß verwendet, ist sie nicht gefährlich. Dennoch gibt es Skeptiker, die vor den Strahlen warnen. Sie sollen Vitamine in der Nahrung zerstören und Krebs verursachen. Die Mikrowellen bringen nämlich die Moleküle der Speisen in Schwingung. Durch die Reibung entsteht Wärme, die die Speisen von innen heraus erhitzt. Bislang gibt es jedoch keine Studie, die belegt, dass die beschwingten Moleküle den menschlichen Organismus negativ beeinflussen.

Wer Essen in der Mikrowelle erhitzt, sollte eine geringere Wattzahl bei längerer Laufzeit einstellen. So wird sichergestellt, dass sich die Speisen gleichmäßig erhitzen und keine heißen oder kalten Stellen zurückbleiben, die entweder für Verbrennungen sorgen oder Salmonellen nicht zuverlässig abtöten.

Am 16. Mai wurden geboren:

Pierce Brosnan (*1952), ir. Schauspieler; **Karl Lehmann** (*1936), dt. kath. Theologe, Vorsitzender der Deutschen Bischofskonferenz 1987–2008; **Friedrich Gulda** (1930–2000), österreich. Pianist; **Friedrich Nowottny** (*1929), dt. Journalist; **Henry Fonda** (1905–1982), US-amerikan. Schauspieler; **Tamara de Lempicka** (1898–1980), poln.-US-amerikan. Malerin

Ist es wahr, dass Eidechsen ihre Schwänze abwerfen können?

♉ Stier   20. Woche   05:29 ☉ 21:09 | 21:42 ○ 05:02

17 Dienstag
Mai

2011

Ja!

Fällt der Schwanz ab, ist der Gegner verwirrt. Dieses Prinzip machen sich Eidechsen zunutze, um ihren Fressfeinden zu entkommen. Dieses Autotomie genannte Vorgehen wird möglich, weil jeder Echsenschwanzwirbel vom sechsten an abwärts mittig eine Sollbruchstelle besitzt, an der das Bindegewebe schwächer ist. Bei Gefahr zieht die Echse einen Ringmuskel zusammen, sodass der Schwanz an einer dieser Sollbruchstellen abbricht. Weil sich im Schwanzteil noch Nerven regen, bewegt er sich munter weiter und gaukelt dem Feind eine Beute vor.

Der Eidechsenschwanz wächst in einer abgespeckten Version wieder nach. Er besteht nicht mehr aus Wirbeln, sondern aus einem Knorpelstab. Der sieht nicht nur weniger chic aus, sondern verleiht seinem Träger, sofern er männlich ist, auch einen geringeren Status unter seinen Artgenossen.

Am 17. Mai wurden geboren:

Udo Lindenberg (*1946), dt. Rocksänger; **Dennis Hopper** (*1936), US-amerikan. Schauspieler; **Antje Weisgerber** (1922–2004), dt. Schauspielerin; **Jean Gabin** (1904–1976), frz. Schauspieler; **Werner Egk** (1901–1983), dt. Komponist; **August Thyssen** (1842–1926), dt. Industrieller; **Sebastian Kneipp** (1821 bis 1897), dt. Naturheilkundler

Ist es wahr, dass Hungersnöte durch **Nahrungsmittelknappheit** entstehen?

♉ Stier 20. Woche 05:27 ☉ 21:10 | 22:50 ☾ 05:48

18 Mittwoch
Mai
2011

Manchmal!

Naturkatastrophen, Überschwemmungen, Dürre oder Schädlinge können zu Missernten führen, die Nahrungsmittelknappheit und damit die Gefahr einer Hungersnot nach sich zieht. Doch nicht nur die Natur, sondern auch der Mensch ist schuld daran, wenn Menschen Hunger leiden müssen.

Krieg ist eine der Hauptursachen für Hunger. Dabei zerstört der Gegner gezielt die Herstellung und Verteilung von Nahrungsmitteln, etwa indem er Äcker zerstört oder Handelswege lahmlegt. Auch die Regierungsform spielt eine Rolle. So wurde festgestellt, dass es in Demokratien noch nie eine Hungersnot gegeben hat. Dagegen ist in Staaten mit diktatorischen Strukturen wie Nordkorea oder Simbabwe der Hunger unter weiten Teilen der Bevölkerung zeitweise verbreitet, obwohl die klimatischen Gegebenheiten durchaus für die Ernährung der Menschen ausreichen.

Am 18. Mai wurden geboren:

Thomas Gottschalk (*1950), dt. Fernseh-Showmaster; **Justus Frantz** (*1944), dt. Pianist; **Hark Bohm** (*1939), dt. Regisseur; **Johannes Paul II.,** eigtl. **Karol Wojtyla** (1920–2005), Papst 1978–2005; **Walter Gropius** (1883–1969), dt.-US-amerikan. Architekt, Gründer des Bauhauses; **Bertrand Russell** (1872–1970), brit. Mathematiker und Philosoph, Literaturnobelpreisträger 1950

Ist es wahr, dass …? 2011

Ist es wahr, dass häufiges Haarewaschen vor Läusen schützt?

♉ Stiere   20. Woche   05:26 ☉ 21:12 | 23:44 ☾ 06:45

19 **Donnerstag**
Mai   **2011**

Nein!

Läusen ist es egal, ob der Kopf sauber ist oder nicht. Wenn Haar-zu-Haar-Kontakt gegeben ist, siedeln Läuse von einem Kopf zum anderen über, selbst wenn dieser noch so sauber ist. Wäscht der neue Lausbesitzer seine Haare, krallen sich die Tierchen mit ihren sechs Beinen im Haar fest, denn das ist das, was sie am besten können. Wasser und Shampoo überstehen sie unbeschadet, sodass sie nicht weggehen, aber genauso sauber wie ihr Heimathaar werden.

Um Läuse wieder loszuwerden, begibt man sich zum Arzt, der die chemische Keule auspackt. Mit Mitteln, die die Wirkstoffe Pyrethrum oder Permethrin enthalten, werden Läuse und ihre Eier abgetötet. Leider zeigen Läuse in letzter Zeit Resistenzen gegen diese Wirkstoffe, sodass die Suche nach – auch weniger giftigen – Alternativen fieberhaft betrieben wird.

Am 19. Mai wurden geboren:

Grace Jones (*1952), jamaikan. Popsängerin; **Peter Zadek** (1926–2009), dt. Regisseur; **Malcolm X,** eigtl. **Malcolm Little** (1925–1965) , US-amerikan. Bürgerrechtler; **Gerd Bucerius** (1906–1995), dt. Verleger (»Die Zeit«) und Publizist; **Ho Chi Minh** (1890–1969), vietnames. Politiker; **Johann Gottlieb Fichte** (1762–1814), dt. Philosoph; **Innozenz XI.,** eigtl. **Benedetto Odescalchi** (1611–1689), Papst 1676–89

Ist es wahr, dass …? 2011

Ist es wahr, dass Katzen über weite Distanzen nach Hause finden?

♉ Stier   20. Woche   05:25 ☉ 21:13 – ☾ 07:52

20 **Freitag** **2011**
        Mai

Ja!

3000 km soll Katze Jenny vom portugiesischen Livramento nach Schleswig zurückgelegt haben. Dafür benötigte sie zwei Jahre. Meldungen über Katzen, die über weite Distanzen nach Hause finden, gibt es immer wieder. Was die Haustiger zu diesen erstaunlichen Leistungen befähigt, liegt jedoch weitgehend im Dunkeln.

Möglich ist, dass sich Katzen wie Vögel am Magnetfeld der Erde orientieren. Möglich ist auch, dass sich Katzen über ihr Gehör orientieren und »Hörbilder« in ihrem Gehirn speichern. Dabei sollen ihnen besondere Nervenzellen helfen, die sogar Töne über die Augen aufnehmen können.

Der Biologe Rupert Sheldrake stellt die gewagte Hypothese auf, dass Katzen mit ihrem Zuhause eine so enge Bindung eingehen, dass sich eine Art Kanal für eine Gedankenübertragung bilden kann, was den Katzen hilft, wieder nach Hause zu finden.

Am 20. Mai wurden geboren:

Cher, eigtl. **Cherilyn Sarkisian LaPiere** (*1946), US-amerikan. Sängerin und Schauspielerin; **Joe Cocker** (*1944), brit. Rockmusiker; **Wolfgang Borchert** (1921–1947), dt. Schriftsteller; **James Stewart** (1908–1997), US-amerikan. Schauspieler; **Sigrid Undset** (1882–1949), norweg. Schriftstellerin, Literaturnobelpreisträgerin 1928; **Honoré de Balzac** (1799–1850), frz. Schriftsteller

Ist es wahr, dass …? 2011

Ist es wahr, dass

Fingernägel

im Sommer schneller wachsen?

♊ Zwillinge | 20. Woche | 05:23 | 05:22 ☉ 21:15 | 21:16 | 00:26 | 00:58 ☾ 09:03 | 10:16

21 | **22** Samstag **Sonntag** Mai | **2011**

Ja!

Fingernägel mögen Vitamin D. Dieses bildet der Mensch vorzugsweise dann, wenn er sich unter der Sonne aufhält, die im Sommer naturgemäß länger, häufiger und intensiver scheint. Für rauchende Nagelfetischisten ist der Winter eine schlechte Zeit, denn Kälte und Nikotin verlangsamen das Nagelwachstum.

Was Forscher noch herausgefunden haben: Unsere Nägel wachsen heute schneller als noch vor 70 Jahren. Eine Studie an 195 Finger- und 188 Zehennägeln offenbart, dass die Nägel im Vergleich zu im Jahr 1938 untersuchten Nägeln um rund 25% schneller wachsen. Wahrscheinlich beschleunigt die bessere Ernährung, die reich an Eiweiß ist, das Nagelwachstum. So wuchs der Daumennagel zu Opas Zeiten nur 3 mm pro Monat, während er heute satte 3,55 mm in die Länge schießt. Da sollten sich Fingernagelwachstumsrekordhalter schon einmal warm anziehen ...

Am 21. Mai wurden geboren:

Gabriele Wohmann (*1932), dt. Schriftstellerin; **Andrej Dmitrijewitsch Sacharow** (1921–1989), sowjet. Physiker und Bürgerrechtler, Friedensnobelpreisträger 1975; **Henri Rousseau** (1844–1910), frz. Maler; **Albrecht Dürer** (1471–1528), dt. Maler, Zeichner und Kunstschriftsteller

Am 22. Mai wurden geboren:

Betty Williams (*1943), nordir. Politikerin, Friedensnobelpreisträgerin 1976; **Laurence Olivier** (1907 bis 1989), brit. Schauspieler und Regisseur; **Arthur Conan Doyle** (1859–1930), engl. Schriftsteller; **Richard Wagner** (1813–1883), dt. Komponist

Ist es wahr, dass ...? 2011

Ist es wahr, dass Indianer keinen Bartwuchs haben?

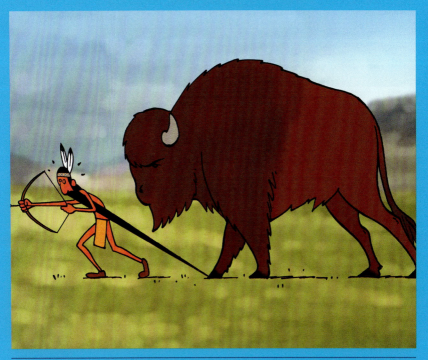

♊ Zwillinge 21. Woche 05:21 ☉ 21:17 | 01:22 ☾ 11:27

23 Montag
Mai

2011

Nein!

Indianer in Amerika haben sowohl Bartwuchs als auch Brustbehaarung. Aufgrund ihrer genetischen Veranlagung fällt diese jedoch nicht so üppig aus wie die der Mitteleuropäer. Hinzu kommt, dass Indianer – kulturell bedingt – einen haarlosen Körper bevorzugen. Deshalb verwundert es auch nicht, dass pinzettenartige Bart- und Haarzupfer schon vor Ankunft der Europäer in Amerika bekannt waren.

Wissenschaftler vermuten, dass die Haarknappheit der Indianer auf die klimatischen Bedingungen ihres ursprünglichen Lebensraums zurückzuführen ist. Asiaten und Indianer sind genetisch miteinander verwandt, denn die Indianer wanderten über eine Landbrücke der Beringstraße von Asien nach Alaska. Im kalten Klima ist ein Bart unpraktisch, da sich in den Gesichtshaaren Eiskristalle ablagern und zu Erfrierungen im Gesicht führen können.

Am 23. Mai wurden geboren:

Tom Tykwer (*1965), dt. Filmregisseur; **Thomas Reiter** (*1958), dt. Astronaut; **Anatoli Karpow** (*1951), russ. Schachspieler; **Joan Collins** (*1933), brit. Schauspielerin; **Dieter Hildebrandt** (*1927), dt. Kabarettist; **Otto Lilienthal** (1848–1896), dt. Flugzeugingenieur; **Carl von Linné** (1707–1778), schwed. Naturforscher

Ist es wahr, dass …? 2011

Ist es wahr, dass es in Deutschland keine Tornados geben kann?

♊ Zwillinge   21. Woche   05:20 ☉ 21:19 | 01:43 ☾ 12:36

24 **Dienstag**
Mai

2011

Nein!

Es gab in der Vergangenheit in Deutschland Tornados. So beispielsweise 1968 in Pforzheim, als ein Tornado am Stadtrand mit einer Geschwindigkeit von 400 km/h wütete und zahlreiche Menschen verletzte und obdachlos machte. Auf der international gültigen Fujita-Skala, die Tornados hinsichtlich ihrer Stärke einteilt, erreichte dieser Tornado die zweitstärkste Kategorie F4.

Mittlerweile wird Tornados in Deutschland eine erhöhte Aufmerksamkeit entgegengebracht. Sie werden gejagt, beobachtet und in der Unwetterstation in Bochum registriert. Deshalb wissen wir auch, dass es 2006 mit 118 bestätigten Tornados recht viele gegeben hat. Zum Vergleich: 2007 waren es 69, 2008 nur 44. Dennoch wird auch bei uns im Sommer wegen der Erderwärmung immer häufiger mit schweren Stürmen zu rechnen sein.

Am 24. Mai wurden geboren:

Bob Dylan (*1941), US-amerikan. Rockmusiker; **George Tabori** (1914–2007), brit.-ungar. Dramatiker; **Willi Daume** (1913–1996), dt. Sportfunktionär, Präsident des Deutschen Sportbundes und des Nationalen Olympischen Komitees 1961–92; **Suzanne Lenglen** (1899–1938), frz. Tennisspielerin; **Viktoria I.** (1819 bis 1901), Königin von Großbritannien und Irland ab 1837, Kaiserin von Indien ab 1876; **Jean Paul Marat** (1743–1793), frz. Revolutionär; **Daniel Fahrenheit** (1686–1736), dt. Physiker

Ist es wahr, dass Eintagsfliegen den Verkehr behindern können?

♊ Zwillinge 21. Woche 05:19 ☉ 21:20 | 02:00 ☾ 13:43

25 Mittwoch Mai 2011

Ja!

Hupps, schon hat man sie mit einem Finger zerdrückt, doch in Massen können Eintagsfliegen sogar zu einem ernsten Verkehrshindernis werden. So geschehen in Bonn im Jahr 1991, als sich Millionen von Eintagsfliegen über der Kennedybrücke tummelten, die über den Rhein führt. Klar, dass Radfahrer extrem schlechte Karten hatten, doch auch die Autofahrer hatten das Nachsehen, weil ihnen die Sicht genommen wurde. Deshalb sperrte die Polizei die Brücke kurzerhand und rief die Feuerwehr zu Hilfe, damit sie die Fahrbahn mit Wasserstrahlern wieder säubern konnte.

Die massenweise Ansammlung von Eintagsfliegen ist ein Phänomen, das immer zur Paarungszeit auftritt. Die Larven entwickeln sich nämlich zeitgleich zu erwachsenen Tieren und warten in großen Schwärmen auf ihre Partner.

Am 25. Mai wurden geboren:

Ian McKellen (*1939), brit. Schauspieler; **Beverly Sills** (1929–2007), US-amerikan. Sängerin (Sopran); **Miles Davis** (1926–1991), US-amerikan. Jazzmusiker; **Max von der Grün** (1926–2005), dt. Schriftsteller; **Josip Broz Tito** (1892–1980), jugoslaw. Marschall und Politiker, Staatspräsident 1953–80; **Ralph Waldo Emerson** (1803–1882), US-amerikan. Dichter und Philosoph

Ist es wahr, dass KOFFEIN das Herzinfarktrisiko erhöht?

♊ Zwillinge   21. Woche   05:17 ☉ 21:21 | 02:17 ☾ 14:49

26 **Donnerstag** **2011**
Mai

Vielleicht!

Eine ganze Reihe von umfangreichen Studien hat keine Hinweise darauf ergeben, dass Kaffee das Herzinfarktrisiko erhöht, Herzrhythmusstörungen oder Gefäßkrankheiten verursacht. Zwar wurde bei Menschen, die auf Koffein empfindlich reagieren, ein Anstieg des Blutdrucks registriert, doch blieb dieser in einem Bereich, der auch bei geringer sportlicher Betätigung zu beobachten ist.

Doch dann hat ein Ernährungswissenschaftler von der University of Toronto festgestellt, dass es in den Genen liegt, ob Kaffee gefährlich ist oder nicht. Wird Koffein vom Organismus langsam abgebaut, steigt das Infarktrisiko um 36% bei zwei bis drei Tassen pro Tag. Bei mehr als vier Tassen sind es sogar 64%.

Wer über seine Gene nicht Bescheid weiß und unsicher ist, fragt am besten seinen Arzt, bevor er sich dem Koffeingenuss hingibt.

Am 26. Mai wurden geboren:

Helena Bonham Carter (*1966), brit. Schauspielerin; **Doris Dörrie** (*1955), dt. Regisseurin und Drehbuchautorin; **John Wayne**, eigtl. **Marion Michael Morrison** (1907–1979), US-amerikan. Schauspieler; **Isadora Duncan** (1877–1927), US-amerikan. Tänzerin; **Olaf Gulbransson** (1873–1958), norweg. Maler, Zeichner, Karikaturist (»Simplicissimus«) und Buchillustrator; **Edmond de Goncourt** (1822–1896), frz. Schriftsteller, Kunstsammler, Kunst- und Kulturhistoriker

Ist es wahr, dass …? 2011

Ist es wahr, dass Cäsar von Brutus ermordet wurde?

♊ Zwillinge 21. Woche 05:16 ☉ 21:23 | 02:33 ☾ 15:55

27 Freitag
Mai

2011

Vielleicht!

Es war wie beim »Mord im Orient-Express«, wo jeder, der mit dem Opfer ein Hühnchen zu rufen hatte, einmal zugestochen hat. Als Cäsar am Morgen des 15. März im Jahr 44 v. Chr. in den römischen Senat kam, wurde er von mehreren Senatoren umringt. Sie zogen ihre Dolche und stachen auf ihn ein.

Zu dieser Gruppe gehörte auch Marcus Iunius Brutus, ein Politiker und enger Vertrauter Cäsars. Gemeinsam mit seinem Schwager und Freund Gaius Cassius Longinus zettelte er eine Verschwörung gegen Cäsar an, weil ihm dessen Machtbestrebungen ein Dorn im Auge waren. Cäsar hatte sämtliche Macht an sich gerissen und sich selbst zum Diktator auf Lebenszeit ernannt.

Brutus war zwar dabei, als Cäsar erstochen wurde, ob er allerdings auch selbst das Messer gezogen hat, ist nicht belegt.

Am 27. Mai wurden geboren:

Dee Dee Bridgewater (*1950), US-amerikan. Jazzsängerin; **Henry Kissinger** (*1923), US-amerikan. Politiker, Friedensnobelpreisträger 1973; **Christopher Lee** (*1922), brit. Schauspieler; **Teddy Kollek** (1911–2007), israel. Politiker, Bürgermeister von Jerusalem 1965–93; **Georges Rouault** (1871–1958), frz. Maler und Grafiker; **Liselotte von der Pfalz** (1652–1722), Herzogin von Orléans

Ist es wahr, dass …? 2011

Ist es wahr, dass man beim Schwimmen nicht schwitzen kann?

♊ Zwillinge | 21. Woche | 05:15 | 05:14 ☉ 21:24 | 21:25 | 02:51 | 03:10 ☾ 17:02 | 18:09

28 | **29** Samstag / Sonntag / Mai | **2011**

Nein!

Der Körper sondert Schweiß ab, wenn es ihm zu warm wird. Das kann selbstverständlich auch beim Schwimmen passieren, wenn das Wasser nicht zu kalt und der Schwimmstil nicht zu langsam ist. Kommt der Kreislauf in Schwung und erhält durch das Wasser nicht genügend Kühlung, läuft der Schweiß. Der Schwimmer merkt davon jedoch nichts, weil der Schweiß eben ins Wasser gelangt und nicht wie üblich an der Luft verdunstet.

Deshalb ist es für intensive Bahnenzieher ratsam, ein Fläschchen – bitte möglichst unzerbrechlich – am Beckenrand zu platzieren und sich hin und wieder einen Schluck Mineralwasser oder Schorle zu genehmigen. Ist man länger im Wasser unterwegs, wie etwa Kanalschwimmer, muss man sogar eine Essenspause einlegen, um den Körper mit Energie zu versorgen.

Am 28. Mai wurden geboren:

Kylie Minogue (*1968), austral. Popsängerin; **György Ligeti** (1923–2006), ungar.-österreich. Komponist; **Heinz G(ünther) Konsalik** (1921–1999), dt. Schriftsteller; **Ian Lancaster Fleming** (1908–1964), engl. Schriftsteller

Am 29. Mai wurden geboren:

John F. Kennedy (1917–1963), US-amerikan. Politiker (Demokraten), Präsident der USA 1961–63; **Bob Hope** (1903–2003), brit.-US-amerikan. Komiker; **Oswald Spengler** (1880–1936), dt. Geschichtsphilosoph; **Gilbert Keith Chesterton** (1874–1936), engl. Schriftsteller

Ist es wahr, dass nur die Europäer Kolonien hatten?

♊ Zwillinge   22. Woche   05:14 ☉ 21:26 | 03:33 ☾ 19:16

30 Montag
Mai   **2011**

Nein!

Unter einer Kolonie stellt sich der Normalbürger meistens ein Land in Afrika vor, das von Engländern, Franzosen oder Deutschen ausgebeutet wurde. Doch lange bevor sich die Europäer nach Süden aufmachten, pflegten mächtige Reiche die Praxis der Kolonialisierung.

Die alten Ägypter setzten sich in Syrien und Palästina mit militärischen Mitteln fest, die Perser dehnten ihr Reich bis Thrakien, Nordwestindien und Ägypten aus und die Türken eroberten unter anderem den Balkan, Griechenland, große Teile Nordafrikas und der Arabischen Halbinsel bis hinein in den Iran und Irak. Die Türken waren es auch, die, gemessen an ihrer Bevölkerung im Stammland, durch die Kolonien einen beträchtlichen Bevölkerungszuwachs erhielten, nämlich dreimal so viel.

Am 30. Mai wurden geboren:

Inge Meysel (1910–2004), dt. Schauspielerin; **Benny Goodman** (1909–1986), US-amerikan. Jazzklarinettist; **Hannes Alfvén** (1908–1995), schwed. Physiker, Physiknobelpreisträger 1970; **Elly Beinhorn** (1907 bis 2007), dt. Sportfliegerin; **Howard Hawks** (1896–1977), US-amerikan. Filmregisseur; **Michail Alexandrowitsch Bakunin** (1814–1876), russ. Revolutionär und Anarchist

Ist es wahr, dass **Plankton** klitzeklein ist?

♊ Zwillinge　　22. Woche　　05:13 ☉ 21:27 | 04:01 ☽ 20:22

31 Dienstag
　　Mai

2011

Nein!

Per Definition ist Plankton alles Lebende, das im Wasser schwebt, sich nicht aus eigenem Antrieb fortbewegen oder die Richtung beeinflussen kann und deshalb mit der Wasserströmung schwimmt. Die kleinsten Planktonvertreter sind Bakterien. Sie werden als »Nanoplankton« bezeichnet, weil sich ihre Größe im Mikrometerbereich bewegt. Im Vergleich dazu sind bis zu 9 m große Quallen riesengroß und werden entsprechend als Megaplankton bezeichnet. Auch sie leben und lassen sich treiben, sodass sie die Kriterien des Planktons erfüllen.

Plankton bildet in der Nahrungskette die unterste Ebene. Zahlreiche Tiere ernähren sich von Plankton und filtern es aus dem Wasser. Hierzu zählen die Bartenwale wie Blauwal und Finnwal sowie der Walhai. Aber auch für den Hering, die Miesmuschel oder den Flamingo ist Plankton die wichtigste Nahrungsgrundlage.

Am 31. Mai wurden geboren:

Rainer Werner Fassbinder (1945–1982), dt. Schriftsteller, Regisseur und Schauspieler; **James Krüss** (1926–1997), dt. Schriftsteller; **Rainier III.** (1923–2005), Fürst von Monaco ab 1949; **Pius XI.,** eigtl. **Achille Ratti** (1857–1939), Papst 1922–39; **Ludwig Tieck** (1773–1853), dt. Schriftsteller und Philologe der Romantik; **Karl August Fürst von Hardenberg** (1750–1822), preuß. Staatsmann und Reformer

Ist es wahr, dass …? 2011

Ist es wahr, dass ein fabrikneues Auto direkt aus der Fabrik kommen muss?

♊ Zwillinge   22. Woche   05:12 ☉ 21:28 | 04:38 ● 21:24

1 Mittwoch
Juni

2011

Nein!

Der Bundesgerichtshof hat entschieden, dass ein Auto dann als »fabrikneu« bezeichnet werden darf, wenn es vor höchstens zwölf Monaten hergestellt wurde, wenn das Modell unverändert hergestellt wird und wenn es trotz der Standzeit mängelfrei ist. Es kann Ihnen also passieren, dass Ihnen ein Autohändler einen Wagen als fabrikneu verkauft, der schon elf Monate lang in seinem Autohaus gestanden hat.

Der Autoverkäufer hat die Verpflichtung, den Käufer darüber zu informieren, falls der vermeintlich fabrikneue Wagen nicht mehr exakt den aktuell hergestellten Modellen entspricht. Unterlässt er das und bietet den Wagen als fabrikneu an, kann der Käufer vom Vertrag zurücktreten.

Am 1. Juni wurden geboren:

Alanis Morissette (*1974), kanad. Sängerin und Songschreiberin; **Morgan Freeman** (*1937), US-amerikan. Schauspieler; **Norman Foster** (*1935), brit. Architekt und Designer; **Marilyn Monroe** (1926–1962), US-amerikan. Schauspielerin; **Carl Bechstein** (1826–1900), dt. Klavierfabrikant; **Carl Philipp Gottfried von Clausewitz** (1780–1831), preuß. General und Militärtheoretiker; **Christiane Vulpius** (1765–1816), Lebensgefährtin und ab 1806 Ehefrau Goethes

Ist es wahr, dass Hunde die beste Nase haben?

♊ Zwillinge 22. Woche 05:11 ☉ 21:29 | 05:23 ☽ 22:18

2 **Donnerstag**
Christi Himmelfahrt
Juni

2011

Nein!

Riechweltmeister ist ein Schmetterling. Das Kleine Nachtpfauenauge riecht seine Angebetete noch über eine Entfernung von 11 km. Wie so oft im Tierreich spielt hierbei die Liebe eine Rolle, denn das Weibchen verströmt Pheromone, die das Männchen über diese große Distanz betören. Pheromone sind Sexuallockstoffe, die vom Weibchen ausgesendet, über die Luft übertragen und vom Männchen empfangen werden. Dann kann das Männchen nicht anders, als das Objekt der Begierde zu finden.

Insekten haben keine Nase wie Säugetiere, sondern Riechzellen, die über den ganzen Körper verteilt sind. Dazu kommen Signalverstärker, sodass Insekten ausgesendete Duftmoleküle in kleinsten Mengen über große Entfernungen wahrnehmen können.

Am 2. Juni wurden geboren:

Caroline Link (*1964), dt. Filmregisseurin; **Blinky Palermo,** eigtl. **Peter Heisterkamp** (1943–1977), dt. Maler und Objektkünstler; **Marcel Reich-Ranicki** (*1920), dt.-poln. Literaturkritiker; **Heinz Sielmann** (1917 bis 2006), dt. Tierfilmer; **Lotte Reiniger** (1899–1981), dt. Filmkünstlerin; **Donatien Alphonse François Marquis de Sade** (1740–1814), frz. Schriftsteller

Ist es wahr, dass …? 2011

Ist es wahr, dass Vulkane das Klima beeinflussen?

♊ Zwillinge — 22. Woche — 05:10 ☉ 21:30 | 06:20 ☽ 23:04

3 Freitag
Juni

2011

Ja!

Einem Vulkanausbruch verdankt übrigens die Horrorliteratur und damit auch die Filmindustrie einen Meilenstein ihres Genres: Mary Shelleys »Frankenstein«. Der Vulkan Tambora, der sich auf der indonesischen Insel Sumbawa befindet, brach im April 1815 massiv aus. Rund 150 km³ Staub und Asche schleuderte er in die Atmosphäre, sodass die Sonnenstrahlen Schwierigkeiten hatten, zur Erde durchzudringen. Was 1816 folgte, war das »Jahr ohne Sommer«, in dem Missernten und Hungersnöte auftraten.

Aufgrund eben dieses verregneten und kalten Sommers langweilte sich Mary Shelley in einer Schweizer Villa so sehr, dass sie ihren Frankenstein erdachte. Und Karl Drais machte sich 1817 Gedanken zur Draisine – dem Vorläufer des Fahrrads –, weil die Pferde aufgrund des Futtermangels massenhaft wegstarben und als Fortbewegungsmittel ausfielen.

Am 3. Juni wurden geboren:

Margot Käßmann (*1958), dt. Theologin, EKD-Ratsvorsitzende seit 2009; **Philippe Djian** (*1949), frz. Schriftsteller; **Monika Maron** (*1941), dt. Schriftstellerin; **Allen Ginsberg** (1926–1997), US-amerikan. Schriftsteller (Beat-Generation); **Tony Curtis** (*1925), US-amerikan. Schauspieler; **Paulette Goddard** (1910–1990), US-amerikan. Schauspielerin; **Josephine Baker** (1906–1975), frz. Tänzerin, Sängerin und Schauspielerin

Ist es wahr, dass …? 2011

Ist es wahr, dass man seinen eigenen Mundgeruch nicht riecht?

♊ Zwillinge 22. Woche 05:10 | 05:09 ☉ 21:31 | 21:32 | 07:26 | 08:39 ☽ 23:41 | –

4 | 5 Samstag Sonntag Juni   2011

Ja!

Mund und Nase sind über den Nasen-Rachen-Raum miteinander verbunden. Deshalb gelangen die Düfte aus dem Mund »hintenrum« permanent ins Riechzentrum. Was man ständig riecht, riecht man irgendwann überhaupt nicht mehr. Man gewöhnt sich einfach daran. Hierfür hat der HNO-Arzt das schöne Wort »Adaption« parat.

Für den Mundmüffler ist die Adaption praktisch, denn er nimmt seinen eigenen Geruch nicht mehr wahr. Für die Mitmenschen kann das jedoch zur Qual werden, wenn eine Wolke aus Zwiebeln, Weizenbier und Zigarettendunst dem Mund des Gegenübers entweicht.

Wer sichergehen will, einen perfekten Atem zu haben, greift regelmäßig zur Zahnbürste und hält seine Zähne in Ordnung. Zusätzlich gibt es Atemmessgeräte, die den Schwefelgehalt des Atems überprüfen. Je mehr Schwefel, desto mehr stinkt es.

Am 4. Juni wurden geboren:

Lukas Podolski (*1985), dt. Fußballspieler; **Angelina Jolie** (*1975), US-amerikan. Schauspielerin; **Cecilia Bartoli** (*1966), italien. Sängerin (Sopran); **Günter Strack** (1929–1999), dt. Schauspieler; **Karl Valentin** (1882–1948), dt. Komiker und Schriftsteller

Am 5. Juni wurden geboren:

Josef Neckermann (1912–1992), dt. Unternehmer und Dressurreiter; **Federico García Lorca** (1898–1936), span. Schriftsteller; **John Maynard Keynes** (1883–1946), brit. Nationalökonom; **Adam Smith** (1723 bis 1790), schott. Nationalökonom

Ist es wahr, dass

der Landauer

aus Landau kommt?

♊ Zwillinge   23. Woche   05:08 ☉ 21:33 | 09:55 ☽ 00:10

6 **Montag**
Juni

2011

Vielleicht!

Dafür, dass die Bezeichnung für die vierrädrige Kutsche mit variablem Verdeck aus der pfälzischen Stadt Landau kommt, spricht, dass schon Goethe diese Vermutung hegte. So schreibt er in seinem Versepos »Hermann und Dorothea«, dass »der erste Kaufmann des rechtsrheinischen Schauplatzes im geöffneten Wagen (er war in Landau verfertigt) fährt«. In Landau sollen Landauer entweder zuerst oder in einer besonders guten Qualität hergestellt worden sein.

Eine andere Theorie leitet den Landauer vom arabischen »al-andul« her, was Sänfte oder Wagen bedeutet. Durch den engen Kontakt der Araber mit den Spaniern wurde daraus der »lando«, eine Bezeichnung für einen viersitzigen Maultierkarren. Die Form »landau« hielt alsdann ins Deutsche Einzug, wo sie dann irgendwann mit der Stadt Landau in Verbindung gebracht wurde.

Am 6. Juni wurden geboren:

Björn Borg (*1956), schwed. Tennisspieler; **Lasse Hallström** (*1946), schwed. Filmregisseur; **Thomas Mann** (1875–1955), dt. Schriftsteller, Literaturnobelpreisträger 1929; **Robert Falcon Scott** (1868–1912), brit. Polarforscher; **Karl Ferdinand Braun** (1850–1918), dt. Physiker, Physiknobelpreisträger 1909; **Alexander Puschkin** (1799–1837), russ. Dichter; **Diego Velázquez** (1599–1660), span. Maler

Ist es wahr, dass …? 2011

Ist es wahr, dass ein Reh immer weiblich ist?

♊ Zwillinge 23. Woche 05:08 ☉ 21:34 | 11:14 ☽ 00:35

7 **Dienstag**
Juni

2011

Nein!

Rehe können männlich oder weiblich sein. Das Wort ist keine Geschlechtsbezeichnung, sondern der Name einer Hirschart, die in Europa am häufigsten vorkommt. Das männliche Reh heißt Bock, das weibliche zunächst Schmalreh und dann Ricke. Das junge Reh heißt im ersten Jahr Kitz und wird Bockkitz oder Rickenkitz genannt, wenn das Geschlecht verdeutlicht werden soll.

Hirsch ist die Bezeichnung für eine Säugetierfamilie, die rund 45 Arten, darunter eben auch das Reh sowie Elche und Rentiere, umfasst. Die männlichen Vertreter besitzen meistens ein Geweih, das jedes Jahr erneuert wird. Bei den Hirschen werden das männliche Tier als Hirsch, sein weibliches Pendant als Hirschkuh und Jungtiere als Hirschkalb bezeichnet.

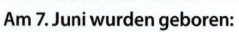

Am 7. Juni wurden geboren:

Orhan Pamuk (*1952), türk. Schriftsteller, Literaturnobelpreisträger 2006; **Wolfgang Schüssel** (*1945), österreich. Politiker, Bundeskanzler 2000–07; **Tom Jones** (*1940), brit. Sänger; **Claus Peymann** (*1937), dt. Theaterregisseur; **Imre Nagy** (1896–1958), ungar. kommunistischer Politiker, Ministerpräsident 1953 bis 1955, 1956; **Knud Rasmussen** (1879–1933), dän. Arktisforscher und Ethnograf; **Paul Gauguin** (1848 bis 1903), frz. Maler und Grafiker

Ist es wahr, dass Hängematte von »hängende Matte« kommt?

♊ Zwillinge   23. Woche   05:07 ☉ 21:35 | 12:33 ☽ 00:57

8 Mittwoch
Juni   **2011**

Nein!

Dieses Wort dokumentiert wieder auf wunderbare Weise das Streben des Menschen nach Vereinfachung. Der Begriff geht auf den mittlerweile ausgestorbenen Volksstamm der Taínos zurück, der auf der Insel Tahiti lebte. Sie nannten ihre Schlafnetze »hamáka«. Im Deutschen hielten die Schlafnetze als »Hamaco« oder »Hamach« im 16. Jahrhundert Einzug. Und weil man Fremdes lieber hat, wenn es vertraut und gleichermaßen logisch klingt, wurde aus dem Hamaco die Hängematte.

Die Engländer und Franzosen waren etwas flexibler und gewöhnten sich an den fremd klingenden Namen. Deshalb heißt die Hängematte heute auf Englisch »hammock« und auf Französisch »hamac«.

Am 8. Juni wurden geboren:

Jürgen von der Lippe (*1948), dt. Fernsehunterhalter und Moderator; **Sara Paretsky** (*1947), US-amerikan. Schriftstellerin; **Marguerite Yourcenar** (1903–1987), frz. Schriftstellerin; **Frank Lloyd Wright** (1869 bis 1959), US-amerikan. Architekt; **Robert Schumann** (1810–1856), dt. Komponist der Romantik; **Alessandro Graf von Cagliostro** (1743–1795), italien. Abenteurer und Alchimist

Ist es wahr, dass …? 2011

Ist es wahr, dass Fruchtsaft genauso gesund ist wie die entsprechende Frucht?

♊ Zwillinge   23. Woche   05:07 ☉ 21:36 | 13:53 ☽ 01:17

9 **Donnerstag** **2011**
     Juni

Manchmal!

Es kommt darauf an, was im Saft drin ist. Ist der Saft frisch gepresst und wird er nach dem Pressen zügig getrunken, enthält er dieselben Vitamine wie die ursprüngliche Frucht. Wer Saft als Obstersatz kauft, greift am besten zu Produkten, auf denen »100% reiner Saft« oder »Direktsaft« steht.

So ganz naturbelassen muss der Saft dennoch nicht sein. Die Fruchtsaftverordnung erlaubt das Eindicken zu Konzentrat und das erneute Verdünnen. Außerdem dürfen bis zu 15 g Zucker pro Liter beigemischt werden, ohne dass dies in der Zutatenliste auftauchen muss. Deshalb enthält Saft in der Regel mehr Kalorien als die Ursprungsfrucht. Neben einer besseren Sättigung, die richtiges Obst bietet, ist das sicherlich ein guter Grund, Obst zu essen, statt zu trinken.

Am 9. Juni wurden geboren:

Johnny Depp (*1963), US-amerikan. Schauspieler; **Patricia Cornwell** (*1956), US-amerikan. Schriftstellerin; **Cole Porter** (1891–1964), US-amerikan. Komponist; **Charles Joseph Bonaparte** (1851–1921), US-amerikan. Jurist und Politiker, Gründer des FBI; **Bertha von Suttner** (1843–1914), österreich. Pazifistin, Friedensnobelpreisträgerin 1905; **Peter I., der Große** (1672–1725), russ. Zar

Ist es wahr, dass

Leuchtstofflampen

länger halten als

Glühbirnen?

♊ Zwillinge 23. Woche 05:07 ☉ 21:37 | 15:14 ☽ 01:38

10 **Freitag**
Juni

2011

Ja!

Leuchtstofflampen leben deutlich länger als Glühbirnen. Bei der Glühbirne gilt: je heller das Licht, desto höher die Temperatur des Glühdrahtes, desto geringer die Lebensdauer. Wird der Glühdraht auf 2500 °C erhitzt, lebt die Birne etwa 1000 Stunden. Der Grund liegt in der Eigenschaft des Glühdrahtes, bei diesen Temperaturen Metallatome dampfförmig freizusetzen, was den Draht mit der Zeit immer dünner werden lässt.

Bei der Leuchtstofflampe wird Energie über zwei Kathoden an den jeweiligen Röhrenenden zugeführt. Dann beginnt das Gas – Quecksilberdampf und meistens Argon – ultraviolett zu strahlen. Die Leuchtstoffschicht macht diese dann als normales Licht sichtbar. Das ist schonender als der heiße Draht, sodass moderne Leuchtstofflampen bis zu 25 000 Stunden erreichen und obendrein bis zu 85 % Energie im Vergleich zur Birne sparen.

Am 10. Juni wurden geboren:

Theo Sommer (*1930), dt. Journalist (»Die Zeit«); **Judy Garland** (1922–1969), US-amerikan. Schauspielerin; **Philip** (*1921), brit. Prinz, Ehemann von Königin Elizabeth II.; **Saul Bellow** (1915–2005), US-amerikan. Schriftsteller, Literaturnobelpreisträger 1976; **Theo Lingen** (1903–1978), dt.-österreich. Schauspieler; **Carl Hagenbeck** (1844–1913), dt. Zirkusleiter und Zoodirektor; **Gustave Courbet** (1819–1877), frz. Maler des Realismus

Ist es wahr, dass …? 2011

Ist es wahr, dass Gürteltiere meist Vierlinge zur Welt bringen?

♊ Zwillinge   23. Woche   05:06 | 05:06 ☉ 21:37 | 21:38 | 16:37 | 17:59 ☽ 02:00 | 02:25

11 | **12**   **Samstag** / **Pfingstsonntag** / Juni   **2011**

Ja!

Was beim Menschen mit einer Wahrscheinlichkeit von eins zu 13 Millionen passiert, ist für das Neunbinden-Gürteltier die Regel: die Geburt eineiiger Vierlinge, die entsprechend auch dasselbe Geschlecht besitzen. Nach 120 Tagen Tragzeit kommen die Jungen mit einer zu Beginn weichen, ledrigen Haut zur Welt. Danach werden sie vier bis fünf Wochen gesäugt. Mit einem Jahr werden die Kleinen dann geschlechtsreif.

Damit die Vierlinge eineiig werden, müssen sie sich aus einer einzigen befruchteten Eizelle entwickeln, und genau das passiert beim Neunbinden-Gürteltier. Das ist in der Tierwelt einzigartig. Genauso faszinierend ist die Fähigkeit des Gürteltierweibchens, eine befruchtete Eizelle so lange im Körper aufzubewahren, bis die Umstände für das Aufziehen der Nachkommen günstig sind.

Am 11. Juni wurden geboren:

Josef Paul Kleihues (1933–2004), dt. Architekt; **Jacques-Yves Cousteau** (1910–1997), frz. Meeresforscher, Dokumentarfilmer und Schriftsteller; **Richard Strauss** (1864–1949), dt. Komponist und Dirigent; **Carl von Linde** (1842–1934), dt. Ingenieur und Industrieller

Am 12. Juni wurden geboren:

Chick Corea (*1941), US-amerikan. Jazzpianist; **Anne Frank** (1929–1945), dt. Jüdin und Opfer des Holocaust (»Tagebuch der Anne Frank«); **George Bush** (*1924), US-amerikan. Politiker (Republikaner), Präsident der USA 1989–93; **Djuna Barnes** (1892–1982), US-amerikan. Schriftstellerin

Ist es wahr, dass …? 2011

Ist es wahr, dass Dagobert Ducks erste selbst verdiente Münze »One Dime« war?

LESERFRAGE von **Felix S.** aus Ludwigsburg

♊ Zwillinge | 24. Woche | 05:06 ☉ 21:39 | 19:19 ☽ 02:57

13 Juni — Pfingstmontag — **2011**

Ja!

Der Erfinder von Dagobert Duck ist Carl Barks. 1947 brachte er die Ente, die es vom Schuhputzer zum Milliardär gebracht hatte, zum ersten Mal in den USA an die Öffentlichkeit. Carl Barks war es auch, der 1953 den »Old Number One Dime« einführte. Dies war die erste Münze, die Dagobert Duck beim Schuhputzen als Junge verdient hat.

Später verfasste der Autor und Zeichner Don Rosa Geschichten rund um den kauzigen Entenmilliardär. Auch bei ihm ist Dagoberts Glücksmünze »One Dime«, also ein Zehn-Cent-Stück. Erst die deutschen Übersetzer stifteten Verwirrung, denn aus dem Dime wurde ein Kreuzer, Zehner oder Taler.

Don Rosa fügte der Herkunft des Old Dimes durchs Schuhputzen jedoch eine andere Variante hinzu. Demnach soll Dagobert seinen Dime von der Hexe Gundel Gaukeley erhalten haben – und nicht beim Schuhputzen.

Am 13. Juni wurden geboren:

Ban Ki Moon (*1944), südkorean. Politiker und Diplomat, UNO-Generalsekretär seit 2007; **Christo** (*1935), bulgar.-US-amerikan. Verpackungskünstler; **Paavo Nurmi** (1897–1973), finn. Leichtathlet (Langstreckenläufer); **Dorothy L. Sayers** (1893–1957), engl. Schriftstellerin; **Jules Bordet** (1870–1961), belg. Bakteriologe, Medizinnobelpreisträger 1919; **William Butler Yeats** (1865–1939), ir. Schriftsteller, Literaturnobelpreisträger 1923

Ist es wahr, dass …? 2011

Ist es wahr, dass Algen blühen können?

♊ Zwillinge   24. Woche   05:05 ☉ 21:39 | 20:31 ☽ 03:37

14 Dienstag
Juni

2011

Nein!

Algen haben keine Blüten und können deshalb auch nicht blühen. Sie sind im engeren Sinn keine Pflanzen, sondern nur pflanzenartig, obwohl sie auch die Fotosynthese »beherrschen«.

Wenn von einer »Algenblüte« die Rede ist, heißt das, dass sich Algen in Gewässern massenhaft vermehren und das Ökosystem beeinflussen. Bei der Algenblüte legt sich ein grüner Teppich an die Wasseroberfläche. Bei bestimmten Algen kann dieser auch blau oder rot sein. Meistens ist von dieser übermäßigen Entwicklung immer nur eine Algenart betroffen. Die Algenblüte kann dann auftreten, wenn zu viele Phosphate in ein Gewässer gelangen. Man spricht dann von einer »Überdüngung«.

Fischen gereicht das nicht zum Vorteil, denn die vielen Algen entziehen dem Wasser Sauerstoff. Zudem gibt es Algen, die giftig sind, sodass das Baden im Algenmeer nicht wirklich Spaß macht.

Am 14. Juni wurden geboren:

Steffi Graf (*1969), dt. Tennisspielerin; **Jörg Immendorff** (1945–2007), dt. Maler; **Ernesto »Che« Guevara Serna** (1928–1967), kuban. Politiker und Revolutionär; **Hermann Kant** (*1926), dt. Schriftsteller; **Nikolaus Otto** (1832–1891), dt. Ingenieur, Erfinder des Otto-Motors; **Harriet Beecher-Stowe** (1811–1896), US-amerikan. Schriftstellerin; **Charles Augustin Coulomb** (1736–1806), frz. Physiker

Ist es wahr, dass man mit Zuckerwasser Schmerzen lindern kann?

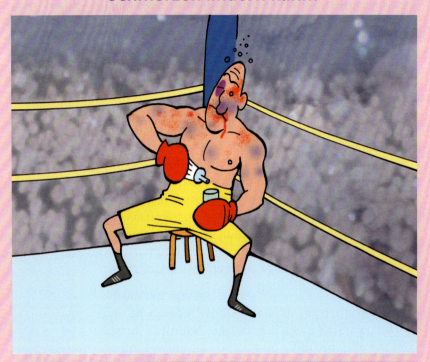

♊ Zwillinge   24. Woche   05:05 ☉ 21:40 | 21:32 ○ 04:29

15 Mittwoch
Juni

2011

Ja! Bei Säuglingen und Kleinkindern hilft Zuckerwasser, um Schmerzen beim Impfen erträglicher zu gestalten. Bei einer Studie haben US-amerikanische Wissenschaftler bei 83 Kindern im Alter von zwei bis vier Monaten festgestellt, dass sie weniger Unmut zeigten, wenn sie vorher eine 24-prozentige Zuckerlösung getrunken hatten. Um einen Vergleich ziehen zu können, gaben sie einem Teil der Impflinge vorher nur Wasser.

Das Ergebnis war, dass die »Zuckerbabys« weniger schrien und strampelten. Selbst bei mehrfach aufeinanderfolgenden Impfungen waren die süßen Babys verträglicher als die anderen. Als Grund vermuten die Wissenschaftler, dass durch den Zucker die Dopaminsynthese im Gehirn gefördert wird. Die ist Teil des Belohnungssystems und sorgt dafür, dass man sich wohlfühlt – ein Zustand, der bei einer mehrmaligen Impfung sicherlich erstrebenswert ist.

Am 15. Juni wurden geboren:

Oliver Kahn (*1969), dt. Fußballtorhüter; **Irenäus Eibl-Eibesfeldt** (*1928), österreich. Verhaltensforscher; **Erroll Garner** (1921–1977), US-amerikan. Jazzpianist; **Wilhelm Leuschner** (1890–1944), dt. Gewerkschafter und SPD-Politiker; **Edvard Grieg** (1843–1907), norweg. Komponist; **Nicolas Poussin** (1594–1665), frz. Maler

Ist es wahr, dass …? 2011

Ist es wahr, dass Korallen Pflanzen sind?

♊ Zwillinge   24. Woche   05:05 ☉ 21:40 | 22:19 ☾ 05:31

16 Donnerstag
Juni

2011

Nein!

Sie sitzt fest auf einem felsigen Untergrund am Meeresboden und sieht aus wie eine Blume, dennoch ist die Koralle ein waschechtes Tier: ein Blumentier. Bezüglich ihres Lebensraums zeigt sie sich erstaunlich unaufgeregt: Sie fühlt sich sowohl in der Nordsee in einer Tiefe von 800 m wohl als auch vor der Küste Israels.

Korallen gehören zum Stamm der Nesseltiere, genauso wie Quallen. Es gibt sie in weicher Ausführung als »Weichkoralle« oder in harter Version als »Steinkoralle«. Da sie Kalk einlagern, bilden sie ein Skelett, das wächst, wenn es von lebendigem Gewebe überwuchert wird. So entstehen Korallenbänke oder -riffe. Bewegung kommt durch die Polypen ins Tier. Sie sitzen an Skelettenden und bewegen sich hin und her, um Nahrung aus dem Wasser zu filtern.

Am 16. Juni wurden geboren:

Daniel Brühl (*1978), dt. Schauspieler; **Joyce Carol Oates** (*1938), US-amerikan. Schriftstellerin; **Irving Penn** (1917–2009), US-amerikan. Mode- und Porträtfotograf; **Barbara McClintock** (1902–1992), US-amerikan. Botanikerin, Medizinnobelpreisträgerin 1983; **Stan Laurel** (1890–1965), brit.-US-amerikan. Filmkomiker; **Gustav V.** (1858–1950), König von Schweden 1907–50; **Ernst Otto Schlick** (1840–1913), dt. Schiffbauingenieur

Ist es wahr, dass …? 2011

Ist es wahr, dass

nur in jungen Jahren entwickelt werden?

♊ Zwillinge 24. Woche 05:05 ☉ 21:41 | 22:56 ☾ 06:41

17 Freitag
Juni

2011

Nein!

Entgegen der weitverbreiteten Meinung, dass Allergien bei Kindern, Jugendlichen und jungen Erwachsenen entwickelt werden, sind auch Senioren nicht dagegen gefeit, an einer Allergie zu erkranken. So stellte ein Allergologe aus Leverkusen fest, dass immer mehr Ältere mit Heuschnupfensymptomen seine Praxis aufsuchen, darunter eine 77-Jährige mit einer Birken-, Erlen- und Haselpollenallergie. Geschätzte 20% der 45- bis 79-Jährigen zählen mittlerweile zu den Allergikern, Tendenz steigend.

Wenn sich bei Oma oder Opa also im Frühling juckende Augen, Dauerniesen und Schnupfennäschen einstellen und einfach nicht verschwinden wollen, könnte eine Allergie dahinterstecken. Abhilfe kann auch bei älteren Menschen die Hyposensibilisierung schaffen, sofern die restliche Gesundheit noch einigermaßen in Schuss ist.

Am 17. Juni wurden geboren:

Michael Groß (*1964), dt. Schwimmer; **Joachim Król** (*1957), dt. Schauspieler; **Mohammed el-Baradei** (*1942), ägypt. Diplomat, Friedensnobelpreisträger 2005; **Dean Martin,** eigtl. **Dino Crocetti** (1917–1995), US-amerikan. Schauspieler und Sänger; **Igor Strawinsky** (1882–1971), russ.-US-amerikan. Komponist; **Charles Gounod** (1818–1893), frz. Komponist

Ist es wahr, dass man am Toten Meer keinen Sonnenbrand bekommen kann?

♊ Zwillinge   24. Woche   05:05 | 05:05 ☉ 21:41 | 21:41 | 23:24 | 23:46 ☾ 07:54 | 09:07

18 | **19** Samstag
Sonntag
Juni   **2011**

Nein!

Die Argumentationskette der Sonnencremeverweigerer geht so: Das Tote Meer liegt 400 m unter dem Meeresspiegel. Entsprechend legen die Sonnenstrahlen einen längeren Weg durch die Atmosphäre zurück, sodass die schädliche UV-B-Strahlung abgeschwächt wird. Verstärkt wird der Sonnenschutzeffekt durch eine Dunstglocke, die die Luft am Toten Meer vernebelt und zusätzlich dafür sorgt, dass die bösen Sonnenstrahlen nicht auf die Haut gelangen.

Alles falsch! Das Bundesamt für Strahlenschutz erklärt, dass die Sonneneinstrahlung am Toten Meer zwar geringer sei, doch keinesfalls so gering, dass man keinen Sonnenbrand bekommen könne. Schließlich liegt das Tote Meer am Mittelmeer, wo die Sonne sowieso stärker scheint als in Deutschland. Deshalb gilt auch hier: Sonnencreme ist Pflicht.

Am 18. Juni wurden geboren:

Isabella Rossellini (*1952), US-amerikan. Schauspielerin; **Paul McCartney** (*1942), brit. Popmusiker; **Mirjam Pressler** (*1940), dt. Schriftstellerin und Übersetzerin; **Jürgen Habermas** (*1929), dt. Philosoph und Soziologe

Am 19. Juni wurden geboren:

Dirk Nowitzki (*1978), dt. Basketballspieler; **Salman Rushdie** (*1947), ind.-brit. Schriftsteller; **Aung San Suu Kyi** (*1945), birman. Politikerin, Friedensnobelpreisträgerin 1991; **Blaise Pascal** (1623–1662), frz. Philosoph, Mathematiker und Physiker

Ist es wahr, dass …? 2011

Ist es wahr, dass man die Schönheit einer Landschaft messen kann?

♊ Zwillinge   25. Woche   05:05 ☉ 21:42 – ☾ 10:19

20 Montag Juni   2011

Nein!

Die Schönheit entsteht im Auge des Betrachters. Das gilt nicht nur bei der Kunst, sondern auch für Landschaften. Ob jemand eine Landschaft als schön empfindet, hängt von seinen Lebensumständen und seinem subjektiven Empfinden ab.

Dennoch führte der Landschaftsplaner Hans Kiemstedt 1967 ein Verfahren ein, mit dem man die Schönheit einer Landschaft messen können sollte. Er zielte dabei auf den Erholungswert ab, den eine Region bietet, um im Ergebnis einen »V-Wert«, genauer gesagt Vielfältigkeitswert zu erhalten. Viel V wurde Landschaften zugeschrieben, die viele klar erkennbare Übergänge zwischen Wäldern, Feldern, Gewässern oder Wiesen zeigten. Sie wirkten auf Menschen positiv, weil sie Abwechslung böten. Eine Zeit lang war der V-Wert in, doch mittlerweile haben die Planer eingesehen, dass Schönheit schwerlich messbar ist.

Am 20. Juni wurden geboren:

Ulrich Mühe (1953–2007), dt. Schauspieler; **Ulf Merbold** (*1941), dt. Astronaut und Physiker, erster Bundesdt. im Weltraum; **Stephen Frears** (*1941), brit. Filmregisseur; **Eugen Drewermann** (*1940), dt. kath. Theologe; **Errol Flynn** (1909–1959), US-amerikan. Schauspieler; **Kurt Schwitters** (1887–1948), dt. Maler und Schriftsteller (Dadaismus); **Jacques Offenbach** (1819–1880), dt.-frz. Komponist

Ist es wahr, dass …? 2011

Ist es wahr, dass Fische die Taucherkrankheit bekommen können?

♋ Krebs　　25. Woche　　05:06 ☉ 21:42 | 00:05 ☾ 11:28

21 Dienstag
Sommeranfang
Juni

2011

Ja!

Angler wissen, dass die Flossenträger die Taucherkrankheit bekommen können. Werden Fische in größerer Tiefe geangelt und schnell an die Oberfläche gezogen, können sie Anzeichen der Taucherkrankheit zeigen. Ihre Augen und ihre Bauchhöhle quellen auf. Im schlimmsten Fall zeigt sich die Schwimmblase im Schlund. Wird der Fisch dann wieder zurückgesetzt, stirbt er mit an Sicherheit grenzender Wahrscheinlichkeit.

Auch Besitzer von Aquarien wissen um die Gefährlichkeit der Taucherkrankheit, die im Fachjargon »Gasblasenkrankheit« genannt wird. Ist das Wasser im Aquarium zu sauerstoffreich, steigt auch der Sauerstoffgehalt im Blut der Fische. Bewegt sich der Sauerstoffgehalt im Bassin wieder auf ein normales Maß, bleibt er im Fischblut höher, weil es hier länger dauert. Dann entstehen im Blut Gasbläschen, die dem Fischleben ein Ende setzen können.

Am 21. Juni wurden geboren:

Benazir Bhutto (1953–2007), pakistan. Politikerin, Premierministerin 1988–90 und 1993–96; **Ian Mc Ewan** (*1948), brit. Schriftsteller; **Françoise Sagan** (1935–2004), frz. Schriftstellerin; **Mary McCarthy** (1912–1989), US-amerikan. Schriftstellerin; **Jean-Paul Sartre** (1905–1980), frz. Philosoph und Schriftsteller, Literaturnobelpreisträger 1964; **Pier Luigi Nervi** (1891–1979), italien. Architekt (Olympia-Bauten in Rom)

Ist es wahr, dass »Light«-Lebensmittel kalorienarm sind?

♋ Krebs 25. Woche 05:06 ☉ 21:42 | 00:22 ☾ 12:35

22 Mittwoch Juni 2011

Nein!

Der Begriff »light« ist nicht gesetzlich geregelt. Alles, was weniger an ungesunden Zutaten enthält als herkömmliche Lebensmittel, kann als »light« verkauft werden. Besonders bei Fett, Zucker und Koffein lässt sich mit Lightprodukten sparen. Dennoch können auch sie wahre Kalorienbomben sein. So haben 100 g Lightchips immer noch einen Gehalt von rund 470 Kalorien. Das ist zwar weniger als bei Standardchips mit 550 Kalorien, doch keineswegs dazu geeignet, um abzunehmen.

Auch Lightcornflakes sorgen mit 370 Kalorien pro 100 g für Fettpölsterchen. Schuld ist weniger ihr Fett- als ihr hoher Zuckergehalt. Deshalb ist nicht das fett gedruckte »LIGHT« auf der Verpackung maßgeblich, sondern das Kleingedruckte, das Auskunft über den Zucker-, Fett- und Kaloriengehalt gibt.

Am 22. Juni wurden geboren:

Dan Brown (*1964), US-amerikan. Schriftsteller; **Meryl Streep** (*1949), US-amerikan. Schauspielerin; **Klaus Maria Brandauer** (*1943), österreich. Schauspieler; **Billy Wilder** (1906–2002), österreich.-US-amerikan. Filmregisseur; **Erich Maria Remarque** (1898–1970), dt. Schriftsteller; **Wilhelm von Humboldt** (1767–1835), dt. Philosoph, Sprachforscher und Politiker

Ist es wahr, dass …? 2011

Ist es wahr, dass Kannibalismus unter Menschen durch Hunger entsteht?

♋ Krebs   25. Woche   05:06 ☉ 21:42 | 00:39 ☾ 13:41

23 **Donnerstag**
Fronleichnam
Juni

2011

Manchmal!

In einer extremen Situation kann es vorkommen, dass Menschen Menschen essen, weil keine andere Nahrungsquelle vorhanden ist. So geschah es beispielsweise in Leningrad während der Blockade durch die deutsche Wehrmacht, aber auch in sowjetischen Kriegsgefangenenlagern oder bei einem Flugzeugabsturz 1972 in den chilenischen Anden.

Eine weitere Motivation, Menschenfleisch zu essen, war religiöser oder ritueller Natur. So aßen siegreiche Krieger Teile ihrer Feinde, weil deren Kräfte auf sie übergehen sollten. Gehirne oder Herzen von toten Verwandten sollten deren Seele lebendig halten.

Der urzeitlich lebende Stamm der Yanomami-Indianer äschert noch heute seine Verstorbenen ein und rührt die Asche in einen Bananenbrei.

Am 23. Juni wurden geboren:

James Levine (*1943), US-amerikan. Dirigent; **Wilma Rudolph** (1940–1994), US-amerikan. Leichtathletin; **Hermann Gmeiner** (1919–1986), österreich. Pädagoge (SOS-Kinderdörfer); **Jean Anouilh** (1910–1987), frz. Dramatiker; **Alfred Charles Kinsey** (1894–1956), US-amerikan. Zoologe und Sexualforscher (»Kinsey-Report«); **Anna Achmatowa** (1889–1966), russ. Dichterin; **Ernst Rowohlt** (1887–1960), dt. Verleger

Ist es wahr, dass man Freiluftpflanzen morgens gießen soll?

♋ Krebs　　　25. Woche　　　05:06 ☉ 21:42 | 00:56 ☽ 14:48

24 Freitag Juni　　　**2011**

Ja!

Das richtige Gießen ist eine Kunst, denn der übereifrige Hobbygärtner kann hier einiges falsch machen, besonders im Sommer. Die beste Zeit für das Wässern der Lieblingspflanzen ist der Morgen. Hier entfaltet das Nass am besten seine Wirkung, denn würde man in der prallen Sonne gießen, würde ein Teil des Wassers schnell verdunsten. Weiterhin sollte der Gießkannenstutzen direkt am Erdreich angesetzt werden, damit kein Wasser auf die Blätter kommt. Wassertropfen auf dem Blatt wirken wie eine Lupe und bündeln die Sonnenstrahlen, sodass das Blatt verbrennt.

Der Abend eignet sich zum Gießen zwar besser als der Mittag, doch ist auch er nicht optimal. Die feuchte Erde lockt Nacktschnecken an, die sich mit Inbrunst über so manche Pflanze hermachen und Löcher in die Blätter fressen.

Am 24. Juni wurden geboren:

HA Schult, eigtl. **Hans-Jürgen Schult** (*1939), dt. Aktions- und Objektkünstler; **Claude Chabrol** (*1930), frz. Filmregisseur; **Juan Manuel Fangio** (1911–1995), argentin. Automobilrennfahrer; **Jack Dempsey** (1895–1983), US-amerikan. Boxer; **Carl Diem** (1882–1962), dt. Sportwissenschaftler und -schriftsteller; **Ernst Heinrich Weber** (1795–1878), dt. Physiologe

Ist es wahr, dass nur Ältere Bridge spielen?

♋ Krebs   25. Woche   05:07 | 05:07 ☉ 21:42 | 21:42 | 01:14 | 01:35 ☾ 15:54 | 17:02

25 | **26** Samstag
Sonntag
Juni   **2011**

Nein!

Fällt das Stichwort »Bridge«, erscheinen vor dem geistigen Auge zumeist Damen älteren Semesters, die gemütlich in einer Runde ein antiquiertes Kartenspiel pflegen. Doch Bridge ist nicht auf bestimmte Altersgruppen beschränkt.

»Die Mutter aller Kartenspiele« ist in einigen Ländern eine anerkannte Sportart, die in jährlichen Europa- und Weltmeisterschaften für Schüler, die jünger als 20 Jahre sind, und Junioren, die jünger als 25 Jahre sind, gipfelt. In Ländern wie Frankreich, Italien und Polen wird Bridge an Schulen unterrichtet. Wer älter als 25 ist, kann sein Geschick in offenen Europa- und Weltmeisterschaften testen.

Am 25. Juni wurden geboren:

Wladimir Kramnik (*1975), russ. Schachspieler; **Ingeborg Bachmann** (1926–1973), österreich. Schriftstellerin; **George Orwell** (1903–1950), engl. Schriftsteller; **Antoni Gaudí** (1852–1926), span. Architekt

Am 26. Juni wurden geboren:

Peter Sloterdijk (*1947), dt. Philosoph und Schriftsteller; **Willy Messerschmitt** (1898–1978), dt. Flugzeugkonstrukteur; **Pearl S. Buck** (1892–1973), US-amerikan. Schriftstellerin, Literaturnobelpreisträgerin 1938; **William Kelvin** (1824–1907), brit. Physiker (Kelvin-Skala)

Ist es wahr, dass …? 2011

Ist es wahr, dass der Siebenschläfertag wegen des Nagetiers so heißt?

♋ Krebs   26. Woche   05:08 ☉ 21:42 | 02:01 ☾ 18:08

27 Montag
Juni

2011

Nein!

Der Name geht auf die Legende der sieben Schläfer von Ephesus zurück. Demnach versteckten sich sieben junge Christen in der Zeit der Christenverfolgung unter Kaiser Decius Mitte des 3. Jahrhunderts in einer Höhle. Doch sie wurden entdeckt und in der Höhle eingemauert. Sie schliefen 195 Jahre lang und wurden am 27. Juni 446 entdeckt. Sie wachten auf, bezeugten den Glauben an die Auferstehung der Toten und verstarben später friedlich.

Heute kann die Siebenschläferhöhle in der antiken Stadt Ephesos bei Selçuk in der türkischen Provinz Izmir besichtigt werden. Eine Kirche, die über der Höhle errichtet wurde, erinnert an die Legende.

Die Verbindung zum Nagetier ergibt sich aus dem Glauben, dass der Siebenschläfer sieben Monate Winterschlaf hält. Tatsächlich ruht sich der Faulpelz aber acht Monate lang aus.

Am 27. Juni wurden geboren:

Isabelle Adjani (*1955), frz. Schauspielerin; **Krzysztof Kieslowski** (1941–1996), poln. Filmregisseur; **Anna Moffo** (1932–2006), italien.-US-amerikan. Sängerin (Sopran); **Otto Herbert Hajek** (1927–2005), dt. Bildhauer und Maler; **Eduard Spranger** (1882–1963), dt. Kulturphilosoph und Pädagoge; **Helen Keller** (1880 bis 1968), US-amerikan. blinde Schriftstellerin

Ist es wahr, dass …? 2011

Ist es wahr, dass es hilft, eine Münze am Automaten zu reiben?

Krebs 26. Woche 05:08 ⊙ 21:42 | 02:34 ☾ 19:12

28 Dienstag Juni **2011**

Nein!

Es wird nichts abgeschabt, es kommt kein Metall dazu, wenn man die Münze an einem Automaten reibt. Deshalb hilft das Reiben der Münze auch nicht, wenn der Automat das Geldstück nicht annimmt. Helfen tut nur der Zufall.

Fällt die Münze in den Schlitz, prüft ein ausgeklügeltes System die Münze hinsichtlich Größe, Leitfähigkeit und elektromagnetischer Eigenschaften. Das geht blitzschnell, sodass hier auch der eine oder andere Fehler unterlaufen kann und das Prüfsystem die Münze nicht erkennt.

Dann hilft nicht reiben, sondern noch einmal einwerfen. Der Prüfer geht in die nächste Runde und erkennt die Münze dann vielleicht schon. In hartnäckigen Fällen hilft gar nichts und eine andere Münze muss her.

Am 28. Juni wurden geboren:

Klaus von Klitzing (*1943), dt. Physiker, Physiknobelpreisträger 1985; **Luigi Pirandello** (1867–1936), italien. Schriftsteller, Literaturnobelpreisträger 1934; **Anton Philipp Reclam** (1807–1896), dt. Verleger; **Jean-Jacques Rousseau** (1712–1778), frz.-schweizer. Philosoph und Schriftsteller; **Peter Paul Rubens** (1577 bis 1640), fläm. Maler; **Heinrich VIII.** (1491–1547), König von England mit insgesamt sechs Ehefrauen

Ist es wahr, dass
Pauschalreisen
eine neuartige Erscheinung sind?

♋ Krebs　　26. Woche　　05:09 ☉ 21:42 | 03:16 ☾ 20:10

29 Mittwoch
Juni
2011

Nein!

Die erste Pauschalreise fand am 5. Juli 1841 statt und umfasste eine Distanz von knapp 20 km. Organisiert hatte sie Thomas Cook, Buchhändler aus dem englischen Melbourne. 570 Aktivisten der Abstinenzbewegung, der auch Thomas Cook angehörte, fuhren per Bahn von Leicester ins 20 km entfernte Loughborough zu einem Sonderpreis von 1 Shilling pro Person. Darin waren sowohl die Fahrt als auch die Verpflegung enthalten.

Damit hatte Cook Blut geleckt und unternahm in der Folge Ausflüge nach Liverpool, Schottland und London. Verkehrsträgerübergreifend bot er 1861 eine kombinierte Bahn- und Schiffsreise nach Paris an, die auch die Unterkunft in den Preis einschloss. Es folgten Amerikareisen, eine 222-tägige Weltreise und die ersten Nilkreuzfahrten, mit denen er den Grundstein für den Massentourismus legte.

Am 29. Juni wurden geboren:

Anne-Sophie Mutter (*1963), dt. Violinistin; **Gitte Haenning** (*1946), dän. Sängerin; **Reinhard Mohn** (1921–2009), dt. Verleger (Bertelsmann); **Antoine de Saint-Exupéry** (1900–1944), frz. Schriftsteller; **Ludwig Beck** (1880–1944), dt. General; **Giacomo Leopardi** (1798–1837), italien. Schriftsteller; **Johann Heinrich Campe** (1746–1818), dt. Pädagoge, Verleger und Schriftsteller

Ist es wahr, dass Tauben im Krieg als Waffe eingesetzt werden sollten?

♋ Krebs   26. Woche   05:09 ☉ 21:42 | 04:08 ☾ 21:00

30 Donnerstag
Juni   **2011**

Ja!

Eigentlich mutet ein »Ausschuss zum militärischen Einsatz von Tauben« als etwas typisch Deutsches an, doch war dieser eine Erfindung der Engländer. Sie wollten Russland während des Kalten Krieges mit den Vögeln infiltrieren, um Sprengladungen oder biologische Kampfstoffe auf feindlichem Gebiet abzusetzen.

Laut Dokumenten des britischen Geheimdienstes hatte Luftwaffenoffizier William Rayner den Plan, Tausende Tauben mit 60 g schweren Kapseln in Intervallen nach Russland fliegen zu lassen, um sie dort »für eine unschöne Überraschung« sorgen zu lassen. Ein anderer zerstörerischer Plan sah vor, dass sich mit Sprengladungen bewaffnete Tauben in feindliche Suchscheinwerfer stürzen.

So viel Kreativität war selbst den Briten unheimlich, sodass der Militärtaubenausschuss 1950 aufgelöst wurde.

Am 30. Juni wurden geboren:

Juli Zeh (*1974), dt. Schriftstellerin; **Mike G. Tyson** (*1966), US-amerikan. Boxer; **Otto Sander** (*1941), dt. Schauspieler; **Peter Alexander** (*1926), österreich. Schauspieler, Sänger und Entertainer; **Walter Ulbricht** (1893–1973), dt. Politiker, DDR-Staatsratsvorsitzender 1960–73; **Dominikus Zimmermann** (1685–1766), dt. Baumeister des Barock (Wieskirche)

Ist es wahr, dass …? 2011

Ist es wahr, dass Schäfchenwolken auf trockenes Wetter hinweisen?

👀 Krebs 26. Woche 05:10 ☉ 21:42 | 05:12 ● 21:40

1 Freitag
Juli

2011

Ja!

Wenn dünne, schattenlose, weiße Flecken den Himmel bereichern, die sich ballenförmig anordnen, sodass sie aussehen wie kleine Schäfchen, ist schönes Wetter in Sicht. Der Fachmann spricht von Cirrocumuluswolken, was so viel bedeutet wie eine Federbuschanhäufung. Doch sollten die Wolken beobachtet werden, damit man nicht von schlechtem Wetter überrascht wird. Werden sie dichter und wachsen in die Höhe, kündigen sie Regen oder sogar einen Sturm an.

Schäfchenwolken bestehen meistens aus Eiskristallen. Sie bilden Wolkenfelder mit fransigen Rändern, die häufig in regelmäßigen Wellen angeordnet sind. Befinden sie sich in großer Höhe, sehen sie so fein aus wie Federn. Machen sie sich in den unteren Luftschichten breit, kommen sie der Schäfchenform am nächsten.

Am 1. Juli wurden geboren:

Carl Lewis (*1961), US-amerikan. Leichtathlet (Sprinter, Weitspringer); **Diana,** geb. **Spencer** (1961–1997), brit. Prinzessin; **Cat Stevens** (*1947), griech.-brit. Popsänger und Songschreiber; **Sidney Pollack** (1934 bis 2008), US-amerikan. Filmregisseur; **Rolf Rodenstock** (1917–1997), dt. Unternehmer, Präsident des Bundesverbands der Deutschen Wirtschaft 1978–84; **George Sand** (1804–1876), frz. Schriftstellerin; **Gottfried Wilhelm Leibniz** (1646–1716), dt. Philosoph

Ist es wahr, dass …? 2011

Ist es wahr, dass nur Jungen in den

Stimmbruch

kommen?

♋ Krebs   26. Woche   05:10 | 05:11 ☉ 21:41 | 21:41 | 06:24 | 07:41 ☾ 22:13 | 22:40

2 | 3 Samstag
Sonntag
Juli

2011

Nein!

Auch Mädchen kommen in den Stimmbruch, nur bemerkt das kaum jemand. Jungen haben weniger Glück: Zwischen dem 11. und 16. Lebensjahr wächst bei ihnen der Kehlkopf, werden die Knorpel dicker und fester und die Stimmlippen länger. Am Ende des Stimmbruchs steht eine mehr oder weniger dunkle Stimme. Bis es so weit ist, machen Jungen einiges durch. Weil die Stimmlippen nicht gleichmäßig wachsen, wechseln die Jungen ungewollt zwischen kindlich-piepsender und kernig-männlicher Stimme.

Auch die Stimmlippen der Mädchen wachsen, jedoch mit rund 4 mm nur halb so viel wie die der Jungen. Der Grund ist die geringere Testosteronkonzentration im Blut der Mädchen. Deshalb verändert sich die Tonlage der Stimme auch nicht so gravierend wie bei den Jungen, was den Vorteil hat, dass sie den Stimmbruch meistens überhaupt nicht bemerken.

Am 2. Juli wurden geboren:

Ruth Berghaus (1927–1996), dt. Regisseurin und Theaterleiterin; **Wislawa Szymborska** (*1923), poln. Dichterin, Literaturnobelpreisträgerin 1996; **Hermann Hesse** (1877–1962), dt. Schriftsteller, Literaturnobelpreisträger 1946; **Friedrich Gottlieb Klopstock** (1724–1803), dt. Dichter der Aufklärung

Am 3. Juli wurden geboren:

Tom Stoppard (*1937), engl. Dramatiker; **Manfred Bieler** (1934–2002), dt. Schriftsteller; **Stavros Niarchos** (1909–1996), griech. Reeder; **Franz Kafka** (1883–1924), österreich. Schriftsteller; **Ferdinand Sauerbruch** (1875–1951), dt. Chirurg

Ist es wahr, dass …? 2011

Ist es wahr, dass der 4. Juli zu Recht der amerikanische Unabhängigkeitstag ist?

Krebs 27. Woche 05:12 ⊙ 21:40 | 09:01 ☽ 23:03

4 Montag
Juli

2011

Jein!

Der Unabhängigkeitstag der US-Amerikaner könnte auch am 2. Juli gefeiert werden. An diesem Tag im Jahr 1776 nämlich wurde die formelle Erklärung der Unabhängigkeit verabschiedet. Vorausgegangen war eine Resolution des Abgeordneten Richard Henry Lee aus Virginia, die er in den Kontinentalkongress – die Volksvertretung von Britisch Nordamerika – einbrachte.

Bereits zwei Jahre zuvor war der Kontinentalkongress zusammengekommen, um die Interessen der einzelnen Kolonien gegenüber England zu bündeln. 1775 fiel die Entscheidung, sich von England zu trennen, was in der Erklärung vom 2. Juli 1776 gipfelte. Erst zwei Tage später wurde der Beschluss in der »Declaration of Independence« weiter ausgeführt und erklärt, um das moralische und rechtliche Fundament der Unabhängigkeit zu schaffen. Die 13 Gründerstaaten nahmen an diesem Tag die Erklärung an.

Am 4. Juli wurden geboren:

Ute Lemper (*1963), dt. Schauspielerin und Sängerin; **Gina Lollobrigida** (*1927), italien. Schauspielerin; **Louis Armstrong** (1900–1971), US-amerikan. Jazztrompeter und -sänger; **Giuseppe Garibaldi** (1807 bis 1882), italien. Freiheitskämpfer und Politiker; **George Everest** (1790–1866), brit. Ingenieur, Landvermesser des Himalajas; **Jean-Pierre Blanchard** (1753–1809), frz. Ballonpionier

Ist es wahr, dass …? 2011

Ist es wahr, dass Hülsenfrüchte

dick machen?

♋ Krebs   27. Woche   05:13 ☉ 21:40 | 10:21 ☽ 23:24

5 **Dienstag**
Juli

2011

Nein!

Dicke Bohnen machen nicht dick. Sie sind aber hervorragende Sattmacher, weil sie nur sehr wenig Fett enthalten, dafür aber mit Stärke, Proteinen und Ballaststoffen gesegnet sind. Problematisch wird es, wenn sie gemeinsam mit anderen Fettigkeiten eingenommen werden. Dann machen jedoch – genau genommen – nicht die Hülsenfrüchte, sondern die anderen Beilagen dick.

Für den hohen Sättigungsgrad der Hülsenfrüchte sind die Proteine verantwortlich, denn Untersuchungen haben ergeben, dass Proteine das beste Sättigungs- bzw. Kalorienverhältnis aufweisen. Mit 6–9 g pro 100 g Hülsenfrüchte ist der Anteil der Proteine sehr hoch. Damit lassen sie Getreide weit hinter sich und übertreffen sogar den Eiweißgehalt von Fleisch.

Am 5. Juli wurden geboren:

Nicolas Kiefer (*1977), dt. Tennisspieler; **Josef Haslinger** (*1955), österreich. Schriftsteller; **Barbara Frischmuth** (*1941), österreich. Schriftstellerin; **Georges Pompidou** (1911–1974), frz. Politiker, Ministerpräsident 1962–68, Staatspräsident 1969–74; **Jean Cocteau** (1889–1963), frz. Schriftsteller und Filmregisseur; **Cecil Rhodes** (1853–1902), brit. Kolonialpolitiker

Ist es wahr, dass …? 2011

Ist es wahr, dass der Boden in Urwäldern besonders fruchtbar ist?

♋ Krebs 27. Woche 05:14 ☉ 21:39 | 11:42 ☽ 23:44

6 Mittwoch
Juli

2011

Nein!

Seinen Artenreichtum verdankt der Urwald dem warmen und regenreichen Klima, in dem er wächst. Durch die Wärme und die Feuchtigkeit verwesen abgestorbene Pflanzen und tote Tiere sehr schnell, sodass die Überreste als Nährstoffe in den Boden gelangen. Der Prozess der Bodenbildung verläuft etwa fünfmal schneller als in unseren Breiten. Weil die Nährstoffe an der Oberfläche bleiben, bilden die Pflanzen entsprechend auch ihre Wurzeln vornehmlich in der oberen Bodenschicht aus. Der Urwald ernährt sich also mehr oder weniger selbst.

Wäre es nicht warm und feucht, hätte der Urwald schlechte Chancen. Vor etwa zwei Millionen Jahren bildeten sich die ersten Urwälder – und nach dieser Zeit ist selbst der beste Boden ausgelaugt. Sein Gehalt an Mineralien tendiert gegen Null, stattdessen besitzt er eine hohe Schicht mit verwittertem Material.

Am 6. Juli wurden geboren:

Roger Cicero (*1970), dt. Jazzmusiker; **George W. Bush** (*1946), US-amerikan. Politiker, Präsident der USA 2001–09; **Sylvester Stallone** (*1946), US-amerikan. Schauspieler; **Wladimir Ashkenazy** (*1937), russ. Pianist; **Dalai-Lama XIV.,** eigtl. **Tenzin Gyatso** (*1935), tibet. Priesterfürst, Friedensnobelpreisträger 1989; **Bill Haley** (1925–1981), US-amerikan. Rockmusiker; **Frida Kahlo** (1907–1954), mexikan. Malerin; **Hanns Eisler** (1898–1962), dt. Komponist

Ist es wahr, dass nur **weibliche Tiere** Milch geben?

♋ Krebs 27. Woche 05:14 ☉ 21:39 | 13:02 ☽

7 Donnerstag
Juli

2011

Nein!

Der Dayak-Flughund ist ein echter Gentleman, denn er hilft seiner Partnerin bei der Aufzucht der Jungen, indem er sie mit Milch versorgt. Er ist damit das einzig bekannte männliche Tier, das Milch produziert. Warum er so fürsorglich ist, wissen die Forscher noch nicht genau. Entweder unterstützt er damit die Weibchen und verschafft der Art einen Vorteil oder er kann gar nicht anders, weil er so viele Pflanzen zu sich nimmt, die Östrogene enthalten, die wiederum die Milchbildung anregen.

Die seltene Flughundeart lebt auf der Malaiischen Halbinsel, auf Sumatra und auf Borneo. Dort bevölkert der rund 150 g schwere kurzpelzige Genosse die Wälder und trägt durch seine Ernährung, die auf Früchten basiert, zur Verteilung der Pflanzensamen im Urwald bei.

Am 7. Juli wurden geboren:

Erik Zabel (*1970), dt. Straßenradsportler; **Ringo Starr** (*1940), brit. Schlagzeuger; **Pierre Cardin** (*1922), frz. Modeschöpfer; **Gustav Knuth** (1901–1987), dt. Schauspieler; **Marc Chagall** (1887–1985), russ.-frz. Maler und Grafiker; **Lion Feuchtwanger** (1884–1958), dt. Schriftsteller; **Gustav Mahler** (1860–1911), österreich. Komponist und Dirigent

Ist es wahr, dass …? 2011

Ist es wahr, dass Babys ohne Kniescheiben geboren werden?

♋ Krebs 27. Woche 05:15 ☉ 21:38 | 14:24 ☽ 00:06

8 Freitag
Juli

2011

Nein!

Jedes normal entwickelte Baby hat auch zwei Kniescheiben. Ansonsten hätte es wohl auch große Probleme beim Krabbeln. Da die Kniescheiben aus Knorpel bestehen und erst im Alter von etwa drei bis fünf Jahren verknöchern, kann es passieren, dass sie beim Röntgen nicht oder nur schlecht sichtbar sind.

Wenn Babys mit zu kleinen oder ganz ohne Kniescheiben geboren werden, leiden sie am Nagel-Patella-Syndrom. Diese Erbkrankheit äußert sich darüber hinaus in fehlenden Fingernägeln, einer Streckhemmung der Arme und einer Wirbelsäulenverkrümmung. Zusätzlich arbeiten die Nieren nicht so, wie sie sollten, sodass die Betroffenen Medikamente nehmen müssen, um einem Nierenversagen entgegenzuwirken.

Am 8. Juli wurden geboren:

Kevin Bacon (*1958), US-amerikan. Schauspieler; **Walter Scheel** (*1919), dt. FDP-Politiker, Außenminister 1969–74, Bundespräsident 1974–79; **Hugo Boss** (1885–1948), dt. Modeunternehmer; **Ernst Bloch** (1885–1977), dt. Philosoph; **Käthe Kollwitz** (1867–1945), dt. Malerin und Grafikerin; **John Davison Rockefeller** (1839–1937), US-amerikan. Erdölindustrieller; **Ferdinand Graf von Zeppelin** (1838–1917), dt. Luftschiffkonstrukteur

Ist es wahr, dass sich die Jahreszeiten in Europa verschieben?

♋ Krebs   27. Woche   05:16 | 05:17 ☉ 21:37 | 21:37   15:45 | 17:04 ☽ 00:30 | 00:58

9 | 10 Samstag
Sonntag
Juli

2011

Ja!

Bei Messungen zwischen 1850 und 1950 war noch »alles in Ordnung«. In diesem Zeitraum war der heißeste Tag im Jahr »über Land« der 21. Juli. Doch jetzt bestätigen Forscher von der kalifornischen Berkeley-Universität, dass sich in den letzten 50 Jahren der gesamte Zyklus der Jahreszeiten um genau 1,7 Tage nach vorn verschoben hat. Auch der Frühling kommt immer früher. So lassen sich die Schneeglöckchen heute rund 13 Tage früher sehen als noch vor 60 Jahren.

Schuld daran ist der globale Klimawandel, der dafür sorgt, dass die Wintererwärmung mit 1,7 Grad größer ist als die im Sommer mit einem Grad. Der zu warme Winter gibt dem Frühling die beste Möglichkeit, schneller anzubrechen, andererseits sorgt der wärmere Sommer dafür, dass sich der Herbst immer mehr Zeit lässt. So färbten sich in Deutschland die Eichenblätter vor 60 Jahren noch zwölf Tage früher.

Am 9. Juli wurden geboren:

Tom Hanks (*1956), US-amerikan. Schauspieler; **David Hockney** (*1937), engl. Maler und Grafiker der Pop-Art; **Hassan II.** (1929–1999), König von Marokko ab 1961; **Peter Ludwig** (1925–1996), dt. Unternehmer, Kunstsammler und Mäzen

Am 10. Juli wurden geboren:

Alice Munro (*1931), kanad. Schriftstellerin; **Carl Orff** (1895–1982), dt. Komponist und Musikpädagoge; **Giorgio De Chirico** (1888–1978), italien. Maler; **Marcel Proust** (1871–1922), frz. Schriftsteller; **Johannes Calvin** (1509–1564), frz.-schweizer. Reformator

Ist es wahr, dass …? 2011

Ist es wahr, dass ein Maulwurf stirbt, wenn er an das Sonnenlicht kommt?

LESERFRAGE von **Susanne H.** aus Keltern

♋ Krebs   28. Woche   05:18 ☉ 21:36 | 18:17 ☽ 01:34

11 Montag Juli   **2011**

Nein!

Der fast blinde Grabteufel lebt zwar die meiste Zeit unter der Erde, doch passiert es im Winter bisweilen, dass er seine Höhlenunterkunft verlassen muss, um an der Oberfläche Beute zu suchen. Ist sein Vorrat an Regenwürmern erschöpft, sucht er sich eine feuchte Wiese und baut darauf eine Maulwurfhallig, einen hohen Haufen mit einem überirdischen Nest.

Sterben kann der Maulwurf jedoch, wenn ein genervter Gartenbesitzer mit der Schaufel vor dem Auswurfhügel Stellung bezogen hat. Da es per Gesetz verboten ist, dem Maulwurf Schaden zuzufügen, sollte er besser biologisch vertrieben werden. Ein in den Hügel gesteckter Pfahl, den man fleißig beklopft, sorgt beim Maulwurfsohr für Unbehagen, sodass die Chance besteht, dass er sein Revier verlässt.

Am 11. Juli wurden geboren:

Giorgio Armani (*1934), italien. Modeschöpfer; **Ilse Werner** (1921–2005), dt. Schauspielerin; **Yul Brynner** (1915–1985), schweizer.-US-amerikan. Schauspieler; **Herbert Wehner** (1906–1990), dt. SPD-Politiker; **O(tto) E(duard) Hasse** (1903–1978), dt. Schauspieler; **Alfred Binet** (1857–1911), frz. Psychologe, Entwickler von Intelligenztests

Ist es wahr, dass …? 2011

**Ist es wahr, dass es sicherer ist,
am Tag
mit Licht
zu fahren?**

♋ Krebs   28. Woche   05:19 ☉ 21:35 | 19:21 ☽ 02:20

12 Dienstag
Juli

2011

Vielleicht!

»Man sieht vor lauter Licht die Fußgänger nicht« – was für Wald und lauter Bäume gilt, kann auch bei Tagfahrten mit Licht zum Problem werden. Die Aufmerksamkeit der Autofahrer richtet sich auf das, was unmittelbar vor dem eigenen Fahrzeug passiert, Dinge ohne Licht werden später oder gar nicht wahrgenommen, die Reaktion bei Gefahrensituationen verschlechtert sich. Aufgrund einer wahrnehmungsphysiologischen Studie, die dies bestätigt, wurde das Tagfahrlichtgebot in Österreich 2008 wieder abgeschafft.

Andere Studien dagegen sprechen von einem positiven Effekt des Dauerlichts, vor allem in Norwegen, Schweden und Finnland. Hier seien die Unfallzahlen besonders bei Dämmerung zurückgegangen.

In Deutschland gilt seit Oktober 2005 die Empfehlung, auch bei Tag das Autolicht einzuschalten.

Am 12. Juli wurden geboren:

Götz Alsmann (*1957), dt. Fernsehmoderator und Jazzmusiker; **Bill Cosby** (*1937), US-amerikan. Schauspieler und Entertainer; **Pablo Neruda** (1904–1973), chilen. Dichter, Literaturnobelpreisträger 1971; **Günther Anders** (1902–1992), österreich. Philosoph und Schriftsteller; **Amedeo Modigliani** (1884–1920), italien. Maler und Bildhauer; **Stefan George** (1868–1933), dt. Dichter

Ist es wahr, dass …? 2011

Ist es wahr, dass man aus Flugbenzin Schnaps machen kann?

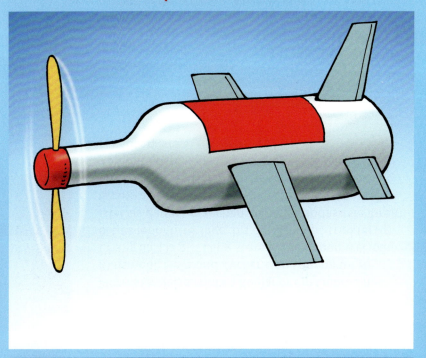

♋ Krebs   28. Woche   05:21 ☉ 21:34 | 20:13 ☽ 03:16

13 Mittwoch
Juli   **2011**

Ja!

Dass manche Russen bei ihrem Wodka auf alles zurückgreifen, was sich nur in irgendeiner Weise zu Alkohol destillieren lässt, ist bekannt. Dass man auch in Afrika außergewöhnliche Wege beschreitet, um sich zu berauschen, ist neu. Flugbenzin heißt der Renner, der am Flughafen von Nairobi immer häufiger schwarz abgezweigt wird, um daraus Schnaps zu machen.

Normalerweise trinken Kenianer ein Gebräu aus Maismehl, Hefe und Zucker, den sogenannten Chang'aa. Da gut Ding stets Weile haben will, dauert es jedoch 18 Tage, bis der Schnaps trinkfertig ist. Das dauert manchen zu lange, sodass sie ihrem Chang'aa kurzerhand Flugbenzin beimischen. Heraus kommt ein Getränk, das 98% Alkohol enthält, 10 Cent kostet und in höchstem Maß gesundheitsschädlich ist.

Am 13. Juli wurden geboren:

Günther Jauch (*1956), dt. Fernsehjournalist und -moderator; **Harrison Ford** (*1942), US-amerikan. Schauspieler; **Simone Veil** (*1927), frz. liberale Politikerin; **Alberto Ascari** (1918–1955), italien. Motorrad- und Automobilrennfahrer; **Gustav Freytag** (1816–1895), dt. Schriftsteller; **Gajus Julius Caesar** (100 bis 44 v. Chr.), röm. Staatsmann und Feldherr

Ist es wahr, dass es im Christentum ein
Schweinefleischverbot
gibt?

♋ Krebs   28. Woche   05:22 ☉ 21:33 | 20:53 ☽ 04:22

14 Donnerstag
Juli   **2011**

Nein!

Verwirrung stiften diverse Vorschriften im Alten Testament. In den Büchern Leviticus, Deuteronomium und Jesaja wird das Schwein als unreines Tier bezeichnet, das kein Wiederkäuer und deshalb unrein sei. Ein klares Schweinefleischverbot also. Aber gilt das auch für Christen?

Hierzu lautet die einhellige Meinung: nein. Regeln, die im Alten Testament aufgestellt wurden, gelten nicht automatisch auch für Christen, für die das Neue Testament »zuständig« ist. So erklärt die Apostelgeschichte, dass die Menschen sich von »Götzenopfern, Blut, Ersticktem und der Hurerei« enthalten sollen. Schweinefleisch ist hier nicht dabei. An einer anderen Stelle der Apostelgeschichte wird Petrus ausdrücklich von Gott aufgefordert, Fleisch von unreinen Tieren zu essen, um das Evangelium besser verkünden zu können.

Am 14. Juli wurden geboren:

Lino Ventura (1919–1987), italien.-frz. Schauspieler; **Ingmar Bergman** (1918–2007), schwed. Regisseur und Drehbuchautor; **Natalia Ginzburg** (1916–1991), italien. Schriftstellerin; **Isaac B. Singer** (1904–1991), US-amerikan. (jidd.) Schriftsteller, Literaturnobelpreisträger 1978; **Gertrude Bell** (1868–1926), engl. Archäologin; **Gustav Klimt** (1862–1918), österreich. Maler und Zeichner; **Jules Mazarin** (1602–1661), frz. Staatsmann und Kardinal

Ist es wahr, dass …? 2011

Ist es wahr, dass nur Zugvögel große Strecken zurücklegen können?

♋ Krebs   28. Woche   05:23 ☉ 21:32 | 21:25 ○ 05:34

15 Freitag
Juli

2011

Nein!

Zugvögel sind Langstreckenkünstler, doch noch jemand kann große Distanzen überwinden: der Distelfalter. Die Art gehört zu den Wanderfaltern und hat Europa, Asien, Australien, Nordafrika und Nordamerika besiedelt. In Europa findet er sich im heißen Mittelmeerraum, weil er sich dort am wohlsten fühlt, wo viele Disteln wachsen. Wenn er wandert, überquert er die Alpen und dringt sogar bis nach Skandinavien vor. Bis zu 2000 km kann er dabei zurücklegen. Das gelingt ihm, weil er sich in Segelflugmanier vom Wind tragen lässt.

Einmal angekommen, sorgt er für Nachkommen, die wegen der Winterkälte wieder in wärme Regionen abwandern. Wer es nicht rechtzeitig über die Alpen schafft, bleibt an irgendeinem Gletscher hängen und scheidet dahin.

Am 15. Juli wurden geboren:

Forest Whitaker (*1961), US-amerikan. Schauspieler; **Jacques Derrida** (1930–2004), frz. Philosoph; **Iris Murdoch** (1919–1999), angloir. Schriftstellerin; **Walter Benjamin** (1892–1940), dt. Schriftsteller und Philosoph; **Alfred Charles William Northcliffe** (1865–1922), brit. Verleger (»The Times«); **Rembrandt,** eigtl. **Rembrandt Harmensz. van Rijn** (1606–1669), niederländ. Maler

Ist es wahr, dass Salome den Kopf von Johannes dem Täufer verlangt hat?

♋ Krebs　28. Woche　05:24 | 05:25 ☉ 21:31 | 21:30　| 21:49 | 22:10 ☾ 06:48 | 08:00

16 | **17** Samstag
Sonntag
Juli

2011

Vermutlich ja!

Die tanzende Salome folgte damit wahrscheinlich jedoch nur dem Wunsch ihrer Mutter Herodias, die den Täufer gern kopflos sehen wollte. Herodias war zunächst die Schwägerin von Herodes Antipas. Er heiratete sie, was Johannes der Täufer öffentlich kritisierte. Entsprechende Bibelstellen findet man bei Matthäus und Markus. Doch Herodes wollte Johannes nicht so einfach töten.

Auf einer seiner Geburtstagsfeiern führte vermutlich Salome einen derart betörenden Tanz auf, dass Herodes ihr einen Wunsch erfüllen wollte: »Um was du mich auch bitten wirst, ich werde es dir geben bis zur Hälfte meines Reiches.« Darauf hatte Herodias nur gewartet und flüsterte der Salome »Johannes' Kopf« ins Ohr. Herodes konnte sich dem nicht entziehen »um der Eide und um derer willen, die mit zu Tisch lagen«.

Am 16. Juli wurden geboren:

Miguel Induráin Larraya (*1964), span. Radrennfahrer, fünffacher Tour-de-France-Sieger; **Barbara Stanwyck** (1907–1990), US-amerikan. Schauspielerin; **Roald Amundsen** (1872–1928), norweg. Polarforscher, erster Mensch am Südpol

Am 17. Juli wurden geboren:

Angela Merkel (*1954), dt. CDU-Politikerin, erste Bundeskanzlerin Deutschlands ab 2005; **Luc Bondy** (*1948), schweizer. Regisseur; **Margarete Mitscherlich**, geb. **Nielsen** (*1917), dän.-dt. Psychoanalytikerin; **Friedrich Krupp** (1787–1826), dt. Stahlindustrieller

Ist es wahr, dass …? 2011

Ist es wahr, dass die Sonne beim Auf- und Untergang größer aussieht, weil sie der Erde näher steht?

♋ Krebs 29. Woche 05:26 ☉ 21:29 | 22:28 ☾ 09:10

18 Montag
Juli

2011

Nein!

Der Sonnenabstand zur Erde bleibt gleich. Am Morgen müssen jedoch die Lichtstrahlen der Sonne einen längeren Weg durch die Atmosphäre zurücklegen als mittags, wenn die Sonne fast senkrecht am Himmel steht. Durch den längeren Weg werden die Lichtstrahlen stärker gebeugt und das Licht wird stärker gestreut. Deshalb sieht die Sonne nicht nur größer, sondern auch rötlicher aus. Am Mittag wird nur ein Teil des blauen Lichts gestreut, was die Sonne gelblich macht.

Hinzu kommt, dass bei hoch stehender Sonne die Referenzpunkte fehlen. Steht die Scheibe über Häusern oder Bergen, hat es das menschliche Gehirn leicht, einen Vergleich zu ziehen. Hoch oben am Mittagshimmel fehlt der Vergleich, sodass die Sonne kleiner aussieht. Das Gleiche gilt übrigens auch für den Mond.

Am 18. Juli wurden geboren:

Paul Verhoeven (*1938), niederländ. Regisseur; **Jewgeni Jewtuschenko** (*1933), russ. Dichter; **Kurt Masur** (*1927), dt. Dirigent; **Nelson Mandela** (*1918), südafrikan. Politiker, Präsident 1994–99; **Nathalie Sarraute** (1902–1999), frz. Schriftstellerin (Nouveau Roman); **Ricarda Huch** (1864–1947), dt. Schriftstellerin

Ist es wahr, dass
Konservierungsstoffe
schädlich sind?

♋ Krebs   29. Woche   05:28 ☉ 21:28 | 22:45 ☾ 10:19

19 Dienstag
Juli   **2011**

Nein!

Lebensmittelzusätze werden geprüft, bevor sie in Umlauf gebracht werden. Was schädlich ist, kommt nicht hinein. Deshalb sind auch Konservierungsstoffe zunächst einmal nützlich.

Ohne Konservierungsstoffe wären unsere Nahrungsmittel und ihre Herstellung längst nicht so sicher, wie sie es heute sind. So schützen beispielsweise nitrat- und nitrithaltige Konservierungsstoffe in Fleischwaren vor dem tödlichen Bakterium Clostridium botulinum. Andere Substanzen verhindern beispielsweise das Wachstum von Schimmelpilzen in Getreideprodukten und unterbinden so die Bildung sogenannter Karzinogene, die zu Magenkrebs führen können. Alle Konservierungsstoffe, die im Lebensmittelbereich eingesetzt werden und geprüft sind, tragen eine E-Nummer.

Am 19. Juli wurden geboren:

Wladimir Kaminer (*1967), russ.-dt. Schriftsteller; **Rosalyn Yalow** (*1921), US-amerikan. Physikerin und Nuklearmedizinerin, Medizinnobelpreisträgerin 1977; **Herbert Marcuse** (1898–1979), dt.-US-amerikan. Philosoph (Frankfurter Schule); **Edgar Degas** (1834–1917), frz. Maler und Grafiker; **Gottfried Keller** (1819 bis 1890), schweizer. Schriftsteller; **Samuel Colt** (1814–1862), US-amerikan. Waffenkonstrukteur und Fabrikant

Ist es wahr, dass ...? 2011

Ist es wahr, dass die Marseillaise aus Marseille kommt?

♋ Krebs · 29. Woche · 05:29 ☉ 21:27 | 23:01 ☾ 11:26

20 Mittwoch
Juli
2011

Nein!

Die Nationalhymne der Franzosen kommt aus Straßburg. Claude Joseph Rouget de Lisle, Komponist, Dichter und Offizier, schrieb sie in der Nacht zum 26. April 1792. Frankreich hatte gerade die Kriegserklärung an Österreich ausgesprochen und dieser Akt schrie förmlich nach einer Hymne. So ersann de Lisle das »Kriegslied für die Rheinarmee«, das dem Marschall von Frankreich, Nikolaus Graf Luckner, gewidmet war.

Das Lied verschwand zunächst in der Versenkung, denn die Oberen der Rheinarmee dachten nicht daran, das schlichte Stückchen bei ihrem Vormarsch singen zu lassen. Doch als der Song bei Soldaten in Marseille auftauchte, erfreute er sich großer Beliebtheit und wurde schließlich beim Einzug in Paris gesungen. Das machte Eindruck und so ist die Marseillaise seit dem 14. Juli 1795 die Nationalhymne der Franzosen.

Am 20. Juli wurden geboren:

Natalie Wood (1938–1981), US-amerikan. Schauspielerin; **Uwe Johnson** (1934–1984), dt. Schriftsteller; **Otto Schily** (*1932), dt. SPD-Politiker; **Pavel Kohout** (*1928), tschech. Schriftsteller; **Edmund Percival Hillary** (1919–2008), neuseeländ. Bergsteiger, Erstbezwinger des Mount Everest; **Max Liebermann** (1847 bis 1935), dt. Maler und Grafiker des Impressionismus; **Francesco Petrarca** (1304–1374), italien. Dichter

Ist es wahr, dass …? 2011

Ist es wahr, dass es schon immer Klimakatastrophen gegeben hat?

♋ Krebs 29. Woche 05:30 ☉ 21:26 | 23:19 ☾ 12:32

21 Donnerstag Juli **2011**

Ja!

»Gott sei Dank«, kann man da nur sagen. Oder fänden Sie es gut, wenn Dinosaurier unsere Erde heute noch bevölkern würden? Ansonsten stellen Klimaveränderungen Mensch und Tier immer wieder auf die Probe. In der jüngeren Vergangenheit gab es im Mittelalter eine Warmperiode, die vom 9. bis zum 14. Jahrhundert reichte. Die Durchschnittstemperatur lag um 1 °C über Normal, doch das reichte aus, um Wein in Südschottland und Getreide bis zum Polarkreis anzubauen. Demgegenüber sorgte die Kleine Eiszeit zwischen dem 15. und Beginn des 19. Jahrhunderts für strenge Winter, regenreiche Sommer und zugefrorene Wasserwege.

Klimaschwankungen sind für die Erdgeschichte nichts Ungewöhnliches. Derzeit befinden wir uns – man höre und staune – in einer Kältephase, die von vereisten Polkappen gekennzeichnet ist.

Am 21. Juli wurden geboren:

Norbert Blüm (*1935), dt. CDU-Politiker; **Brigitte Reimann** (1933–1973), dt. Schriftstellerin; **Isaac Stern** (1920–2001), ukrain.-US-amerikan. Violinist; **Ernest Hemingway** (1899–1961), US-amerikan. Schriftsteller, Literaturnobelpreisträger 1954; **Hans Fallada** (1893–1947), dt. Schriftsteller; **Lovis Corinth** (1858–1925), dt. Maler und Grafiker des Impressionismus

Ist es wahr, dass eine Blüte weniger als eine Sekunde blühen kann?

♋ Krebs　　29. Woche　　05:32 ☉ 21:24 | 23:39 ☾ 13:39

22 Freitag
Juli

2011

Ja!

Der flotteste Blüher im Pflanzenreich ist der Kanadische Hartriegel. Er wächst dort, wo es kalt ist: in Nordamerika, Alaska und Sibirien. Die Staude trägt jedes Jahr Blüten, die in Grüppchen von acht bis 25 Blüten zusammenstehen. Die Blütenblätter öffnen sich – je nach Lage – im Juli oder August. Wird eine Borste an einem Blütenblatt berührt, öffnet sich die Blüte blitzschnell und schleudert ihre Pollen heraus. Das Ganze dauert nur den Bruchteil einer Sekunde und geht schneller, als man gucken kann.

Ein Insekt, das den Borstenmechanismus in Gang setzt, wird mit den Pollen eingenebelt und sorgt bei Nachbarpflanzen für die Bestäubung. Kommt niemand vorbei, öffnet sich die Blüte selbstständig und lässt den Wind die Arbeit erledigen.

Am 22. Juli wurden geboren:

Franka Potente (*1974), dt. Schauspielerin; **Al Di Meola** (*1954), US-amerikan. Jazzgitarrist; **Otto Waalkes** (*1948), dt. Komiker; **Mireille Mathieu** (*1946), frz. Sängerin; **Edward Hopper** (1882–1967), US-amerikan. Maler; **Gregor Johann Mendel** (1822–1884), österreich. Mönch und Botaniker (Vererbungslehre); **Caroline Mathilde** (1751–1775), Königin von Dänemark ab 1766

Ist es wahr, dass …? 2011

Ist es wahr, dass ein Deutscher das Elfmeterschießen erfunden hat?

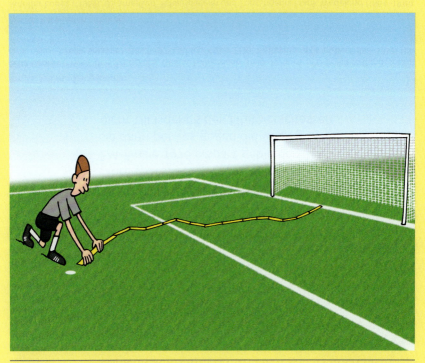

♌ Löwe   29. Woche   05:33 | 05:34 ☉ 21:23 | 21:22   – | 00:03 ☾ 14:45 | 15:52

23 | **24** Samstag
Sonntag
Juli   **2011**

Ja!

Kaum vorstellbar, dass das Halbfinale der Fußball-europameisterschaft 1968 zwischen Italien und der Sowjetunion mit einem Münzwurf entschieden wurde. Nach 90 Minuten plus Verlängerung stand es unentschieden. Elfmeterschießen gab es noch nicht. Ein Wiederholungsspiel kam aus Zeitgründen nicht infrage.

Nicht nur die beim Auslosen unterlegenen Sowjets fanden das wohl reichlich ungerecht, sondern auch Schiedsrichter Karl Wald aus Frankfurt am Main. Und so erfand er 1970 das Elfmeterschießen. Zunächst führte es der Bayerische Fußball-Verband ein, dann der DFB, die UEFA und schließlich auch die FIFA.

Hätte sich Wald das Elfmeterschießen rund zehn Jahre später ausgedacht, wäre es den Deutschen im EM-Finale 1976 erspart geblieben. Vielleicht hätten sie dann per Los gegen die ČSSR gewonnen – und nicht Uli Hoeneß den Elfer verschossen.

Am 23. Juli wurden geboren:

Götz George (*1938), dt. Schauspieler; **Gustav Heinemann** (1899–1976), dt. SPD-Politiker, Bundespräsident 1969–74; **Haile Selassie I.** (1892–1975), äthiop. Kaiser 1930–74; **Raymond Chandler** (1888–1959), US-amerikan. Kriminalschriftsteller

Am 24. Juli wurden geboren:

Jennifer Lopez (*1969), US-amerikan. Schauspielerin und Popsängerin; **Frank Wedekind** (1864–1918), dt. Schriftsteller; **Alexandre Dumas der Ältere** (1802–1870), frz. Schriftsteller; **Simón Bolívar** (1783 bis 1830), südamerikan. Politiker

Ist es wahr, dass …? 2011

Ist es wahr, dass **Fettzellen** niemals verschwinden?

♌ Löwe — 30. Woche — 05:36 ☉ 21:20 | 00:32 ☾ 16:56

25 Montag
Juli

2011

Ja!

Einmal fett, immer fett. Fettzellen entstehen, wenn dem Körper mehr Energie über die Nahrung zugeführt wird, als er verbraucht. Sie wandeln Fettsäuren aus dem Blut in Lipide um. Werden die Lipide nicht zeitnah wieder verbraucht, werden sie in der Fettzelle gespeichert. Braucht der Körper sie wieder, gibt die Fettzelle die Lipide als Bausteine ins Blut ab.

Je mehr Lipide dem Organismus zugeführt werden, desto größer werden die Fettzellen. Ab einem Alter von etwa 20 Jahren bleibt einer Studie zufolge die Anzahl der Fettzellen im Körper konstant. Zwar sterben jedes Jahr etwa 10% der Fettzellen, doch werden sie gleich wieder ersetzt, damit dem Körper auch ja kein Gramm Fett verloren geht.

Am 25. Juli wurden geboren:

Paul Watzlawick (1921–2007), österreich. Psychotherapeut; **Rosalind Elsie Franklin** (1920–1958), engl. Biochemikerin; **Elias Canetti** (1905–1994), dt.-sprachiger, Schriftsteller, Literaturnobelpreisträger 1981; **Alfredo Casella** (1883–1947), italien. Komponist; **Carl Miele** (1869–1938), dt. Industrieller; **Arthur James Earl of Balfour** (1848–1930), brit. konservativer Politiker, Premierminister 1902–07

Ist es wahr, dass …? 2011

Ist es wahr, dass der Geigerzähler etwas mit Geigen zu tun hat?

♌ Löwe 30. Woche 05:37 ☉ 21:19 | 01:09 ☾ 17:57

26 **Dienstag** **2011**
Juli

Nein!

Eine Geige, zwei Geigen, drei Geigen – dafür muss man bis drei zählen können und benötigt freie Sicht auf ein Orchester. Der Geigerzähler – oder auch Geiger-Müller-Zählrohr – macht andere Dinge. Er misst die Radioaktivität in der Umgebung, weil er auf ionisierende Strahlung reagiert, die eben auch von radioaktiven Stoffen ausgeht.

Der Geigerzähler ist ein mit Edelgas oder Luft unter geringerem Druck gefülltes Metallrohr. Darin ist ein Draht gespannt, an dem Hochspannung anliegt. Treffen ionisierende Teilchen auf diesen Draht, fällt die Spannung kurzzeitig ab. Das kann der Geigerzähler tatsächlich zählen oder als Knacken hörbar machen.

Den nach seinem Erfinder Hans Geiger genannten Geigerzähler gibt es seit 1929. Seitdem dient er überall dort, wo radioaktive Strahlung vorkommen kann, als Warngerät.

Am 26. Juli wurden geboren:

Helen Mirren (*1945), brit. Schauspielerin; **Mick Jagger** (*1943), brit. Rockmusiker; **Stanley Kubrick** (1928–1999), US-amerikan. Filmregisseur; **Salvador Allende Gossens** (1908–1973), chilen. sozialist. Politiker, Präsident 1970–73; **Aldous Huxley** (1894–1963), brit. Schriftsteller; **Carl Gustav Jung** (1875–1961), schweizer. Psychoanalytiker; **Philipp Scheidemann** (1865–1939), dt. SPD-Politiker, Ministerpräsident 1919; **George Bernard Shaw** (1856–1950), ir. Schriftsteller, Literaturnobelpreisträger 1925

Ist es wahr, dass …? 2011

Ist es wahr, dass läufige Frettchendamen sterben können, wenn sie nicht gedeckt werden?

♌ Löwe   30. Woche   05:38 ☉ 21:18 | 01:56 ☾ 18:50

27 Mittwoch
Juli

2011

Ja!

Wird ein Frettchen läufig und ist kein Partner in Sicht, wird die Läufigkeit nicht beendet. Das Frettchen gerät dann in die »Dauerranz«. Das liegt an der Besonderheit, dass Frettchen eine »Reflexovulation« haben, bei der der Eisprung erst erfolgt, wenn das Tier gedeckt wird. Passiert das nicht, stirbt der Follikel, der sich schon im Eierstock gebildet hat, ab und es kann zu Zysten und Gebärmutterentzündung kommen.

Anderes Problem: Bei der Dauerranz werden ständig Hormone ausgeschüttet. Das Frettchen bekommt eine Östrogenvergiftung, die das Knochenmark zerstört und zu Blutarmut führt. Das wiederum kann Entzündungen anderer Organe hervorrufen.

Deshalb lässt der verantwortungsvolle Frettchenhalter seine Dame vor der ersten Ranz, die ungefähr im zehnten Monat das erste Mal auftritt, kastrieren.

Am 27. Juli wurden geboren:

Barbara Rudnik (1958–2009), dt. Schauspielerin; **Pina Bausch** (1940–2009), dt. Tänzerin und Choreografin; **Bourvil,** eigtl. **André Raimbourg** (1917–1970), frz. Schauspieler; **Hilde Domin** (1909–2006), dt. Schriftstellerin; **Ernst May** (1886–1970), dt. Architekt; **Alexandre Dumas der Jüngere** (1824–1895), frz. Schriftsteller

Ist es wahr, dass der Muskelkater eher beim Bergablaufen entsteht?

♌ Löwe 30. Woche 05:40 ☉ 21:16 | 02:54 ☾ 19:35

28 Donnerstag
Juli

2011

Nein!

Beim Bergablaufen entstehen für den Muskel aber größere Belastungen als beim Bergauflaufen. Der Grund: Die Muskelbewegung hinauf ist eine konzentrische, während nach unten eine exzentrische Bewegung erfolgt. Bei der exzentrischen Muskelbewegung wird der Muskel auseinandergezogen. Das gefällt ihm nicht, sodass er versucht, diese Bewegung abzubremsen. Bei der konzentrischen Bewegung verkürzt sich der Muskel, um eine Bewegung hervorzurufen. Das passiert zum Beispiel beim Bizepstraining oder eben beim Bergauflaufen.

Hat nun der ambitionierte Hobbybergurlauber den Gipfel erreicht und freut sich auf den Abstieg, sollte er bedenken, dass am nächsten Tag Ungemach droht: Durch die exzentrische Belastung entstehen Risse in den Muskelfasern. Sie bieten Raum für eindringendes Wasser, das die Muskelfasern auseinanderdrückt. Oh weh …

Am 28. Juli wurden geboren:

Jacqueline Kennedy-Onassis (1929–1994), US-amerikan. Publizistin und Präsidentengattin; **Jacques Piccard** (1922–2008), schweizer. Tiefseeforscher; **Karl Popper** (1902–1994), österreich.-brit. Philosoph und Wissenschaftstheoretiker; **Marcel Duchamp** (1887–1968), frz. Maler und Objektkünstler; **Beatrix Potter** (1866–1943), engl. Kinderbuchautorin und Illustratorin; **Ludwig Feuerbach** (1804–1872), dt. Philosoph

Ist es wahr, dass

Vitamin A

schlecht für Raucher ist?

♌ Löwe 30. Woche 05:41 ☉ 21:15 | 04:03 ☾ 20:12

29 Freitag
Juli

2011

Ja!

Wer regelmäßig zum Glimmstängel greift, sollte genau darauf achten, wie viel Betacarotin – eine Vorstufe des Vitamins A – er zu sich nimmt, weil es das Lungenkrebsrisiko erhöht. Das Bundesinstitut für Arzneimittel und Medizinprodukte hat am 1. Mai 2006 verfügt, dass pro Tag nicht mehr als 20 mg eingenommen werden sollten. Medikamente, bei denen die Gefahr besteht, dass die Dosis überschritten wird, haben deshalb einen Warnhinweis.

Das war einmal anders. In den 1990er-Jahren war Betacarotin für Raucher ein echter Renner. Es sollte nämlich genau vor Lungenkrebs schützen. Doch zwei groß angelegte Studien zeigten das Gegenteil: Bei der einen Rauchergruppe schlug der Lungenkrebs mit einer 18% höheren Häufigkeit zu, bei der anderen mit 28%. Und schwups wurde aus dem Wundermittel Teufelszeug.

Am 29. Juli wurden geboren:

Ulrich Tukur (*1957), dt. Schauspieler; **Harry Mulisch** (*1927), niederländ. Schriftsteller; **Mikis Theodorakis** (*1925), griech. Komponist; **Dag Hammarskjöld** (1905–1961), schwed. Politiker, UN-Generalsekretär 1953–61, Friedensnobelpreisträger 1961; **Elisabeth von Thadden** (1890–1944), dt. Widerstandskämpferin; **Ernst Reuter** (1889–1953), dt. SPD-Politiker, Regierender Bürgermeister von Berlin 1950–53

Ist es wahr, dass …? 2011

Ist es wahr, dass man Fenster nicht bei Sonnenschein putzen sollte?

♌ Löwe   30. Woche   05:43 | 05:44 ☉ 21:13 | 21:12   05:19 | 06:40 ● 20:42 | 21:07

30 | **31** Samstag / Sonntag / Juli   **2011**

Ja!

Oh Gott, die Sonne scheint, und zwar genau durch die ungeputzten Fenster, sodass der Dreck jetzt richtig schön zu sehen ist. Da sollte doch die perfekte Hausfrau handeln und schnell zum Mikrofasertuch greifen … Doch genau jetzt bewahrt die perfekte Hausfrau Ruhe, denn sie weiß, dass das Fensterputzen zum jetzigen Zeitpunkt völlig sinnlos wäre.

Aufgrund der Sonneneinstrahlung verdunstet das Wasser nämlich schneller, als dass der Scheibenputzer wischen kann. Da aber im Wasser nicht nur Wasser, sondern allerlei Mineralien, Kalk und eben noch Dreck von der Scheibe drin sind, bleiben sie als Streifen auf der Scheibe zurück.

Glück gehabt, denn jetzt genießt die perfekte Hausfrau lieber die Sonne und schwingt den Putzlappen, wenn es bewölkt ist.

Am 30. Juli wurden geboren:

Jürgen Klinsmann (*1964), dt. Fußballspieler und -trainer; **Kate Bush** (*1958), brit. Popsängerin; **Henry Moore** (1898–1986), engl. Bildhauer und Grafiker; **Henry Ford I.** (1863–1947), US-amerikan. Automobilindustrieller; **Emily Brontë** (1818–1848), brit. Schriftstellerin

Am 31. Juli wurden geboren:

Joanne K. Rowling (*1965), brit. Schriftstellerin; **Louis de Funès** (1914–1983), frz. Filmkomiker; **Milton Friedman** (1912–2006), US-amerikan. Volkswirtschaftler, Wirtschaftsnobelpreisträger 1976; **Jean Dubuffet** (1901–1985), frz. Maler und Bildhauer

Ist es wahr, dass …? 2011

Ist es wahr, dass auf einen Blitz immer ein Donner folgt?

♌ Löwe   31. Woche   05:46 ☉ 21:10 | 08:02 ☽ 21:29

1 **Montag**
August

2011

Ja! Blitz und Donner gehören zusammen wie die Faust und das Auge. Wenn der Blitz durch die Luft schneidet, wird die Luft im Blitzkanal extrem heiß und dehnt sich explosionsartig aus. Peng – der Donner ist da. Manchmal sieht man jedoch einen Blitz und hört danach rein gar nichts. Das passiert bei ungefähr 40% der gesehenen Blitze und liegt daran, dass Donner nur in einem Umkreis von etwa 5 km um den Blitz herum deutlich wahrzunehmen ist. Ist der Blitz weiter weg, geht der Donner in ein Rauschen oder Grollen über und ist bei noch größeren Distanzen überhaupt nicht mehr zu hören.

Bei lautlosen Blitzen kann auch Wetterleuchten im Spiel sein. Das ist der Widerschein von Blitzen, wobei der eigentliche Blitz nicht wahrgenommen wird.

Am 1. August wurden geboren:

Sam Mendes (*1965), brit. Regisseur; **Yves Saint Laurent** (1936–2008), frz. Modeschöpfer; **Ernst Jandl** (1925–2000), österreich. Schriftsteller; **Marga von Etzdorf** (1907–1933), dt. Fliegerin; **Herman Melville** (1819–1891), US-amerikan. Schriftsteller; **Claudius** (10 v. Chr.–54 n. Chr.), röm. Kaiser 41–54

Ist es wahr, dass …? 2011

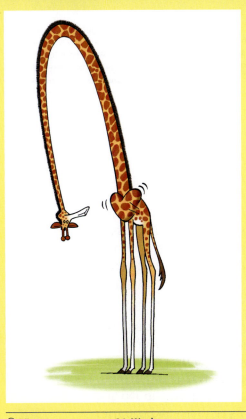

Ist es wahr, dass Giraffen das größte Herz aller Landtiere haben?

♌ Löwe   31. Woche   05:47 ☉ 21:08 | 09:25 ☽ 21:51

2 Dienstag
August

2011

Nein!

Auch das Gehirn einer Giraffe muss durchblutet werden und deshalb benötigt sie ein Herz, das das Blut den langen Hals hinauf bis in den Kopf pumpen kann. Es pumpt pro Minute 60 l Blut durch den Giraffenkörper, wiegt 12 kg und baut einen Blutdruck auf, der dreimal höher ist als beim Menschen. Damit das Tier angesichts des hohen Blutdrucks dennoch einen klaren Kopf behält, sorgt ein Arteriengeflecht unterhalb des Gehirns für eine Reduzierung des Blutdrucks.

Das größte Herz aller Landtiere hat jedoch ein Elefant. Bis zu 21 kg kann es wiegen. Doch das mutet geradezu zierlich an, betrachtet man das Herz eines Blauwals. Das größte Säugetierherz der Erde wiegt zwischen 600 und 1000 kg und damit so viel wie ein Auto. Die Hauptschlagader ist mit einem Durchmesser von 20 cm so groß, dass man problemlos einen Arm hineinstrecken kann.

Am 2. August wurden geboren:

Isabel Allende (*1942), chilen. Schriftstellerin; **Peter O'Toole** (*1932), ir. Schauspieler; **Luigi Colani** (*1928), dt. Designer; **James Baldwin** (1924–1987), US-amerikan. Schriftsteller; **Myrna Loy** (1905–1993), US-amerikan. Schauspielerin; **Konstantin I.** (1868–1923), König von Griechenland 1913–17, 1920–22; **Leopold Gmelin** (1788–1853), dt. Chemiker

Ist es wahr, dass

Haare

vom Bürsten glänzend werden?

♌ Löwe   31. Woche   05:49 ☉ 21:07 | 10:48 ☽ 22:12

3 Mittwoch
August

2011

Nein!

Wer sein Haar selten wäscht und gern als Fettköpfchen durch die Welt läuft, kann gern zur Bürste greifen, um den Talg von der Haut über seine Haarpracht zu verteilen. Wer dagegen regelmäßig Shampoo und Spülung einsetzt, hat vom Dauerbürsten keinen großen Nutzen zu erwarten.

Der Bürstentipp stammt aus einer Zeit, als das Haarewaschen noch ein Ereignis war, das selten und dann auch noch mit Kernseife erledigt wurde. Die Haare wurden stumpf und glanzlos. Dann kam die Bürste zum Einsatz. Mit dem intensiven Bürsten wurden Seifenreste und Schmutzpartikel aus dem Haar entfernt. Zusätzlich wurde Talg aus der Haut in den Haaren verteilt, ein Weg, der anno dazumal durchaus glanzvoll war.

Am 3. August wurden geboren:

Robert Stadlober (*1982), österreich. Schauspieler; **Martin Sheen** (*1940), US-amerikan. Schauspieler; **Leon Uris** (1924–2003), US-amerikan. Schriftsteller; **Haakon VII.** (1872–1957), König von Norwegen ab 1905; **Stanley Baldwin** (1867–1947), brit. konservativer Politiker, Premierminister 1923/24, 1924–29 und 1935–37; **Friedrich Wilhelm III.** (1770–1840), preuß. König 1797–1840

Ist es wahr, dass Bäume die langlebigsten Lebewesen sind?

♌ Löwe   31. Woche   05:50 ☉ 21:05 | 12:10 ☽ 22:36

4 Donnerstag
August

2011

Nein!

Meldungen über das angeblich älteste Lebewesen der Welt gibt es immer wieder. Mal ist es eine 5000 Jahre alte Grannenkiefer in den USA, mal ist es der antarktische 2 m hohe Riesenschwamm, dem Biologen am Bremerhavener Alfred-Wegener-Institut ein Alter von mehr als 10 000 Jahren bescheinigen. Dann wieder schwingt sich eine Pflanze zum Rekordhalter auf: Der Cresote-Strauch in der Wüste von Palm Springs soll 11 700 Jahre alt werden. Dabei lebt er recht spartanisch, denn er verträgt Hitze und Stürme und kann mehr als zwei Jahre ohne Wasser auskommen.

Im Vergleich dazu ist die Kings Lomatia mit ihren 43 600 Jahren ein echt alter Hut. Die Pflanze kommt im australischen Tasmanien vor. Es gibt nur ein einziges Exemplar, das sich im Lauf der Jahre über 1,2 km² ausgebreitet hat.

Am 4. August wurden geboren:

Barack Obama (*1961), US-amerikan. Politiker (Demokraten), Präsident der USA seit 2009. Friedensnobelpreisträger 2009; **José Luis Rodríguez Zapatero** (*1960), span. sozialistischer Politiker, Ministerpräsident ab 2004; **Laura Biagiotti** (*1943), italien. Modeschöpferin und Unternehmerin; **Guillermo Mordillo** (*1932), argentin. Zeichner und Cartoonist; **Götz Friedrich** (1930–2000), dt. Opernregisseur; **Knut Hamsun** (1859–1952), norweg. Schriftsteller, Literaturnobelpreisträger 1920

Ist es wahr, dass …? 2011

Ist es wahr, dass die
künstliche Befruchtung
eine neuartige Methode ist?

♌ Löwe   31. Woche   05:52 ☉ 21:03 | 13:32 ☽ 23:03

5 Freitag
August

2011

Nein!

Wenn ein Mann nicht konnte, wussten clevere Mediziner schon vor 200 Jahren, was zu tun ist, um einem Paar den Kinderwunsch zu erfüllen. So im 18. Jahrhundert beispielsweise der schottische Arzt William Hunter, der einem Franzosen die Arbeit abnahm, indem er dessen Spermien in die Gebärmutter von dessen Gattin verfrachtete. Hierzu bediente er sich »geeigneter Instrumente«. Diese – recht simple – Methode wurde unter strengster Diskretion angewendet, denn zu dieser Zeit war es absolut tabu, sich mit diesem Thema zu beschäftigen.

Die ausgeklügelte Form der künstlichen Befruchtung wurde erst im 20. Jahrhundert entwickelt. Hierbei werden einer Frau Eizellen entnommen und diese mit Spermien im Reagenzglas zusammengebracht. Schaffen die Spermien die Befruchtung nicht aus eigener Kraft, werden sie in die Eizelle injiziert.

Am 5. August wurden geboren:

David Baldacci (*1960), US-amerikan. Schriftsteller; **Neil Alden Armstrong** (*1930), US-amerikan. Astronaut, erster Mensch auf dem Mond 1969; **Per Wahlöö** (1926–1975), schwed. Schriftsteller; **John Huston** (1906–1987), US-amerikan. Filmregisseur; **Erich Kleiber** (1890–1956), österreich. Dirigent; **Guy de Maupassant** (1850–1893), frz. Schriftsteller

Ist es wahr, dass …? 2011

Ist es wahr, dass die Gallier Zöpfe trugen?

♌ Löwe   31. Woche   05:53 | 05:55 ☉ 21:02 | 21:00 | 14:53 | 16:07 ☽ 23:36 | –

6 | **7** **Samstag**
Sonntag
August

2011

Nein!

Das gallische Flechtwerk, das so mancher Zeitgenossin mit dünnem Haar Tränen des Neides in die Augen treibt, hat es so höchstwahrscheinlich nicht gegeben. So lehrt jedenfalls Dozent René von Royen an der Amsterdamer Universität seinen Studenten. Die sagenhaften Recken trugen ihr Haar während der römischen Besatzung offen, schmierten es mit einer feuchten Pampe aus Kalkwasser ein und kämmten es nach hinten. Dadurch wurde es nicht nur blonder, sondern auch fettiger.

Der Historiker hat nicht nur den Haarmythos vom gallischen Zopf entzaubert, sondern empfiehlt seinen Studenten, Asterix-Comics zu lesen, wenn sie etwas über Julius Cäsar und seinen Hang zu Wutausbrüchen erfahren wollen. Die Macher der Hefte hätten nämlich nicht nur gründlich recherchiert, sondern auch ein erstaunliches Gespür für die Antike bewiesen.

Am 6. August wurden geboren:

Andy Warhol (1928–1987), US-amerikan. Pop-Art-Künstler; **Robert Mitchum** (1917–1997), US-amerikan. Schauspieler; **Alexander Fleming** (1881–1955), brit. Bakteriologe, Entdecker des Penicillins, Medizinnobelpreisträger 1945; **Hans Moser** (1880–1964), österreich. Schauspieler

Am 7. August wurden geboren:

Charlize Theron (*1975), südafrikan. Schauspielerin; **Jimmy Wales** (*1966), US-amerikan. Internet-Unternehmer (Wikipedia); **Joachim Ringelnatz** (1883–1934), dt. Schriftsteller und Maler; **Mata Hari** (1876 bis 1917), niederländ. Tänzerin; **Emil Nolde** (1867–1956), dt. Maler

Ist es wahr, dass …? 2011

Ist es wahr, dass Licht sichtbar ist?

LESERFRAGE von **Laura M.** aus Tuttlingen

♌ Löwe 32. Woche 05:56 ☉ 20:58 | 17:14 ☽ 00:18

8 Montag
August

2011

Teilweise!

Das Licht ist eine Ansammlung elektromagnetischer Strahlung und gesellt sich damit zu Radio- und Mikrowellen sowie der Röntgenstrahlung. Das Licht, das unsere Umgebung erhellt, ist weißes Licht. Es besteht aus einem Bündel von Strahlen, die eine unterschiedliche Wellenlänge haben. Sie reicht von 380 im ultravioletten bis 780 Nanometern im infraroten Bereich.

Das menschliche Auge ist jedoch nicht in der Lage, den gesamten Bereich zu sehen. So nehmen wir Infrarot und Ultraviolett nicht wahr, sehen also nicht das komplette Lichtspektrum. Wenn wir älter werden, wird es sogar noch weniger, was wir sehen, weil unser Auge weniger empfindlich für die wahrnehmbaren Grenzbereiche wird.

Am 8. August wurden geboren:

Roger Federer (*1981), schweizer. Tennisspieler; **Ralf König** (*1960), dt. Comic-Künstler; **Birgit Vanderbeke** (*1956), dt. Schriftstellerin; **Jostein Gaarder** (*1952), norweg. Schriftsteller; **Dustin Hoffman** (*1937), US-amerikan. Schauspieler; **Robert Siodmak** (1900–1973), dt.-US-amerikan. Filmregisseur

Ist es wahr, dass …? 2011

Ist es wahr, dass
Spinnen
Insekten sind?

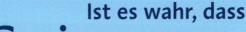

♌ Löwe　　32. Woche　　05:58 ☉ 20:56 | 18:09 ☾ 01:10

9　**Dienstag**　　　　　　　　　　**2011**
　　　August

Nein!

Alles, was krabbelt, dünne Beine hat und irgendwie fies bis gruselig aussieht, muss ein Insekt sein. Muss es nicht. Spinnen sind keine Insekten, sondern gehören zur Ordnung der Webspinnen, die wiederum zur Klasse der Spinnentiere gehören. Damit sind Spinnen verwandt mit Milben und Skorpionen.

Was sie deutlich von Insekten unterscheidet, sind ihre acht Beine, denn Insekten haben nur sechs Beine, Fühler und meistens Flügel, Spinnen aber nicht. Insektenkörper sind in die drei Segmente Kopf-, Brust- und Hinterleib aufgeteilt, während Spinnen nur zwei, nämlich einen Vorder- und einen Hinterleib, haben. Aber für diese Feinheiten hat der Spinnenphobiker wohl keinen Blick, wenn er das Krabbeltier in seiner Wohnung erblickt.

Am 9. August wurden geboren:

Audrey Tautou (*1978), frz. Schauspielerin; **Whitney Houston** (*1963), US-amerikan. Sängerin; **Romano Prodi** (*1939), italien. Politiker, Ministerpräsident 1996–98 und 2006–08; **Robert Shaw** (1927–1978), brit. Schauspieler und Schriftsteller; **Jean Piaget** (1896–1980), schweizer. Psychologe; **John Dryden** (1631–1700), engl. Schriftsteller

Ist es wahr, dass man im Weltall duschen kann?

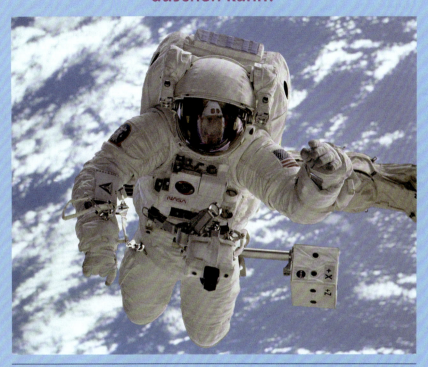

♌ Löwe   32. Woche   05:59 ☉ 20:54 | 18:52 ☽ 02:12

10 Mittwoch
August   **2011**

Ja!

Nun ja, fast. Mit dem wohligen Unter-die-Dusche-Stellen, bei dem man sich das Wasser bequem über den Körper rieseln lässt, hat die Duschprozedur im Weltall nur wenig gemein. Aufgrund der Schwerelosigkeit tanzen die Wassertropfen wahllos durch die Luft und treffen nicht unbedingt auf die Haut. Deshalb duscht die Besatzung der Weltraumstation ISS in einer Duschkabine, aus der kein Wasser entweichen kann.

Das Wasser kommt von oben aus einem Duschkopf und wird nach unten wieder abgesaugt. Auf dem Weg nach unten tanzt das Wasser munter umher, sodass der Astronaut es, wenn es auf die Haut gelangt, verreiben kann. Wähnt er sich sauber, saugt er das Wasser von der Haut oder wartet, bis er trocken ist. Nass aus der Dusche zu steigen, wäre zu gefährlich, da umherfliegendes Wasser in die technischen Geräte eindringen könnte.

Am 10. August wurden geboren:

Antonio Banderas (*1960), span. Schauspieler; **Arnett Cobb** (1918–1989), US-amerikan. Jazzsaxophonist; **Jorge Amado** (1912–2001), brasilian. Schriftsteller; **Milena Jesenská** (1896–1944), tschech. Journalistin und Schriftstellerin; **Alfred Döblin** (1878–1957), dt. Schriftsteller; **Herbert Clark Hoover** (1874–1964), US-amerikan. Politiker, Präsident der USA 1929–33

Ist es wahr, dass …? 2011

Ist es wahr, dass
Blattläuse
Eier legen?

♌ Löwe 32. Woche 06:01 ☉ 20:52 | 19:26 ☽ 03:20

11 **Donnerstag** **2011**
August

Ja!

Sie können aber auch lebende Junge gebären. Blattläuse haben eine komplexe Art, sich fortzupflanzen. Sie vermehren sich durch Paarung, aber auch ohne Partner. Sie legen Eier, gebären aber auch lebende Junge.

Zunächst erfolgt die Paarung. Anschließend legt das Weibchen befruchtete Eier, aus denen nur Weibchen schlüpfen. Diese Weibchen brauchen keinen Partner, um sich zu vermehren. Sie legen zuweilen Eier, meistens bringen sie jedoch lebende Junge zur Welt. Dies sind wieder nur Weibchen, die sich partnerlos fortpflanzen und weibliche und männliche Junge hervorbringen. Erst diese Nachkommen, die also quasi die Urenkel der Ausgangslaus sind, paaren sich wieder mit einem Lausmann.

Am 11. August wurden geboren:

Diether Krebs (1947–2000), dt. Schauspieler; **Peter Eisenman** (*1932), US-amerikan. Architekt; **Käthe Haack** (1897–1986), dt. Schauspielerin; **Enid Blyton** (1896–1968), engl. Schriftstellerin; **Friedrich Ludwig »Turnvater« Jahn** (1778–1852), dt. Pädagoge und Politiker; **Heinrich V.** (1086–1125), letzter röm.-dt. König (ab 1106) bzw. Kaiser aus der Salierdynastie

Ist es wahr, dass der Petersdom die größte Kirche ist?

♌ Löwe   32. Woche   06:03 ☉ 20:51 | 19:53 ☽ 04:32

12 Freitag
August

2011

Nein!

Das größte kirchliche Gebäude ist der Angkor-Wat-Tempel in Kambodscha. Der Tempel hat eine überbaute Fläche von mehr als einer Million m². Das pyramidenartige Bauwerk mit drei Ebenen und fünf Türmen erreicht eine Höhe von bis zu 65 m.

Die größte christliche Kirche findet der Gläubige in Afrika. Die Basilika Notre-Dame de la Paix bereichert Yamoussoukro, Hauptstadt der Elfenbeinküste. Dank ihrer Grundfläche von 30 000 m² passen 10 000 Menschen hinein. In Länge, Höhe und Breite übertrifft sie den Petersdom, dessen überbaute Fläche nur halb so groß ist. Dafür kann der Petersdom mit einer größeren Kuppel punkten, die nebenbei auch die größte der Welt ist.

Die größte Kirche in Deutschland ist der Kölner Dom mit einer überbauten Fläche von 7914 m². Die höchste Kirche Deutschlands mit 161,53 m ist das Ulmer Münster.

Am 12. August wurden geboren:

Mark Knopfler (*1949), brit. Gitarrist und Sänger; **Pete Sampras** (*1971), US-amerikan. Tennisspieler; **Iris Berben** (*1950), dt. Schauspielerin; **Wolfgang Huber** (*1942), dt. ev. Theologe, EKD-Ratsvorsitzender 2003–09; **Thea Rasche** (1899–1971), dt. Fliegerin und Journalistin; **Erwin Schrödinger** (1887–1961), österreich. Physiker, Physiknobelpreisträger 1933; **Georg IV.** (1762–1830), brit. König ab 1820

Ist es wahr, dass …? 2011

Ist es wahr, dass ein Fuchs schlau ist?

♌ Löwe · 32. Woche · 06:04 | 06:06 ☉ 20:49 | 20:47 | 20:15 | 20:34 ☾ 05:44 | 06:55

13 | **14** Samstag / Sonntag / August — **2011**

Ja!

Trotz intensiver Bejagung hat es der Fuchs bis heute geschafft, sich an die Umweltbedingungen anzupassen und seiner Ausrottung erfolgreich zu widerstehen. Dank seiner feinen Nase findet er zuverlässig Mäusenester, Aas und – wenn es sein muss – auch Ameisen und Regenwürmer.

Da ein Fuchs so schlau ist, weiß er, dass Menschen auf ihren Gehöften immer etwas Essbares lagern: in Form von Hühnern oder Vorräten. Ist ein Stall nicht gesichert, findet ein Fuchs Mittel und Wege, in diesen zu gelangen und das Federvieh zu dezimieren.

Auch bei der Jagd wendet er so manchen Kniff an. So wird zum Beispiel ein Igel ins Wasser gerollt, wo er seine Kugelhaltung aufgeben muss und ein Fuchs ihn leicht erlegen kann. Auch Köder aus Fallen mopst er sich, ohne dass die Falle zuschnappt. Ganz schön schlau eben.

Am 13. August wurden geboren:

Moritz Bleibtreu (*1971), dt. Schauspieler; **Fidel Castro** (*1926), kuban. Politiker, Ministerpräsident 1959 bis 2008; **Alfred Hitchcock** (1899–1980), brit. Filmregisseur; **Karl Liebknecht** (1871–1919), dt. kommunistischer Politiker

Am 14. August wurden geboren:

Halle Berry (*1968), US-amerikan. Schauspielerin; **Wim Wenders** (*1945), dt. Filmregisseur; **Giorgio Strehler** (1921–1997), italien. Theaterregisseur und Kritiker; **John Galsworthy** (1867–1933), engl. Schriftsteller, Literaturnobelpreisträger 1932

Ist es wahr, dass …? 2011

Ist es wahr, dass man

dicke Luft

auf der Toilette mit einem Streichholz beseitigen kann?

♌ Löwe   33. Woche   06:07 ☉ 20:45 | 20:51 ☾ 08:04

15 **Montag**
Mariä Himmelfahrt
August

2011

Ja!

Kaliumchlorat und ein wenig Schwefel im Streichholzkopf sorgen dafür, dass beim Anzünden ein Wölkchen aus Schwefeldioxid entsteht. Das riecht intensiv bis stechend und überdeckt die dicke Luft auf dem stillen Örtchen. Der Geruch wird zwar nicht neutralisiert, aber immerhin überdeckt. Wahrscheinlich nehmen wir den Streichholzgeruch deshalb so intensiv wahr, weil unser Gehirn damit gefährliches Feuer assoziiert. Toilettengestank ist ungefährlich und verschwindet deshalb schnell aus der Wahrnehmung.

Die beste Lösung gegen Toilettenmief ist ein offenes Fenster. Gibt es keins, spült man gleich und greift erst dann zum Toilettenpapier.

Am 15. August wurden geboren:

Shimon Peres (*1923), israel. Politiker, Friedensnobelpreisträger 1994; **Gerty Cori** (1896–1957), US-amerikan. Biochemikerin, Medizinnobelpreisträgerin 1947; **Thomas Edward Lawrence,** gen. **Lawrence von Arabien** (1888–1935), brit. Archäologe und Schriftsteller; **Walter Scott** (1771–1832), schott. Schriftsteller; **Napoleon I.** (1769–1821), frz. Feldherr und Politiker, Kaiser der Franzosen 1804–15; **Matthias Claudius** (1740–1815), dt. Dichter

Ist es wahr, dass …? 2011

Ist es wahr, dass frische Beeren gesünder sind als gefrorene?

♌ Löwe 33. Woche 06:09 ☉ 20:43 | 21:08 ☾ 09:12

16 Dienstag **2011**
August

Nicht immer!

Frisch vom Strauch, gewaschen und gegessen – so sind Beeren am gesündesten. Doch seit der Mensch kein Jäger und Sammler mehr ist, kann sich kaum einer leisten, auf Beerenjagd zu gehen. Das ist auch nicht schlimm, denn gefrorene Beeren sind fast genauso gesund wie frische, vorausgesetzt, sie werden direkt nach der Ernte eingefroren. Dann können sie sogar mehr Nährstoffe enthalten als Beeren, die erst nach einem längeren Transportweg in den Supermarkt gelangt sind.

Frische Beeren verlieren nach drei Tagen zum Beispiel bis zu 50% ihres Vitamin-C-Gehalts. Frisch gefrorene Beeren haben fast den gleichen Vitamin-C-Gehalt wie die Beeren am Strauch.

Am 16. August wurden geboren:

Madonna (*1958), US-amerikan. Popsängerin und Schauspielerin; **James Cameron** (*1954), kanad.-US-amerikan. Filmregisseur, Drehbuchautor und Produzent; **Reiner Kunze** (*1933), dt. Schriftsteller; **Charles Bukowski** (1920–1994), US-amerikan. Schriftsteller; **Augusto Giacometti** (1877–1947), schweizer. Maler und Bildhauer; **Giovanni Don Bosco** (1815–1888), italien. Priester und Pädagoge

Ist es wahr, dass …? 2011

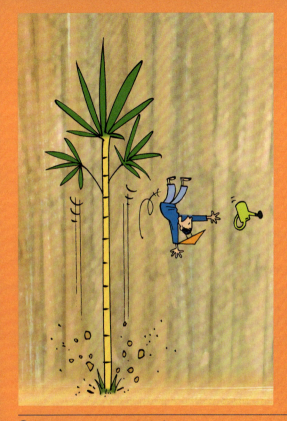

Ist es wahr, dass man Pflanzen beim Wachsen zusehen kann?

♌ Löwe   33. Woche   06:10 ☉ 20:41 | 21:26 ☾ 10:18

17 Mittwoch
August

2011

Ja!

Manche Pflanzen wachsen so schnell, dass einem das Sehen vergeht. Die chinesische Bambusart Phyllostachys pubescens beispielsweise kann an einem Tag bis zu einem Meter wachsen. Dadurch erreicht sie in kürzester Zeit eine Höhe von bis zu 20 m. Wer so schnell wächst, sorgt für Aufmerksamkeit und wird gern als Biomasse für die Energiegewinnung geerntet.

In Asien ist Bambus für 1,5 Milliarden Menschen unverzichtbar. Ob als Baustoff oder als Brennmaterial, ob als Nahrungsmittel oder für die Produktion von Textilien: Bambus erweist sich als unglaublich vielseitige Nutzpflanze. Das Gewächs aus der Familie der Süßgräser besitzt holzartige Zellen, die ihm eine Festigkeit verleihen, die höher als Buchen- und Eichenholz ist.

Am 17. August wurden geboren:

Sean Penn (*1960), US-amerikan. Schauspieler und Regisseur; **Nelson Piquet** (*1952), brasilian. Automobilrennfahrer; **Robert De Niro** (*1943), US-amerikan. Schauspieler; **Lotte Jacobi** (1896–1990), dt.-US-amerikan. Fotografin; **Caroline Haslett** (1895–1957), engl. Ingenieurin; **Karl I.** (1887–1922), letzter Kaiser von Österreich und König von Ungarn 1916–18

Ist es wahr, dass …? 2011

Ist es wahr, dass der »**PAPPENSTIEL**« etwas mit Pappe zu tun hat?

♌ Löwe   33. Woche   06:12 ☉ 20:39 | 21:45 ☾ 11:25

18
Donnerstag
August

2011

Nein!

Der Pappenstiel kommt vom Löwenzahn. Die niedlichen Flugkörperchen der Pusteblume, die sich mit dem Wind davonmachen, besitzen einen Haarkranz, der »Pappus« heißt. Im Niederdeutschen wird der Löwenzahn auch als Pfaffenblume oder Papenblume bezeichnet. Da Löwenzahn häufig vorkommt und von recht bescheidenem Nutzen ist, wurde er zum Synonym für etwas Billiges oder etwas, das leicht zu bekommen ist.

In Redensarten wird der Pappenstiel jedoch häufig verwendet, um darzustellen, dass etwas ganz und gar nicht billig ist. Dann ist etwas eben »kein Pappenstiel«. Alternativ kann eine andere Pappe verwendet werden, wenn man sagt: »Das ist nicht von Pappe.« Hier kommt die Pappe vom Brei, der in verschiedenen Mundarten als Papp oder Papps tituliert wird.

Am 18. August wurden geboren:

Harald Schmidt (*1957), dt. Schauspieler und Entertainer; **Robert Redford** (*1937), US-amerikan. Schauspieler und Regisseur; **Roman Polanski** (*1933), poln.-frz. Filmregisseur; **Elsa Morante** (1912–1985), italien. Schriftstellerin; **Tilla Durieux** (1880–1971), dt. Schauspielerin; **Franz Joseph I.** (1830–1916), Kaiser von Österreich ab 1848 und König von Ungarn ab 1867

Ist es wahr, dass …? 2011

Ist es wahr, dass Schokolade einen Hund umbringen kann?

♌ Löwe | 33. Woche | 06:14 ☉ 20:37 | 22:07 ☾ 12:31

19 Freitag August

2011

Ja!

Das, was uns glücklich macht, kann für Hunde tödlich sein. Das in der Schokolade befindliche Theobromin regt den Kreislauf und die Nerven an. Wir Menschen finden das gut, ein Hund zunächst auch, denn die Schokolade schmeckt ihm. Besonders viel Theobromin findet sich in Zartbitter-, Bitter- und Kochschokolade. Ob der Hund daran stirbt, hängt von seinem Körpergewicht ab. 20 g Kochschokolade pro 1 kg Hundekörper sind tödlich, heißt also, dass ein 3 kg schwerer Chihuahua von weniger als einer Tafel Schokolade sterben kann.

Wer jetzt denkt, den Hund ab und zu mit einem kleinen Stückchen verwöhnen zu dürfen, liegt ebenfalls falsch. Theobromin verbleibt lange im Körper, weil es nur langsam abgebaut wird. Bekommt der Hund nun jeden Tag etwas Schokolade, erhöht sich die Theobromin-Konzentration im Blut allmählich, was ihn genauso umbringen kann.

Am 19. August wurden geboren:

Bill Clinton (*1946), US-amerikan. Politiker (Demokraten), Präsident der USA 1993–2001; **Jerzy Andrzejewski** (1909–1983), poln. Schriftsteller; **Gabrielle »Coco« Chanel** (1883–1971), frz. Modeschöpferin; **Orville Wright** (1871–1948), US-amerikan. Flugpionier; **Adele Sandrock** (1863–1937), dt.-niederländ. Schauspielerin; **Marie Gräfin Dubarry** (1743–1793), Mätresse des frz. Königs Ludwig XV.

Ist es wahr, dass ...? 2011

Ist es wahr, dass Beleidigungen immer strafbar sind?

♌ Löwe   33. Woche   06:15 | 06:17 ☉ 20:35 | 20:33 | 22:33 | 23:06 ☾ 13:37 | 14:41

20|21 Samstag Sonntag August   2011

Ja!

Es ist nur die Frage, ob Sie auch bestraft werden, wenn Sie Ihren Nachbarn einen blöden Ochsen nennen. Der Nachbar müsste Sie nämlich aus eigenem Antrieb anzeigen, weil kein öffentliches Interesse an einer Strafverfolgung besteht. Deshalb überlegt er sich vorher, ob er Ihre Beleidigung nachweisen kann und ob die Chancen, einen Prozess zu gewinnen, gut stehen. Bevor es zum Prozess kommt, wird unter Umständen ein Schiedsgericht angerufen, das einen Vergleich herbeizuführen sucht. Dabei muss auch Ihr Nachbar, der Sie ja verklagt hat, einen Teil der Kosten übernehmen. Und ob er das wirklich auf sich nimmt?

Anders sieht die Sache bei der Beleidigung einer Amtsperson aus. Hier wird der Staatsanwalt mit ziemlicher Sicherheit ein Verfahren einleiten, an dessen Ende eine Geld- oder sogar Gefängnisstrafe steht.

Am 20. August wurden geboren:

Hans Meiser (*1946), dt. Fernsehjournalist; **Rajiv Gandhi** (1944–1991), ind. Politiker, Ministerpräsident 1984–89; **Arno Surminski** (*1934), dt. Schriftsteller; **Raymond Poincaré** (1860–1934), frz. Politiker, Ministerpräsident 1913–20

Am 21. August wurden geboren:

Alfons »Ali« Mitgutsch (*1935), dt. Grafiker, Illustrator und Kinderbuchautor; **Count Basie** (1904–1984), US-amerikan. Jazzpianist und Bandleader; **Lili Boulanger** (1893–1918), frz. Komponistin; **Giuseppe Antonio Guarneri** (1698–1744), italien. Geigenbauer

Ist es wahr, dass …? 2011

Ist es wahr, dass

ALLERGIEN

erblich sind?

♌ Löwe   34. Woche   06:18 ☉ 20:31 | 23:48 ☾ 15:42

22 Montag
August

2011

Ja!

Legt man Wahrscheinlichkeiten zugrunde, bekommt ein Kind, dessen beide Eltern Allergiker sind, mit einer 50-prozentigen Wahrscheinlichkeit ebenfalls eine Allergie. Besitzt man nun die erbliche Veranlagung, eine Allergie zu entwickeln, nennt der Fachmann dies »Atopie«. Zu den Allergien, die häufig vorkommen, zählen Neurodermitis, Heuschnupfen oder Nesselsucht.

Doch auch mit Allergikereltern muss der Nachwuchs nicht unbedingt erkranken. Wie hinlänglich bekannt ist, fördert übertriebene Hygiene das Auftreten einer Allergie. Wer als Kind Kontakt zu allem Möglichen »Schmutzigem« bekommen darf, trainiert sein Immunsystem, damit es nicht sofort reagiert, wenn die erste Polle im Frühjahr fliegt.

Am 22. August wurden geboren:

Karlheinz Stockhausen (1928–2007), dt. Komponist; **Henri Cartier-Bresson** (1908–2004), frz. Fotograf; **Deng Xiaoping** (1904–1997), chines. Politiker; **Leni Riefenstahl** (1902–2003), dt. Regisseurin und Fotografin; **Dorothy Parker** (1893–1967), US-amerikan. Schriftstellerin; **Claude Debussy** (1862–1918), frz. Komponist

Ist es wahr, dass Goldmedaillen aus Gold sind?

♍ Jungfrau 34. Woche 06:20 ☉ 20:28 | – ☽ 16:38

23 Dienstag
August

2011

Nein!

Eine Goldmedaille muss nach den Vorgaben des Internationalen Olympischen Komitees (IOC) mindestens 6 g Goldanteil aufweisen. Der Rest einer etwa 150 g schweren Medaille besteht aus Silber, sodass die Medaille lediglich vergoldet ist. Entsprechend ist der reine Materialwert nicht besonders hoch.

Die Silbermedaille dagegen hält, was sie verspricht, denn sie muss aus reinem Silber sein. Doch was zählt, ist der ideelle Wert für den Athleten, da wohl kaum eine Medaille so begehrt ist wie die olympische.

Bei der Gestaltung einer Medaille sind die Ausrichter der jeweiligen Olympischen Spiele übrigens auch den Regeln des IOC verpflichtet: Die Vorderseite zeigt die Siegesgöttin Nike mit Stadion und Akropolis sowie den fünf olympischen Ringen; die Rückseite darf der Veranstalter beliebig gestalten.

Am 23. August wurden geboren:

River Phoenix (1970–1993), US-amerikan. Schauspieler; **Michel Rocard** (*1930), frz. sozialistischer Politiker, Ministerpräsident 1988–91; **Ephraim Kishon** (1924–2005), israel. Schriftsteller und Journalist; **Gene Kelly** (1912–1996), US-amerikan. Tänzer, Schauspieler, Regisseur und Choreograf; **Arthur Adamov** (1908 bis 1970), russ.-frz. Dramatiker; **Ludwig XVI.** (1754–1793), 1774–92 letzter König von Frankreich vor der Revolution

Ist es wahr, dass das Licht eines Kopierers **BLIND** machen kann?

♍ Jungfrau   34. Woche   06:21 ☉ 20:26 | 00:40 ☾ 17:26

24 Mittwoch
August

2011

Nein!

Theoretisch wäre ein Kopierer geeignet, eine Schädigung der Netzhaut herbeizuführen. Die Lichtstärke eines guten Gerätes beträgt 400 Lux und schon bei diesem Wert wurde im Tierversuch bewiesen, dass das Auge Schaden nehmen kann. Zum Vergleich: Eine Bürobeleuchtung hat häufig rund 800 Lux. Wenn der Kopierer jedoch ganz normal verwendet wird und man nicht permanent hineinstarrt, ist er für Horn- und Netzhaut nicht gefährlich.

Wesentlich schädlicher als das Licht ist der Toner, der im Kopierer das Schwarz aufs Blatt bringt. Er enthält Feinstaub und kann die Lungen schädigen. Bei längeren Kopiersitzungen ist die Zufuhr von Frischluft deshalb sinnvoll.

Am 24. August wurden geboren:

Paulo Coelho (*1947), brasilian. Schriftsteller; **Joshua Sobol** (*1939), israel. Dramatiker; **A. S. (Antonia Susan) Byatt** (*1936), brit. Schriftstellerin; **Jorge Luis Borges** (1899–1986), argentin. Schriftsteller; **Jean Rhys** (1890–1979), anglokarib. Schriftstellerin; **Wilhelm I.** (1772–1843), erster König der Niederlande 1815–40

Ist es wahr, dass …? 2011

Ist es wahr, dass man Aufgetautes nicht wieder einfrieren soll?

♍ Jungfrau 34. Woche 06:23 ☉ 20:24 | 01:42 ☾ 18:06

25 **Donnerstag**
August

2011

Manchmal!

Wer sein Gefriergut schonend auftaut, tut dies in der Regel langsam. Während dieser Phase haben Keime und Mikroorganismen die besten Chancen, sich zu vermehren. Etwa alle 20 Minuten verdoppelt sich die Zahl der Krankmacher schon bei Zimmertemperatur. Wird das Aufgetaute wieder eingefroren, vermehren sich die Keime zwar nicht mehr, machen aber munter weiter, wenn es wieder ans Auftauen geht.

Anders sieht die Sache aus, wenn Aufgetautes gegart und dann wieder eingefroren wird. Durch das – gründliche – Erhitzen werden die Keime abgetötet, sodass ihr Vermehrungsprozess beim Auftauen hier wieder bei null beginnt.

Was sich jedoch negativ auf die Qualität des Lebensmittels auswirken kann, ist die Zerstörung der Zellstruktur beim Einfrieren, die durch die Ausdehnung des zu Eis gewordenen Wassers im Lebensmittel eintreten kann.

Am 25. August wurden geboren:

Fatih Akin (*1973), türk.-dt. Filmregisseur; **Claudia Schiffer** (*1970), dt. Fotomodell; **Sandra Maischberger** (*1966), dt. Journalistin und Fernsehmoderatorin; **Sönke Wortmann** (*1959), dt. Filmregisseur; **Sean Connery** (*1930), brit. Schauspieler; **Leonard Bernstein** (1918–1990), US-amerikan. Komponist und Dirigent; **Iwan IV., der Schreckliche** (1530–1584), erster russ. Zar 1547–84

Ist es wahr, dass Wölfe immer im Rudel jagen?

♍ Jungfrau   34. Woche   06:25 ☉ 20:22 | 02:54 ☾ 18:39

26 Freitag August   **2011**

Nein!

Bei seiner Nahrungsauswahl ist ein Wolf recht flexibel. Um seine täglichen 2,5 kg Fleisch zu bekommen, jagt er Rotwild, wenn vorhanden, und schreckt auch vor einem Hasen oder einer Maus nicht zurück. Letztere jagt der Wolf nicht im Rudel, sondern allein – schließlich reicht die Maus für ihn selbst kaum aus. Finden sich im Umfeld des Wolfes größere Wildtiere wie Hirsche oder Elche, ist die Rudelbildung angesagt, denn ein einzelnes Tier kann sie nicht erlegen.

In Europa bildet ein Elternpaar mit seinen Nachkommen ein Rudel; also sind es, bis sich der Nachwuchs eingestellt hat, zwei, später dann bis zu sechs Tiere. Es gibt aber auch Wölfe, die als Einzelgänger leben. Sie können deshalb kein Großwild jagen, sondern konzentrieren sich auf kleinere Tiere.

Am 26. August wurden geboren:

Ludger Beerbaum (*1963), dt. Springreiter; **Wolfgang Sawallisch** (*1923), dt. Dirigent; **Julius Döpfner** (1913–1976), dt. kath. Theologe, Kardinal; **Peggy Guggenheim** (1898–1979), US-amerikan. Kunstsammlerin; **Jules Romains** (1885–1972), frz. Schriftsteller; **Michel Joseph de Montgolfier** (1740–1810), frz. Ballonpionier, erste Ballonfahrt 1783

Ist es wahr, dass das ehemalige Jugoslawien die Region mit den meisten Höhlen ist?

♍ Jungfrau   34. Woche   06:26 | 06:28 ☉ 20:20 | 20:18 | 04:12 | 05:34 ☾ 19:07 | 19:31

27 | **28** Samstag
Sonntag
August   **2011**

Ja!

Wer schon einmal Urlaub in Slowenien – ehemals ein Teil von Jugoslawien – gemacht hat, hat mit ziemlicher Sicherheit auch die Höhle von Postojna besichtigt. Sie ist eine von 7500 Höhlen, die allein das relativ kleine Slowenien zu bieten hat. Das gesamte Gebiet von Exjugoslawien besitzt 12000 erforschte und insgesamt geschätzte 60000 Höhlen.

Dieser Höhlenreichtum erklärt sich mit dem hohen Anteil an Gesteinen, die zur Verkarstung – und damit zur Höhlenbildung – neigen. Während weltweit durchschnittlich etwa 15% eines Landes diese Art von Gesteinen aufweisen, sind es im ehemaligen Jugoslawien rund 30%. Besonders das Dinarische Gebirge, das über Slowenien, Kroatien, Bosnien-Herzegowina bis nach Montenegro reicht, zeigt deutlich, wie Verkarstung zu Höhlenbildung führt.

Am 27. August wurden geboren:

Jasir Arafat (1929–2004), palästinens. Politiker, PLO-Führer, Friedensnobelpreisträger 1994; **Mutter Teresa** (1910–1997), alban.-ind. Ordensgründerin, Friedensnobelpreisträgerin 1979; **Georg Wilhelm Friedrich Hegel** (1770–1831), dt. Philosoph

Am 28. August wurden geboren:

Janet Frame (1924–2004), neuseeländ. Schriftstellerin; **Charles Boyer** (1899–1978), frz.-US-amerikan. Schauspieler; **Karl Böhm** (1894–1981), österreich. Dirigent; **Johann Wolfgang von Goethe** (1749–1832), dt. Dichter der Klassik, Naturwissenschaftler und Staatsmann

Ist es wahr, dass …? 2011

Ist es wahr, dass Hamster gut als Haustiere für Kinder geeignet sind?

♍ Jungfrau 35. Woche 06:29 ☉ 20:16 | 06:58 ● 19:54

29 Montag
August

2011

Nein!

Obwohl viele bei der Anschaffung eines kleinen Streicheltieres zuerst an einen Hamster denken, ist er für Kinder nur bedingt zu empfehlen. Der Hamster ist nachtaktiv, die meisten Kinder dagegen nicht. Deshalb möchte der Hamster tagsüber gern seine Ruhe haben und ärgert sich, wenn er geweckt und zum Spielen genötigt wird. Hochgenommen werden möchte er in einer solchen Situation erst recht nicht und macht dann unter Umständen von seinen kleinen gemeinen Zähnen Gebrauch.

Hält man den Hamster bei dieser Gelegenheit in der Hand, landet er nach einem Biss wahrscheinlich reflexartig auf dem Boden – und überlebt hoffentlich. Hamster sind nämlich nicht gerade robust. Ein Sturz auch aus einer geringen Höhe endet oft tödlich. Deshalb sind beim Hochheben und Spielen Vorsicht und Umsicht geboten – oder man weicht gleich auf Meerschweinchen aus.

Am 29. August wurden geboren:

Michael Jackson (1958–2009), US-amerikan. Popmusiker; **Richard Attenborough** (*1923), brit. Schauspieler und Regisseur; **Ingrid Bergman** (1915–1982), schwed. Schauspielerin; **Hermann Löns** (1866 bis 1914), dt. Schriftsteller; **Maurice Maeterlinck** (1862–1949), belg. Schriftsteller, Literaturnobelpreisträger 1911; **John Locke** (1632–1704), engl. Philosoph

Ist es wahr, dass ...? 2011

Ist es wahr, dass Wilhelm Tell eine Erfindung ist?

♍ Jungfrau 35. Woche 06:31 ☉ 20:13 | 08:23 ☽ 20:16

30 **Dienstag**
August

2011

Ja!

Der Mythos Wilhelm Tell inklusive Apfelschuss ist aus einer Legende entstanden. Zum ersten Mal berichtet Hans Schriber 1472 in seinem »Weissen Buch von Sarnen« von einem Herrn Thall, während er als »Tell« zur selben Zeit ebenfalls im »Bundeslied« auftaucht. Weitere Chroniken und die mündlichen Überlieferungen gipfelten in der Sage um den Eidgenossen, die Friedrich Schiller schließlich ins Dramatische schrieb und so bekannt machte.

Doch schon zu Beginn des 17. Jahrhunderts war für Historiker klar, dass Wilhelm Tell eine sagenhafte Figur war; diese Ansicht teilte zwei Jahrhunderte später auch der Historiker Joseph Eutych Kopp, da schriftliche Überlieferungen der Sage aus der betreffenden Zeit gänzlich fehlten. Stattdessen lässt sich nachweisen, dass die Sage, wie wir sie kennen, aus verschiedenen Strängen zusammengeschustert worden ist.

Am 30. August wurden geboren:

Cameron Diaz (*1972), US-amerikan. Schauspielerin; **Helge Schneider** (*1955), dt. Entertainer; **Edward Mills Purcell** (1912–1997), US-amerikan. Physiker, Physiknobelpreisträger 1952; **Ernest Rutherford** (1871 bis 1937), brit. Physiker, Chemienobelpreisträger 1908; **Théophile Gautier** (1811–1872), frz. Schriftsteller und Kritiker (L'art pour l'art); **Mary Wollstonecraft Shelley** (1797–1851), engl. Schriftstellerin (»Frankenstein«)

Ist es wahr, dass …? 2011

Ist es wahr, dass Delfine freundliche Tiere sind?

♍ Jungfrau   35. Woche   06:33 ☉ 20:11 | 09:49 ☽ 20:39

31 Mittwoch August   2011

Nein!

Ein Delfin ist ein Raubtier. Der große Tümmler, der als Flipper Kinderherzen höherschlagen ließ, ist nicht ganz so nett, wie man es gern hätte. Um innerhalb einer Delfingruppe seine Position zu finden, ficht er Rangkämpfe aus, die recht blutig verlaufen können. Narben bei jüngeren Delfinmännchen zeugen von den Machtspielen der scheinbar lachend dreinblickenden Meeressäuger.

Im Kontakt mit Menschen verhalten sich Delfine jedoch in der Regel ordentlich. Auch gibt es Berichte, wonach sie Ertrinkende gerettet haben sollen.

Übrigens gehört auch der Orca zu den Delfinen. Weil er Robben, Pinguine und Delfine nicht verschmäht und seine Jagdmethoden für das menschliche Auge nicht sehr ansehnlich sind, wird er bisweilen auch Killerwal genannt. Angriffe auf Menschen sind bisher aber nicht dokumentiert.

Am 31. August wurden geboren:

Richard Gere (*1949), US-amerikan. Schauspieler; **Van Morrison** (*1945), ir. Rockmusiker; **Wilhelmina** (1880–1962), Königin der Niederlande 1890–1948; **Alma Mahler-Werfel** (1879–1964), österreich.-US-amerikan. Künstlerin; **Maria Montessori** (1870–1952), italien. Ärztin und Pädagogin; **Hermann von Helmholtz** (1821–1894), dt. Physiker und Physiologe; **Caligula** (12–41), röm. Kaiser 37–41

Ist es wahr, dass Cäsar durch einen

geboren wurde?

♍ Jungfrau   35. Woche   06:34 ☉ 20:09 | 11:14 ☽ 21:06

1 Donnerstag
September

2011

Nein!

Weder ist Cäsar durch einen Kaiserschnitt auf die Welt gekommen noch verdankt der Kaiserschnitt seinen Namen dem römischen Feldherren und Kaiser. Hätte Cäsars Mutter einen Kaiserschnitt über sich ergehen lassen müssen, wäre sie angesichts der damaligen medizinischen Gegebenheiten wohl gestorben. Sie überlebte die Geburt ihres Sohnes jedoch um rund 50 Jahre. Eine Entbindung per Bauchaufschneiden war nach römischem Recht ohnehin nur dann erlaubt, wenn die Schwangere kurz zuvor gestorben war. Dadurch konnte das – in der Regel ebenfalls tote – Kind getrennt von seiner Mutter beerdigt werden.

Der Begriff »Kaiserschnitt« geht vermutlich auf das lateinische »caedere« (= aufschneiden, herausschneiden) zurück, wobei im Deutschen aus dem Cäsar der Kaiser wurde.

Am 1. September wurden geboren:
Gloria Estefan (*1957), kuban.-US-amerikan. Sängerin; **António Lobo Antunes** (*1942), portugies. Schriftsteller; **Allan Jones** (*1937), brit. Pop-Art-Künstler; **Vittorio Gassmann** (1922–2000), italien. Schauspieler; **Othmar Schoeck** (1886–1957), schweizer. Komponist und Dirigent; **Engelbert Humperdinck** (1854–1921), dt. Komponist

Ist es wahr, dass die ersten Raketen in China gebaut wurden?

♍ Jungfrau   35. Woche   06:36 ☉ 20:07 | 12:37 ☽ 21:39

2 Freitag
September

2011

Ja!

Die Meister der Feuerwerke waren auch die Ersten, die raketenähnliche Geschosse in den Himmel jagten. Im Jahr 1232 kämpften die Chinesen gegen die Mongolen in der Schlacht bei Kaifeng. Da sie das Schwarzpulver kannten, bestückten sie damit die Urraketen und schossen sie in Richtung der verdutzten Gegner. Sie waren weniger geeignet, um physischen Schaden zu verursachen, konnten aber die feindlichen Pferde in die Flucht schlagen.

Die Europäer brauchten gut 200 Jahre länger, um ihre erste Rakete abzuschießen. Die war aber auch gleich dreistufig und raste im Jahr 1555 im rumänischen Sibiu in den Himmel. Sie wurde mit Festtreibstoff betrieben; ein »Häuschen« in der Rakete, das Platz für die ersten Weltraumfahrer bieten sollte, war ebenfalls schon in der Planung.

Am 2. September wurden geboren:

Salma Hayek (*1966), mexikan. Schauspielerin; **Lennox Lewis** (*1965), brit. Boxer, Olympiasieger 1988 im Superschwergewicht; **Else Meidner** (1901–1987), dt. Grafikerin und Malerin; **Joseph Roth** (1894–1939), österreich. Schriftsteller; **Séraphine** (1864–1942), frz. naive Malerin; **Ernst Curtius** (1814–1896), dt. Archäologe, Leiter der ersten Ausgrabungen in Olympia; **Caroline Schlegel** (1763–1809), dt. Schriftstellerin

Ist es wahr, dass man auf einem Pflanzenblatt schwimmen kann?

♍ Jungfrau   35. Woche   06:37 | 06:39 ☉ 20:05 | 20:02 | 13:56 | 15:06 ☽ 22:19 | 23:08

3|4 Samstag
Sonntag
September

2011

Ja!

Die Riesenseerose »Victoria amazonica« bildet so große Blätter aus, dass diese ein Kind oder einen leichten Erwachsenen tragen können. Bis zu 50 kg hält das kreisrunde und bis zu 2 m im Durchmesser große Blatt der Pflanze bequem aus. Die Schwimm- und Tragfähigkeit verdanken die Blätter den Luftblasen, die sich zwischen den Blattnerven, der Blattunterseite und der Wasseroberfläche bilden. Dazu kommt ein Stützgewebe.

Die Königin der Wasserpflanzen wächst – wie ihr Name schon andeutet – an vor Strömung geschützten Stellen des Amazonas und Orinoko. Neben den imposanten Blättern ist auch ihre Blüte etwas Besonderes: Sie blüht nur an zwei aufeinanderfolgenden Nächten. In der ersten Nacht erscheint die Blüte weiß und schließt sich dann, um sich in der zweiten Nacht als rosafarbene Blüte wieder zu öffnen.

Am 3. September wurden geboren:

Fritz J. Raddatz (*1931), dt. Schriftsteller und Publizist; **Alison Lurie** (*1926), US-amerikan. Schriftstellerin; **Urho Kaleva Kekkonen** (1900–1986), finn. Politiker, Staatspräsident 1956–82; **Ferdinand Porsche** (1875 bis 1951), dt. Automobilkonstrukteur

Am 4. September wurden geboren:

Ivan Illich (1926–2002), österreich.-US-amerikan. kath. Theologe und Zivilisationskritiker; **Henry Ford II.** (1917–1987), US-amerikan. Automobilunternehmer; **Oskar Schlemmer** (1888–1943), dt. Maler und Bildhauer; **Anton Bruckner** (1824–1896), österreich. Komponist

Ist es wahr, dass …? 2011

Ist es wahr, dass »O.K.« von einem Deutschen geprägt wurde?

♍ Jungfrau — 36. Woche — 06:40 ☉ 20:00 | 16:05 ☽ –

5 **Montag**
September

2011

Wohl nicht!

Über die Herkunft des O. K. gibt es zahlreiche Theorien, in denen Deutsche eine Rolle spielen. So soll Lagerverwalter Otto Krüger beim Versenden von Artikeln seine Initialen darauf angebracht haben. Oder ein Kartoffelzüchter Oskar Keller soll seine Kartoffelkisten mit seinem Namensstempel versehen haben oder ein Fordkontrolleur Otto Krause soll mit seinen Initialen die Teile in der Autofabrik gekennzeichnet haben oder …

Neben weiteren Theorien, die teils einen militärischen Ursprung belegen sollen, zeigt sich eine Herleitung als die Wahrscheinlichste: O. K. soll eine Verballhornung von »all correct« in »oll korrekt« sein. Mitte des 19. Jahrhunderts war es in amerikanischen Großstädten Mode, bewusst falsche Abkürzungen für bestimmte Phrasen zu verwenden. Neben dem besagten »O. K.« war beispielsweise auch das »K. Y.« für »know yuse« statt »no use« in Verwendung.

Am 5. September wurden geboren:

Freddie Mercury, eigtl. **Frederick Bulsara** (1946–1991), brit. Rockmusiker; **Werner Herzog** (*1942), dt. Filmregisseur; **Albert Mangelsdorff** (1928–2005), dt. Jazzposaunist; **John Cage** (1912–1992), US-amerikan. Komponist der experimentellen Musik; **Caspar David Friedrich** (1774–1840), dt. Maler und Grafiker der Romantik; **Henriette Herz** (1764–1847), dt. Salonière; **Ludwig XIV.,** gen. **der Sonnenkönig** (1638 bis 1715), König von Frankreich 1643–1715

Ist es wahr, dass …? 2011

Ist es wahr, dass ein Peitschenknall die Schallmauer durchbricht?

♍ Jungfrau 36. Woche 06:42 ☉ 19:58 | 16:51 ☾ 00:07

6 Dienstag
September

2011

Ja!

Schon seit zwei Jahrhunderten weiß man, dass der Knall einer Peitsche das Resultat der enormen Geschwindigkeit ist, die das Peitschenende beim Schlagen erreicht. Doch es ist nicht nur das Ende, wie lange Zeit angenommen, sondern bereits die Schlaufe, die bei der Schlagbewegung entsteht. Diese Schlaufe bewegt sich mit einer 50 000-fachen Erdbeschleunigung in Richtung Peitschenende. In ihrem Scheitelpunkt erreicht die Schlaufe schon die doppelte Schallgeschwindigkeit.

So viel Theorie kannten die Fuhrmänner, die in alter Zeit ihre Peitsche einsetzten, wahrscheinlich nicht. Sie bedienten sich der Peitsche, um bei der Einfahrt in einen Ort auf sich aufmerksam zu machen. Dabei waren sie richtig kreativ und entwickelten unterschiedliche Schlagfolgen. Heutzutage wird beim »Goaßlschnalzen« wettbewerbsmäßig mit der Peitsche geknallt.

Am 6. September wurden geboren:
Andrea Camilleri (*1925), italien. Schriftsteller, Drehbuchautor und Regisseur; **Franz Josef Strauß** (1915 bis 1988), dt. CSU-Politiker; **Julien Green** (1900–1998), US-amerikan.-frz. Schriftsteller; **Joseph Wirth** (1879–1956), dt. Zentrumspolitiker, Reichskanzler 1921/22; **Jane Addams** (1860–1935), US-amerikan. Sozialreformerin, Friedensnobelpreisträgerin 1931; **Moses Mendelssohn** (1729–1786), jüd. Philosoph der Aufklärung

Ist es wahr, dass …? 2011

Ist es wahr, dass Schweine **Organspender** sind?

♍ Jungfrau　　36. Woche　　06:44 ☉ 19:56 | 17:28 ☽ 01:13

7 Mittwoch
September

2011

Ja!

Wer eine neue Herzklappe besitzt, könnte bereits Bekanntschaft mit »schweinischem« Gewebe gemacht haben. Weil das Schweine- und Menschenherz sich anatomisch ähneln, kommen bei zahlreichen Operationen Herzklappen von Schweinen zum Einsatz.

Forscher gehen aber noch weiter und wollen das Schwein zum Organspender für Menschen umfunktionieren. Ihre Organe eignen sich deshalb gut, weil ihre Größe in etwa der der menschlichen Organe entspricht und sich Schweine leicht züchten lassen. Das Problem dabei ist: Das menschliche Immunsystem stößt alles ab, was fremd ist. Deshalb arbeiten Forscher auf der ganzen Welt daran, genmanipulierte Schweine mit Zellen zu züchten, denen das Immunsystem des Menschen nichts anhaben kann. Dann könnten Schweine die mangelnde Organspendebereitschaft in Deutschland vielleicht ausgleichen.

Am 7. September wurden geboren:

Jörg Pilawa (*1965), dt. Fernsehmoderator; **Baudouin I.** (1930–1993), König der Belgier 1951–93; **Elia Kazan** (1909–2003), griech.-US-amerikan. Regisseur; **Janet Taylor Caldwell** (1900–1985), US-amerikan. Schriftstellerin; **Albert Bassermann** (1867–1952), dt. Schauspieler; **Elisabeth I.** (1533–1603), Königin von England 1558–1603

Ist es wahr, dass die Erde bebt, wenn 50 000 Menschen gleichzeitig hüpfen?

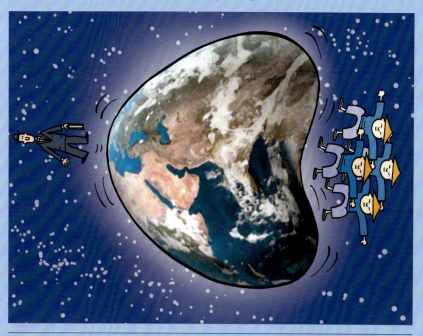

♍ Jungfrau   36. Woche   06:45 ☉ 19:53 | 17:57 ☽ 02:23

8 Donnerstag
September

2011

Ja! Es war im Jahr 2007, als sich 50000 Musikliebhaber am Nürburgring zu einer Rockparty – und zu einem Experiment – zusammenfanden. Im Auftrag der Wissenschaftssendung Quarks & Co. sollten sie durch ihre Hüpferei ein kleines Erdbeben auslösen, was in Grenzen auch gelang. So hat sich der Boden unter den 100000 Füßen tatsächlich um einen zwanzigstel Millimeter bewegt, wobei unglaubliche vier Schwingungen pro Minute gemessen werden konnten, die noch in einem Kilometer Entfernung feststellbar waren.

Ein richtiges Erdbeben können so viele Menschen jedoch nicht auslösen, denn hierbei wird Energie freigesetzt, die selbst die knapp sieben Milliarden Menschen auf der Erde nicht durch gleichzeitiges Hüpfen aufbringen können. Auch entsteht ein Erdbeben nicht durch Bewegung auf, sondern durch Verschiebungen unter der Erdoberfläche.

Am 8. September wurden geboren:

Christoph von Dohnányi (*1929), dt. Dirigent; **Peter Sellers** (1925–1980), brit. Schauspieler; **Jean-Louis Barrault** (1910–1994), frz. Schauspieler und Regisseur; **Antonín Dvořák** (1841–1904), tschech. Komponist; **Eduard Mörike** (1804–1875), dt. Schriftsteller; **Richard I. Löwenherz** (1157–1199), König von England 1189–99

Ist es wahr, dass man Blumen anschneiden soll?

♍ Jungfrau   36. Woche   06:47 ☉ 19:51 | 18:20 ☽ 03:34

9   **Freitag**
September   **2011**

Ja! Die Pflanze versorgt sich über Kapillargefäße, die den Stängel durchziehen, sodass die Nährstoffe vom Boden über Wurzel und Stängel in die ganze Pflanze gelangen können. Wird eine Blume abgeschnitten, ist der Nachschubweg unterbunden. Sogleich schließen sich auch die Kapillaren, weil die Blume so verhindert, dass Flüssigkeit aus ihrem Inneren verloren geht. Um die Kapillaren wieder zugänglich zu machen, nimmt der Blumenfreund ein scharfes Messer, schneidet den Stil an und setzt die Blume sofort ins Wasser. Damit verhindert er, dass Luft in die Kapillaren gelangt.

Die Vase sollte sauber und das Wasser nicht zu kalt sein; rund 35 °C sind ideal. Zusätzlich bietet der Handel spezielle Nährlösungen an, die das Leben der Schnittblumen verlängern helfen.

Am 9. September wurden geboren:

Max Reinhardt (1873–1943), österreich. Schauspieler und Regisseur; **Leo Tolstoi** (1828–1910), russ. Schriftsteller; **Clemens Brentano** (1778–1842), dt. Dichter der Romantik; **Luigi Galvani** (1737–1798), italien. Arzt und Naturforscher; **Armand-Jean du Plessis, Herzog von Richelieu** (1585–1642), frz. Staatsmann und Kardinal; **Aurelian** (214–275), röm. Kaiser 270–75

Ist es wahr, dass …? 2011

Ist es wahr, dass der Name »Eichhörnchen« von den Eicheln kommt?

♍ Jungfrau   36. Woche   06:48 | 06:50 ☉ 19:49 | 19:47 | 18:40 | 18:58 ☽ 04:44 | 05:53

10 | 11 Samstag
Sonntag
September **2011**

Nein!

Ein Eichhörnchen heißt Eichhörnchen, weil es gern Eicheln frisst – sollte man meinen, ist aber nicht so. Vermutlich ist der erste Namensteil auf das althochdeutsche »aig« zurückzuführen, was so viel wie »flink« und »sich schnell bewegen« bedeutet.

Eichhörnchen fressen neben Nüssen auch Bucheckern, Fichtenzapfen, Beeren, Vogeleier, Jungvögel, Pilze und Kleintiere. Sie vertragen auch für uns giftige Pilze und den Samen der Eibe. Was der Nager findet und nicht gleich fressen mag, wandert in Depots. Dazu gräbt er ein kleines Loch, legt den Vorrat hinein, scharrt Erde darüber und drückt sie fest. Besteht im Winter Bedarf, erschnüffelt sich das Eichhörnchen sein Versteck wieder. Manchmal wird das Depot vergessen, sodass der darin befindliche Samen aufgehen kann. So mancher Baum verdankt sein Leben der Nachlässigkeit eines Eichhörnchens.

Am 10. September wurden geboren:

Andrej Makine (*1957), russ.-frz. Schriftsteller; **Karl Lagerfeld** (*1938), dt. Modeschöpfer; **Franz Werfel** (1890–1945), österreich. Schriftsteller; **Hilda Doolittle,** gen. **H. D.** (1886–1961), US-amerikan. Schriftstellerin

Am 11. September wurden geboren:

Franz Beckenbauer (*1945), dt. Fußballspieler, Teamchef der Nationalmannschaft 1984–90; **Theodor W. Adorno** (1903–1969), dt. Philosoph und Soziologe; **Asta Nielsen** (1881–1972), dän. Schauspielerin; **Carl Zeiss** (1816–1888), dt. Mechaniker und Unternehmer

LESERFRAGE von **Julia E.** aus Gunzenhausen

Ist es wahr, dass man über

die Haut

Fett und/oder Wasser aufnehmen kann?

♍ Jungfrau   37. Woche   06:52 ☉ 19:44 | 19:15 ○ 07:00

12 **Montag**
September

2011

Teilweise!

Fette werden über die Haut gut aufgenommen, da die Haut selbst viele Fettmoleküle – die sogenannten Lipide – enthält. Feuchtigkeit nimmt die Haut am besten von innen auf. Das heißt dann: trinken, trinken, trinken. Feuchtigkeitscremes sorgen nämlich nicht dafür, dass Wasser in die Haut kommt, sondern dass sie ihre natürliche Flüssigkeit behält. Dazu wird durchs Cremen eine wasserundurchlässige Schicht auf die Haut aufgebracht. Hierzu eignen sich fettige Cremes wie Vaseline oder Melkfett sowie Öle wie beispielsweise Nachtkerzenöl. Produkte mit Harnstoff oder Glycerin sorgen dafür, dass die Feuchtigkeit gebunden und so der Haut erhalten bleibt.

Wer seiner trockenen Haut also etwas Gutes tun will, setzt zunächst einmal an seiner Ernährung an und gönnt ihr zusätzlich eine ordentliche Fettcreme.

Am 12. September wurden geboren:

Stanislaw Lem (1921–2006), poln. Schriftsteller; **Lore Lorentz** (1920–1994), dt. Kabarettistin; **Jesse Owens** (1913–1980), US-amerikan. Leichtathlet; **Irène Joliot-Curie** (1897–1956), frz. Physikerin, Chemienobelpreisträgerin 1935; **Maurice Chevalier** (1888–1972), frz. Chansonsänger und Schauspieler; **Anselm Feuerbach** (1829–1880), dt. Maler

Ist es wahr, dass Biber Fische fressen?

♍ Jungfrau 37. Woche 06:53 ☉ 19:42 | 19:32 ☾ 08:07

13 **Dienstag**
September

2011

Nein!

Biber sind reine Vegetarier. Sie mögen am liebsten Triebe von jungen Bäumen und Baumrinde. Dazu kommen Wasser- und Uferpflanzen, Beeren und Wurzeln. Vor allem seine Liebe zu Bäumen macht den Biber dort unbeliebt, wo die Forstwirtschaft oder der Landschaftsschutz blüht. Wenn sie junge Bäume benagen, wird das meist noch hingenommen. Nehmen sie ältere Bäume ins Visier, wird der Förster ärgerlich, denn Angenagtes verkauft sich schlecht.

Auch seine Eigenart, Dämme zu bauen, um Wasser zu stauen, wird nicht gern gesehen: wenn nämlich Überschwemmungen in Hochwasserschutzgebieten die Folge sind oder Bäume in Dammnähe durch Staunässe Schaden nehmen.

Wenigstens können Angler und Vogelschützer dem Biber gelassen ins Auge sehen, denn hier richtet er ausnahmsweise keinen Schaden an.

Am 13. September wurden geboren:

Jacqueline Bisset (*1944), brit. Schauspielerin; **Oscar Arias Sánchez** (*1941), costarican. Politiker, Friedensnobelpreisträger 1987; **Roald Dahl** (1916–1990), brit. Schriftsteller; **Arnold Schönberg** (1874–1951), österreich. Komponist; **Marie von Ebner-Eschenbach** (1830–1916), österreich. Schriftstellerin; **Clara Schumann,** geb. **Wieck** (1819–1896), dt. Pianistin und Komponistin

Ist es wahr, dass …? 2011

Ist es wahr, dass der Sues-kanal im 19. Jahrhundert eröffnet wurde?

♍ Jungfrau 37. Woche 06:55 ☉ 19:40 | 19:51 ☾ 09:13

14 Mittwoch September **2011**

Ja!

Allerdings: Als noch niemand an Klubschiffe, Supertanker oder Containerschiffe dachte, gab es bereits eine Verbindung zwischen dem Mittelmeer und dem Roten Meer. Möglicherweise schon vor über 3000 Jahren hatte der ägyptische Herrscher Sethos I. oder Ramses II. den Befehl zum Bau einer Wasserstraße erteilt, die den Seeweg nach Ostafrika erheblich verkürzen sollte. Möglicherweise. Als ziemlich gesichert gilt eine Verbindung vom Nildelta über das Wadi Tumilat und den Timsah-See zum Roten Meer. Dieser »Kanal von Bubastis« datiert um 500 v. Chr. und wurde vom Perserkönig Dareios I. vollendet.

Der Kanal versandete hin und wieder aufgrund von nachlässiger Behandlung, wurde von Kaiser Trajan um 100 n. Chr. wieder schiffbar gemacht, was auch bis zur Schließung durch den Kalifen Al-Mansur anno 770 funktionierte.

Am 14. September wurden geboren:

Amy Winehouse (*1983), brit. Soulsängerin; **Martina Gedeck** (*1961), dt. Schauspielerin; **Michel Butor** (*1926), frz. Schriftsteller des Nouveau Roman; **Rolf Liebermann** (1910–1999), schweizer. Komponist und Opernintendant; **Iwan Pawlow** (1849–1936), russ. Physiologe, Medizinnobelpreisträger 1904; **Theodor Storm** (1817–1888), dt. Schriftsteller; **Alexander von Humboldt** (1769–1859), dt. Naturforscher und Geograf

Ist es wahr, dass …? 2011

Ist es wahr, dass Pflanzen sich untereinander verständigen können?

♍ Jungfrau 37. Woche 06:56 ☉ 19:37 | 20:12 ☾ 10:19

15 Donnerstag
September

2011

Ja! Bei der pflanzlichen Kommunikation spielt die Chemie eine große Rolle. So versprüht beispielsweise eine afrikanische Akazienart ein Gas, wenn sie von Fressfeinden attackiert wird. Der Wind verbreitet das Gas in der Umgebung, sodass andere Exemplare der Gattung gewarnt werden und daraufhin in ihren Blättern das giftige Tannin produzieren. Vergeht sich nun eine Antilope an der Akazie, bezahlt sie nach ein paar Tagen aufgrund von Leberversagen mit ihrem Leben.

Neuerdings gehen Botaniker sogar weiter und gestehen den Pflanzen gar tierische Aktionsmöglichkeiten zu. So haben Forscher an den Universitäten von Florenz und Bonn entdeckt, dass in der Wurzelspitze von Mais elektrische Signale auftreten, mit denen die Wurzel möglicherweise Informationen über die Bodenbeschaffenheit weitergibt.

Am 15. September wurden geboren:

Jessye Norman (*1945), US-amerikan. Sängerin (Sopran); **Helmut Schön** (1915–1996), dt. Fußballtrainer, Bundestrainer des Deutschen Fußball-Bundes 1964–78; **Will Quadflieg** (1914–2003), dt. Schauspieler; **Agatha Christie** (1890–1976), engl. Kriminalschriftstellerin; **Ettore Bugatti** (1881–1947), italien.-frz. Automobilkonstrukteur; **James Fenimore Cooper** (1789–1851), US-amerikan. Schriftsteller

Ist es wahr, dass …? 2011

Ist es wahr, dass Kleinkinder keine *Erdnüsse* essen sollten?

♍ Jungfrau   37. Woche   06:58 ☉ 19:35 | 20:37 ☾ 11:25

16 Freitag
September

2011

Ja!

Dank ihrer länglich glatten Form findet eine geschälte Erdnuss leicht den Weg in die Luftröhre, wenn sich das Kind verschluckt. So haben Hals-Nasen-Ohren-Ärzte festgestellt, dass die Erdnuss in rund 95% der Fälle das Corpus Delicti ist, wenn der Tatbestand des Verschluckens vorliegt.

Ist eine Nuss auf falschem Weg, hustet das Kind zunächst heftig. Nach einer halben Stunde lässt der Husten nach, selbst wenn die Erdnuss nicht ausgehustet wurde. Dann kann sie sich in den Bronchien oder – noch schlimmer – in der Lunge festsetzen und eine Lungenentzündung hervorrufen. Spätestens dann tritt der Arzt mit seinem Endoskop auf den Plan, um den Eindringling zu entfernen.

Wer dergleichen verhindern möchte, verbietet dem Nachwuchs die Erdnüsse, bis er zehn Jahre alt ist.

Am 16. September wurden geboren:

David Copperfield (*1956), US-amerikan. Illusionist und Entertainer; **Oskar Lafontaine** (*1943), dt. Politiker, Ministerpräsident des Saarlandes 1985–98; **Esther Vilar** (*1935), dt. Publizistin; **Peter Falk** (*1927), US-amerikan. Schauspieler; **Lauren Bacall** (*1924), US-amerikan. Schauspielerin; **Werner Bergengruen** (1892–1964), dt. Schriftsteller; **Hans (Jean) Arp** (1887–1966), dt.-frz. Schriftsteller, Maler und Bildhauer

Ist es wahr, dass man vom Mond aus keinen Erdaufgang sehen kann?

♍ Jungfrau   37. Woche   06:59 | 07:01 ☉ 19:33 | 19:31 | 21:07 | 21:45 ☾ 12:29 | 13:31

17 | 18 Samstag
Sonntag
September   **2011**

Ja!

Die wunderschönen Bilder, die einen Erdauf- oder -untergang vom Mond aus zeigen, können nur von einem Satelliten oder eine Raumfähre aus aufgenommen sein. Der Mond zeigt der Erde immer dieselbe Seite; die Rückseite des Mondes können wir von der Erde aus nicht beobachten. Deshalb sieht ein Astronaut, der auf dem Mond steht, die Erde oder er sieht sie eben nicht, wenn er sich auf der Rückseite des Mondes befindet.

Es gibt jedoch eine Ausnahme: Da der Mond auf seiner Umlaufbahn um die Erde aus Sicht des irdischen Betrachters ein wenig zu taumeln scheint, gibt es Bereiche auf der Mondoberfläche, an denen ein Astronaut tatsächlich einen Erdaufgang sehen könnte. Er müsste dazu nur einen Monat auf dem Mond verbringen, um dieses Schauspiel genießen zu können.

Am 17. September wurden geboren:

Anastacia (*1973), US-amerikan. Popsängerin; **Reinhold Messner** (*1944), Südtiroler Bergsteiger; **Chaim Herzog** (1918–1997), israel. Politiker, Staatspräsident 1983–93; **Käthe Kruse** (1883–1968), dt. Kunsthandwerkerin (Puppen)

Am 18. September wurden geboren:

Anna Jurjewna Netrebko (*1971), russ. Sängerin (Sopran); **Lance Armstrong** (*1971), US-amerikan. Straßenradsportler; **Greta Garbo** (1905–1990), schwed. Schauspielerin; **Léon Foucault** (1819–1868), frz. Physiker (foucaultscher Pendelversuch); **Trajan** (53–117), röm. Kaiser 98–117

Ist es wahr, dass …? 2011

Ist es wahr, dass im Film »Casablanca« der Satz »Play it again, Sam« vorkommt?

♍ Jungfrau · 38. Woche · 07:03 ☉ 19:28 | 22:32 ☾ 14:27

19 Montag
September

2011

Nein!

Es gibt Filmzitate, die gibt's gar nicht. Eines davon ist »Play it again, Sam« oder »Spiel es noch einmal, Sam«. Weder Ingrid Bergman noch Humphrey Bogart oder sonst jemand aus dem Film haben den Klavierspieler Sam mit diesem Satz dazu aufgefordert, »As time goes by« zu spielen. Sinngemäße Aussagen in Casablanca sind: »Play it once, Sam, for old time's sake« oder »You've played it for her, you can play it for me. Play it.«

Zur Zitatverwirrung beigetragen haben dürften die beiden Filme »A night in Casablanca« von der Komödiantentruppe Marx Brothers und Woody Allens »Play it again, Sam« aus dem Jahr 1972, der genauso wie der Marx-Brothers-Film so manche legendäre Szene aus Casablanca aufs Korn nimmt.

Am 19. September wurden geboren:

Jeremy Irons (*1948), brit. Schauspieler; **Wolfram Siebeck** (*1928), dt. Journalist und Feinschmecker; **Emil Zátopek** (1922–2000), tschech. Leichtathlet (Langstreckenläufer); **William G. Golding** (1911–1993), engl. Schriftsteller, Literaturnobelpreisträger 1983; **Willy Birgel** (1891–1973), dt. Schauspieler; **Gnaeus Pompejus Magnus** (106–48 v. Chr.), röm. Feldherr und Politiker

Ist es wahr, dass …? 2011

Ist es wahr, dass Beachvolleyballerinnen knappe Höschen tragen müssen?

♍ Jungfrau   38. Woche   07:04 ☉ 19:26 | 23:28 ☾ 15:17

20 Dienstag
September

2011

Ja!

Im Regelwerk für Beachvolleyball ist unter Punkt 5.1.1 zu lesen, dass zur Ausrüstung eines Spielers Shorts oder eine Badehose beziehungsweise Badeanzug gehören. Ein Trikot oder Trägershirt ist freiwillig, kann aber vom Turnierausrichter vorgeschrieben werden.

Dennoch sehen sich Beachvolleyballer und Beachvolleyballerinnen bisweilen strengen Vorschriften ausgesetzt, die vom Veranstalter festgelegt werden. So darf zum Beispiel die Bikinihose an der Seite nicht breiter als 7 cm sein. Bei den Männern müssen die Shorts mindestens 10 cm Abstand zum Knie haben.

Wenn es kalt ist, entscheidet der Schiedsrichter, ob Leggings getragen werden dürfen. Die Uhr des Sponsors muss dagegen immer getragen werden. Wer auf Tattoos steht, darf sich bis zu sieben temporäre Bildchen auf den Körper kleben. Und spielen darf man dann auch noch …

Am 20. September wurden geboren:

Sabine Christiansen (*1957), dt. Fernsehjournalistin und Moderatorin; **Javier Marías** (*1951), span. Schriftsteller; **Sophia Loren** (*1934), italien. Schauspielerin; **Alexander Mitscherlich** (1908–1982), dt. Psychoanalytiker und Publizist; **Hans Scharoun** (1893–1972), dt. Architekt; **Upton Sinclair** (1878–1968), US-amerikan. Schriftsteller, Journalist und Sozialreformer

Ist es wahr, dass ein
»pomadiger Mensch«
ein schmieriger Typ ist?

♍ **Jungfrau** 38. Woche 07:06 ☉ 19:24 | – ☾ 16:00

21 Mittwoch
September

2011

Nein!

Der pomadige Typ kann grundsätzlich schon schmierig sein. Mit Sicherheit aber ist er langsam. Das Wort »pomadig« kommt aus dem polnischen »pomalu«, das »langsam, gemächlich« bedeutet. Und weil sich das so ähnlich wie die Haarschmiere anhört, wurde es im Deutschen zu »pomadig«. Wenn nun der Sportreporter von der pomadig agierenden Nationalmannschaft redet, charakterisiert er damit eine bisweilen einschläfernde Spielweise der Fußballhelden und nicht ihre Haarpracht.

Mittlerweile ist zur ursprünglichen Bedeutung eine weitere hinzugekommen. So kann jemand, der pomadig ist, blasiert, anmaßend und dünkelhaft sein.

Am 21. September wurden geboren:

Stephen King (*1947), US-amerikan. Schriftsteller; **Leonard Cohen** (*1934), kanad. Sänger, Komponist und Schriftsteller; **Larry Hagman** (*1931), US-amerikan. Schauspieler (»Dallas«); **Max Immelmann** (1890 bis 1916), dt. Jagdflieger; **H(erbert) G(eorge) Wells** (1866–1946), engl. Schriftsteller; **Friedrich III.** (1415 bis 1493), röm.-dt. Kaiser 1452–93

Ist es wahr, dass …? 2011

Ist es wahr, dass Spinat stark macht?

♍ Jungfrau   38. Woche   07:07 ☉ 19:21 | 00:34 ☾ 16:35

22 Donnerstag   **2011**
September

Nein!

Popeye kann noch so viel Spinat futtern, wenn er nicht in die Muckibude geht, wird er auch nicht stark. Spinat als Eisenlieferant ist ein Gerücht. Oder ein Fehler. Den machten wahrscheinlich Ernährungswissenschaftler, als sie den Eisenwert einer Laboranalyse verbreiteten. Der Ursprung waren Messungen des Schweizer Wissenschaftlers Gustav von Bunge, der 1890 Trockenspinat auf seinen Eisengehalt hin untersuchte und sagenhafte 30 mg pro 100 g Spinat ermittelte. Da frischer Spinat zu 90% aus Wasser besteht, enthält er tatsächlich nur ein Zehntel an Eisen, also etwa 3 mg.

Zum Vergleich: Eine Tafel Schokolade kommt auf 6,7 mg und Leberwurst auf 5,3 mg. Sie sind zwar nicht gesünder als Spinat, aber immerhin die besseren Eisenlieferanten.

Am 22. September wurden geboren:

Ronaldo, eigtl. **Luiz Nazário de Lima** (*1976), brasilian. Fußballspieler; **Andrea Bocelli** (*1958), italien. Sänger (Tenor); **Hans Scholl** (1918–1943), dt. Widerstandskämpfer gegen das NS-Regime (Weiße Rose); **Siegfried Lowitz** (1914–1999), dt. Schauspieler (»Der Alte«); **Hans Albers** (1891–1960), dt. Schauspieler; **Michael Faraday** (1791–1867), brit. Physiker und Chemiker

Ist es wahr, dass Kolumbus Amerika entdeckt hat?

♎ Waage 38. Woche 07:09 ☉ 19:19 | 01:47 ☾ 17:05

23 Freitag
Herbstanfang
September

2011

Je nachdem!

Kolumbus hat Inseln entdeckt, die dem amerikanischen Kontinent zugeordnet werden. Doch dabei hatte Kolumbus nicht die geringste Ahnung, da er sich zeit seines Lebens in Indien wähnte, als er die Neue Welt betrat. Die nächste Chance auf einen Platz in den Geschichtsbüchern hätte Giovanni Caboto gehabt, denn er erreichte als erster Europäer 1497 das nordamerikanische Festland. Doch auch er wusste nicht, wo er eigentlich gelandet war.

Der Erste, der wusste, dass die Küstenlinie, die er mit seinem Schiff erkundet hatte, ein neuer Kontinent sein musste, war der italienische Seefahrer Amerigo Vespucci. Er entdeckte große Teile der Ostküste Südamerikas. 1507 wurde er Namenspatron der Neuen Welt, weil zwei Kartografen den Kontinent in Anlehnung an Vespucci »Amerika« nannten.

Am 23. September wurden geboren:

Bruce Springsteen (*1949), US-amerikan. Rockmusiker; **Romy Schneider** (1938–1982), österreich.-dt. Schauspielerin; **Ray Charles** (1930–2004), US-amerikan. Jazzmusiker; **Suzanne Valadon** (1865–1938), frz. Malerin; **Robert Bosch** (1861–1942), dt. Industrieller; **Augustus** (63 v. Chr.–14 n. Chr.), erster röm. Kaiser ab 27 v. Chr.

Ist es wahr, dass …? 2011

Ist es wahr, dass
»Amsel«
und
»Drossel«
denselben Vogel bezeichnen?

♎ Waage   38. Woche   07:10 | 07:12 ☉ 19:17 | 19:14   03:05 | 04:27 ☾ 17:30 | 17:53

24 | **25** Samstag
Sonntag
September   **2011**

Ja!

Amsel, Drossel, Fink und Star – vier Wörter, drei Vögel. Die Amsel – auch Schwarzdrossel genannt – gehört zur Familie der Drosseln und hierbei zur Gattung der Echten Drosseln. Sie ist damit also eine hundertprozentige Drossel.

Die rund 25 cm große Amsel ist hierzulande häufig anzutreffen. Man erkennt das Männchen an seinem schwarzen Gefieder und seinem gelben Schnabel. Das Weibchen hat ein braunes Gefieder. Die Amsel fühlt sich in der Nähe von Menschen wohl, sodass sie auch in Städten heimisch ist. Dort findet sie vorzugsweise in Gärten und Parkanlagen ihre Nahrung: Insekten, Spinnen, Regenwürmer und Beeren. Ist die Nahrung knapp, macht sich die Amsel über Tierfutter oder sogar Abfall her.

Am 24. September wurden geboren:

Francis Scott Key Fitzgerald (1896–1940), US-amerikan. Schriftsteller; **Grigori A. Potemkin** (1739–1791), russ. Politiker und Feldmarschall (potemkinsche Dörfer); **Albrecht Wenzel Eusebius von Wallenstein** (1583–1634), kaiserlicher Feldherr

Am 25. September wurden geboren:

Michael Douglas (*1944), US-amerikan. Schauspieler; **Glenn Herbert Gould** (1932–1982), kanad. Pianist; **Dmitri Schostakowitsch** (1906–1975), russ. Komponist; **William Faulkner** (1897–1962), US-amerikan. Schriftsteller, Literaturnobelpreisträger 1949; **Friedrich Wilhelm II.** (1744–1797), König von Preußen 1786–97

Ist es wahr, dass ein Unglück selten allein kommt?

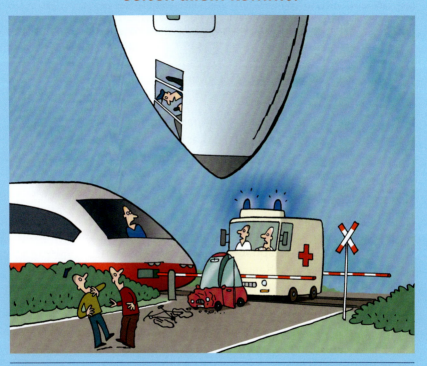

♎ Waage 39. Woche 07:14 ☉ 19:12 | 05:51 ☾ 18:16

26 Montag
September

2011

Nein!

Zunächst stellt sich die Frage, was als Unglück definiert wird. Ist es das Erdbeben, der Autounfall oder die lange Schlange an der Kasse? Laut statistischer Untersuchungen folgt auf ein Unglück nicht zwingend ein weiteres. Laut Statistik erwischt man genauso oft die schnelle Kasse im Supermarkt wie die langsame.

Dass der Mensch jedoch manchmal den Eindruck hat, alles gehe schief, liegt an der subjektiven Wahrnehmung des Einzelnen. Negative Erlebnisse hinterlassen oft einen bleibenden Eindruck. Der kann stärker sein als ein entsprechendes positives Erlebnis, sodass in der Erinnerung das »Unglück« haften bleibt.

Dann gibt es noch Murphys Gesetz. Alles, was schief gehen kann, geht schief. Das liegt daran, dass das Selbstbewusstsein nach der ersten Panne in den Keller geht und weitere Fehler die Folge sind.

Am 26. September wurden geboren:

Michael Ballack (*1976), dt. Fußballspieler; **Fritz Wunderlich** (1930–1966), dt. Sänger (Tenor); **Berthold Beitz** (*1913), dt. Industrieller und Manager (Krupp); **George Gershwin** (1898–1937), US-amerikan. Komponist; **Paul VI.**, eigtl. **Giovanni Battista Montini** (1897–1978), Papst 1963–78; **Martin Heidegger** (1889 bis 1976), dt. Philosoph; **T(homas) S(tearns) Eliot** (1888–1965), US-amerikan.-brit. Schriftsteller, Literaturnobelpreisträger 1948

Ist es wahr, dass …? 2011

Ist es wahr, dass von einer Bohrinsel immer nur nach unten gebohrt wird?

⚖ Waage   39. Woche   07:15 ☉ 19:10 | 07:17 ● 18:40

27 Dienstag
September

2011

Nein!

Das Schwarze Gold, das unter dem Meeresgrund lagert, wird bisweilen von der Seite angebohrt. Die einfachste Art, ein Ölfeld anzubohren, ist das senkrechte Bohren in den Meeresgrund. Ist das Ölfeld erschöpft, geht man etwas in die Horizontale und bohrt das nächste Feld einfach seitlich an. Das hat den Vorteil, dass von der Bohrinsel eine größere Fläche im Meeresboden zugänglich ist, was angesichts der Kosten für den Stahlkoloss die Wirtschaftlichkeit erhöht.

Das Bohren in unterschiedliche Richtungen nennt man Richtbohren. Um die Richtung – bisweilen auch während des Bohrens – ändern zu können, melden Sensoren im Bohrer Informationen über geologische Gegebenheiten nach oben. Gleichzeitig werden von oben Daten an den Bohrer übermittelt, um ihn zu steuern.

Auch bei Erdgasbohrungen kommt das Richtbohren zum Einsatz.

Am 27. September wurden geboren:

Tanja Kinkel (*1969), dt. Schriftstellerin; **Maria Schrader** (*1965), dt. Schauspielerin; **Johann Lafer** (*1957), österreich. Koch; **Arthur Penn** (*1922), US-amerikan. Regisseur; **Grazia Deledda** (1871–1936), italien. Schriftstellerin, Literaturnobelpreisträgerin 1926; **Ludwig XIII.** (1601–1643), König von Frankreich 1610–43; **Cosimo de' Medici,** gen. **Cosimo der Alte** (1389–1464), Stadtherr von Florenz

Ist es wahr, dass …? 2011

Ist es wahr, dass Papageien immer paarweise gehalten werden sollten?

⎯ Waage 39. Woche 07:17 ☉ 19:08 | 08:44 ☽ 19:06

28 Mittwoch
September

2011

Ja!

Ist ein Papagei gesund und sein Sozialverhalten nicht gestört, sollte ihm unbedingt ein Partner gegönnt werden. In einem »Gutachten über die tierschutzgerechte Haltung von Vögeln« vom Bundesministerium für Ernährung, Landwirtschaft und Verbraucherschutz wird festgestellt, dass Papageien fast ausnahmslos paarweise oder in Gruppen zusammenleben. Deshalb sind sie »grundsätzlich auch in der Obhut des Menschen so zu halten«.

Ein einzeln gehaltener Papagei nimmt sich zwar den Menschen als Ersatzvogel, doch befriedigt ihn das nicht wirklich. Dann fängt er an, seine Federn auszurupfen, zu schreien und permanent irgendwelche Gegenstände anzubalzen – oder eben seinen Menschen. Das kann so weit gehen, dass der Papagei mit seinem Halter Revierkämpfe austrägt. Deshalb gilt: niemals einen einzelnen Papagei halten.

Am 28. September wurden geboren:

Donna Leon (*1942), US-amerikan. Schriftstellerin; **Edmund Stoiber** (*1941), dt. CSU-Politiker, Ministerpräsident Bayerns 1993–2007; **Brigitte Bardot** (*1934), frz. Schauspielerin; **Siegfried Unseld** (1924 bis 2002), dt. Verleger (Suhrkamp); **Marcello Mastroianni** (1924–1996), italien. Schauspieler; **Max Schmeling** (1905–2005), dt. Boxer; **Caravaggio,** eigtl. **Michelangelo Merisi** (1573–1610), italien. Maler

Ist es wahr, dass …? 2011

Ist es wahr, dass der  eine amerikanische Erfindung ist?

♎ Waage　　　39. Woche　　　07:19 ☉ 19:05 | 10:11 ☽ 19:37

29 **Donnerstag**

September

2011

Nein!

Three, two, one, go. Zu einem ordentlichen Raumfahrtfilm gehört ein ordentlicher Countdown. Man zähle bis go und ab geht die Rakete. Dass das ungemein spannend ist, wusste schon der deutsche Filmregisseur Fritz Lang. Er zeigte den ersten Countdown in seinem Film »Frau im Mond«, der 1929 in die Kinos kam und dort beim Start einer Mondrakete für Nervenkitzel sorgte.

Dieser Urcountdown wurde fortan in der Raumfahrt zur Standardprozedur beim Start. Werden bemannte Raketen ins All geschossen, beginnt der Countdown schon sieben Tage vor dem Start. Innerhalb dieser Zeit werden sämtliche Kontrollen nach einem festgelegten Plan durchgeführt. Gibt es Probleme, kann der Countdown unterbrochen und später wieder aufgenommen werden. Verzögert sich der Start zu sehr, wird der Countdown abgebrochen und der Start ganz verschoben.

Am 29. September wurden geboren:

Michelle Bachelet (*1951), chilen. sozialistische Politikerin, erste Staatspräsidentin Chiles ab 2005; **Lech Walesa** (*1943), poln. Gewerkschafter und Politiker, Staatspräsident 1990–95, Friedensnobelpreisträger 1983; **Silvio Berlusconi** (*1936), italien. Medienunternehmer und Politiker (Forza Italia); **Michelangelo Antonioni** (1912–2007), italien. Filmregisseur; **Walther Rathenau** (1867–1922), dt. Industrieller und Politiker, Reichsaußenminister 1922; **Horatio Nelson** (1758–1805), brit. Admiral (Schlacht bei Trafalgar)

Ist es wahr, dass …? 2011

Ist es wahr, dass die Preußen nicht so schnell schießen?

♎ Waage　　39. Woche　　07:20 ☉ 19:03 | 11:35 ☽ 20:15

30 Freitag September　　**2011**

Manchmal!

Ging es um das Beseitigen von Gegnern, konnten die Preußen schnell schießen. Aufgrund ihrer gedrillten Zackigkeit und ihrer Ladestöcke aus Eisen konnten sie wahrscheinlich schneller nachladen als ihre Widersacher und entsprechend schneller schießen.

Wo sie sich mehr Zeit ließen, war bei der Erschießung der eigenen Soldaten. Desertierte ein Preuße, wurde er nicht gleich erschossen, was beispielsweise bei Engländern und Franzosen der Fall war. Laut einer Verordnung aus dem Jahr 1787 konnte der preußische Deserteur auch durch ein 30- bis 60-maliges Spießrutenlaufen bestraft werden. Das war unter Umständen auch tödlich, aber mit Sicherheit eine ziemliche Quälerei. Andere Strafen waren das Abschneiden von Ohr und/oder Nase oder lebenslange Festungshaft.

Am 30. September wurden geboren:

Jurek Becker (1937–1997), dt. Schriftsteller; **Udo Jürgens** (*1934), österreich. Schlagersänger und -komponist; **Dorothee Sölle** (1929–2003), dt. ev. Theologin und Literaturwissenschaftlerin; **Elie Wiesel** (*1928), US-amerikan. Schriftsteller, Friedensnobelpreisträger 1986; **Truman Capote** (1924–1984), US-amerikan. Schriftsteller; **Deborah Kerr** (1921–2007), brit. Schauspielerin

Ist es wahr, dass …? 2011

Ist es wahr, dass neugeborene Kängurus nur so groß wie eine Kaffeebohne sind?

⎯ Waage   39. Woche   07:22 | 07:23 ☉ 19:01 | 18:59 | 12:51 | 13:56 ☾ 21:03 | 22:00

1 **2** **Samstag**
Sonntag | **Erntedank**
Oktober

2011

Ja!

Selbst das beeindruckende, bis zu 90 kg schwere Rote Riesenkänguru kam einmal als 0,8 g leichter Winzling auf die Welt. Nach einer Tragzeit von 33 Tagen ist das Neugeborene noch ziemlich unfertig. Es ist nackt, blind und besitzt lediglich die Fähigkeit, zur Zitze zu gelangen, um sich dort festzusaugen und sie während der nächsten 70 Tage nicht mehr loszulassen. Nach 150 Tagen schaut es zum ersten Mal aus dem Beutel, nach 190 Tagen wird zum ersten Mal die Umgebung erkundet.

Während das Junge im Beutel ist, sorgt seine Mutter schon wieder für Nachwuchs. Sie paart sich kurz nach der Geburt wieder, sodass sich ein neuer Embryo entwickelt. Seine Entwicklung stoppt dann und wird erst wieder aufgenommen, sobald das derzeitige Junge den Beutel verlässt.

Am 1. Oktober wurden geboren:

Günter Wallraff (*1942), dt. Schriftsteller; **Peter Stein** (*1937), dt. Theaterregisseur; **James »Jimmy« Earl Carter** (*1924), US-amerikan. Politiker (Demokraten), Präsident der USA 1977–81, Friedensnobelpreisträger 2002; **Walter Matthau** (1920–2000), US-amerikan. Schauspieler

Am 2. Oktober wurden geboren:

Sting, eigtl. **Gordon Matthew Sumner** (*1951), brit. Popmusiker; **Oswalt Kolle** (*1928), dt. Publizist; **Uta Ranke-Heinemann** (*1927), dt. kath. Theologin; **Mahatma Gandhi** (1869–1948), ind. Freiheitskämpfer; **Paul von Hindenburg** (1847–1934), dt. Generalfeldmarschall, Reichspräsident 1925–34

Ist es wahr, dass …? 2011

Ist es wahr, dass Michail Gorbatschow gesagt hat

»Wer zu spät kommt, den bestraft das Leben«?

♎ Waage 40. Woche 07:25 ☉ 18:56 | 14:48 ☽ 23:05

3 Montag
Tag der Deutschen Einheit
Oktober

2011

Nein!

Gemeint hat er es wohl, gesagt aber mit ziemlicher Sicherheit nicht. Fest steht, dass der damalige Generalsekretär des Zentralkomitees der Kommunistischen Partei der Sowjetunion und spätere Präsident Michail Gorbatschow am 6. Oktober 1989 in Ostberlin »Unter den Linden« seiner Karosse entstieg, einen Kranz für die Opfer des Faschismus niederlegte und anschließend westlichen Journalisten spontan eine Erklärung abgab.

Der Übersetzer Arno Lange machte Gorbatschows Worte verständlich, und das klang dann so: »Ich halte es für sehr wichtig, den Zeitpunkt nicht zu verpassen und keine Chance zu vertun ... Wenn wir zurückbleiben, bestraft uns das Leben sofort.« Weil das für die Medien nicht griffig genug erschien, wurde der Wortlaut verkürzt in: »Wer zu spät kommt, den bestraft das Leben.«

Am 3. Oktober wurden geboren:

Clive Owen (*1964), brit. Schauspieler; **Steve Reich** (*1936), US-amerikan. Komponist; **Thomas Wolfe** (1900–1938), US-amerikan. Schriftsteller; **Louis Aragon** (1897–1982), frz. Schriftsteller; **Carl von Ossietzky** (1889–1938), dt. Publizist, Friedensnobelpreisträger 1935; **Eleonora Duse** (1858–1924), italien. Schauspielerin

Ist es wahr, dass ...? 2011

Ist es wahr, dass geistige Fitness vor Alzheimer schützt?

⚖ Waage · 40. Woche · 07:27 ☉ 18:54 | 15:28 ☽ –

4 Dienstag
Oktober

2011

Vielleicht!

Verantwortlich für den fortschreitenden Verlust der geistigen Fähigkeiten bei einer Alzheimererkrankung sind Eiweißablagerungen in den Nervenzellen des Gehirns. In der Folge sterben Nervenzellen ab und das Gehirn schrumpft um bis zu 20%. Gleichzeitig verringert sich die Produktion des Botenstoffes Acetylcholin, was die Leistungsfähigkeit des Gehirns beeinträchtigt.

Bisher gibt es kein Medikament, das geeignet ist, die Patienten zu heilen. Bestenfalls hinauszögern lässt sich der Prozess. Ziemlich gesichert scheint aber, dass ein höherer Bildungsgrad zwar nicht vor Alzheimer schützt, die Hirnleistung aber weniger stark nachlässt als bei Menschen, die anspruchslosen Tätigkeiten nachgegangen sind. Wahrscheinlich ist das Gehirn von Bessergebildeten eher in der Lage, die durch die Ablagerungen hervorgerufenen Schäden auszugleichen.

Am 4. Oktober wurden geboren:

Robert Wilson (*1941), US-amerikan. Theaterkünstler; **Franz Vranitzky** (*1937), österreich. SPÖ-Politiker, Bundeskanzler 1986–97; **Witalij L. Ginzburg** (1916–2009), russ. Physiker, Physiknobelpreisträger 2003; **Buster Keaton** (1895–1966), US-amerikan. Schauspieler und Regisseur; **Luis Trenker** (1892–1990), Südtiroler Schauspieler, Regisseur und Schriftsteller; **Lucas Cranach der Jüngere** (1515–1586), dt. Maler

Ist es wahr, dass Maulwürfe blind sind?

♎ Waage　　40. Woche　　07:28 ☉ 18:52 | 16:00 ☽ 00:15

5 Mittwoch

Oktober

2011

Nein!

Ein Maulwurf hat tatsächlich Augen, die etwas – wenn auch nicht viel – sehen können. Lediglich hell und dunkel vermag das Tierchen zu unterscheiden. Weil sie nur die Größe eines Stecknadelkopfes haben, verschwinden die Augen im Maulwurfsfell, sodass der Eindruck entsteht, das Tier habe gar keine. Im Prinzip braucht er sie auch nicht, da er ohnehin die meiste Zeit seines Lebens in dunklen Gängen unter der Erde verbringt.

Was er für das Leben unter Tage benötigt, ist seine hochsensible Schnauze mit ihren Tasthaaren und dem Rüssel. Darauf befinden sich viele Sinneszellen, mit denen er nicht nur mühelos jeden Weg findet und sich durch seine Welt riecht, sondern auch feinste Bodenerschütterungen wahrnimmt. Nach hinten hin sichert er sich mit seinem Schwanz ab, der ebenfalls über Tasthaare verfügt.

Am 5. Oktober wurden geboren:

Kate Winslet (*1975), brit. Schauspielerin; **James Rizzi** (*1950), US-amerikan. Künstler; **A. R. Penck,** eigtl. **Ralf Winkler** (*1939), dt. Maler und Bildhauer; **Václav Havel** (*1936), tschech. Schriftsteller und Politiker, Staatspräsident 1993–2003; **Ida Rubinstein** (1888–1960), russ. Tänzerin und Schauspielerin; **Denis Diderot** (1713–1784), frz. Schriftsteller und Philosoph

Ist es wahr, dass Honig sehr lange haltbar ist?

⚖ Waage 40. Woche 07:30 ☉ 18:50 | 16:25 ☾ 01:26

6 **Donnerstag**
   Oktober

2011

Ja!

Honig ist laut Aussage einiger Imker bei sachgemäßer Lagerung »ewig« haltbar. Dunkel, kühl und luftdicht muss der Honig gelagert werden, wenn man auch noch nach Jahren an ihm Freude haben will. Damit Verbraucher wissen, wie alt das gelbe Süße ist, das sie erwerben wollen, schreibt der Gesetzgeber seit der Ernte 2005 die Angabe eines Haltbarkeitsdatums vor.

Die Bayerische Landesanstalt für Weinbau und Gartenbau geht von einer zweijährigen Haltbarkeit aus, falls der Imker bei der Herstellung die nötige Sorgfalt hat walten lassen. Honig kann »nach Ablauf der Mindesthaltbarkeit aber durchaus noch verzehrfähig sein«.

Der Grund für die lange Haltbarkeit ergibt sich aus dem hohen Zucker- und geringen Wassergehalt. Zucker wirkt als Konservierungsmittel, sodass sich der Honig quasi selbst haltbar macht.

Am 6. Oktober wurden geboren:

Louis Begley, eigtl. **Ludwik Begleiter** (*1933), poln.-US-amerikan. Schriftsteller; **Thor Heyerdahl** (1914 bis 2002), norweg. Ethnologe und Altertumsforscher; **Meret Oppenheim** (1913–1985), dt.-schweizer. Malerin; **Carole Lombard** (1908–1942), US-amerikan. Schauspielerin; **Wolfgang Liebeneiner** (1905 bis 1987), dt. Schauspieler und Regisseur; **Le Corbusier** (1887–1965), frz.-schweizer. Architekt und Städteplaner; **Jenny Lind** (1820–1887), schwed. Sängerin (Sopran)

Ist es wahr, dass …? 2011

Ist es wahr, dass
Karotten
die Haut brauner machen?

♎ Waage　　40. Woche　　07:32 ☉ 18:47 | 16:46 ☽ 02:36

7 Freitag
Oktober

2011

Ja!

Wer täglich einige Möhren isst, bekommt mit der Zeit eine gelblich orange Hautfarbe. Verantwortlich hierfür ist das Carotin, das in den Möhren reichlich enthalten ist. Blasse Menschen laufen deshalb Gefahr, eher gelb statt braun zu werden. Wer sich jedoch zusätzlich in der Sonne aufhält und die Melaninproduktion in seiner Haut in Gang setzt, erhält neben der Karottenbräune noch die Sonnenbräune, was in Summe zu einem anderen Braun führen kann. Wem das Gelb zu viel wird, der setzt die Möhrchen einfach wieder ab.

Beim Sonnenbaden wirken sich Carotinoide jedoch eher hinderlich aus, da sie dafür sorgen, dass die Haut weniger empfindlich auf die Sonne reagiert. Außerdem binden Sie die freien Radikalen, die sich aus der Sonneneinstrahlung ergeben, und reduzieren damit das Krebsrisiko.

Am 7. Oktober wurden geboren:

Wladimir Putin (*1952), russ. Politiker, Staatspräsident 2000–08; **Thomas Keneally** (*1935), austral. Schriftsteller; **Desmond Mpilo Tutu** (*1931), südafrikan. anglikanischer Bischof, Friedensnobelpreisträger 1984; **Georg Leber** (*1920), dt. SPD-Politiker; **Annemarie Renger** (1919–2008), dt. SPD-Politikerin; **Niels Bohr** (1885–1962), dän. Physiker, Physiknobelpreisträger 1922

Ist es wahr, dass auch Affen schwimmen lernen müssen?

⚖ Waage   40. Woche   07:33 | 07:35 ☉ 18:45 | 18:43 | 17:04 | 17:22 ☽ 03:44 | 04:51

**8 | 9 Samstag
Sonntag
Oktober**

2011

Ja!

Wer einen Hund hat, der gern Stöckchen holt, hat vielleicht schon mitbekommen, dass Fiffi schwimmt, wenn das Stöckchen im Wasser landet. Er schwimmt einfach so, obwohl es ihm niemand beigebracht hat. Genauso machen das Pferde, Elefanten, Kühe …

Unsere nächsten tierischen Verwandten, die Menschenaffen, können jedoch nicht schwimmen. Sie müssten es genauso lernen wie wir, wenn sie die mit Wasser gefüllten Gräben, die ihre Gehege in Zoos gelegentlich vom Rest der Welt trennen, überwinden wollten.

Es gibt jedoch Affenarten, die Wasser zu ihrem zweiten Lebensraum gemacht haben. So lebt der Nasenaffe in den Mangrovensümpfen von Borneo und kann deshalb gut schwimmen und tauchen. Der Javaneraffe schwimmt sogar im Meer, um sich Krabben zu ertauchen. Und der Japanmakak badet im Winter mit schneebedecktem Haupthaar gern in heißen Quellen.

Am 8. Oktober wurden geboren:

Jakob Arjouni (*1964), dt. Schriftsteller; **Helmut Qualtinger** (1928–1986), österreich. Schriftsteller, Kabarettist und Schauspieler; **Juan Domingo Perón** (1895–1974), argentin. General und Politiker, Präsident 1946–55 und 1973/74; **Max Slevogt** (1868–1932), dt. Maler und Grafiker

Am 9. Oktober wurden geboren:

John Lennon (1940–1980), brit. Popmusiker; **Wolfgang Staudte** (1906–1984), dt. Filmregisseur; **Heinrich George** (1893–1946), dt. Schauspieler; **Helene Deutsch** (1884–1982), österreich.-US-amerikan. Psychoanalytikerin; **Camille Saint-Saëns** (1835–1921), frz. Komponist

Ist es wahr, dass …? 2011

Ist es wahr, dass Muränen gefährlich sind?

♎ Waage 41. Woche 07:37 ☉ 18:41 | 17:39 ☽ 05:57

10 **Montag**
Oktober

2011

Ja!

Wenn ein Taucher in die Privatsphäre einer Muräne eindringt, kann es für ihn unangenehm werden. Greift er mit seinem Arm in eine Felsspalte, läuft er Gefahr, Bekanntschaft mit den kräftigen Zähnen einer Muräne zu machen. Die hält sich tagsüber gut versteckt in Löchern und Spalten aller Art auf und reagiert empfindlich, wenn sie gestört wird. Selbst wenn eine Muräne aus ihrem Versteck herausguckt, behält der kluge Taucher besser die Finger bei sich. Ein Muränengebiss hat nämlich die unangenehme Eigenschaft, von Bakterien besiedelt zu sein, was Bisswunden schlecht heilen lässt.

Muränen sind scheue Tiere. In Korallenriffen, die von Touristen heimgesucht werden, werden sie vom Menschen gefüttert, sodass sie zutraulich werden können. Dann bedrängen sie sogar bisweilen Taucher und schnappen nach ihnen, weil sie Futter haben wollen.

Am 10. Oktober wurden geboren:

Gert Voss (*1941), dt. Schauspieler; **Harold Pinter** (1930–2008), brit. Dramatiker und Regisseur, Literaturnobelpreisträger 2005; **Thelonius Monk** (1917–1982), US-amerikan. Jazzmusiker; **Claude Simon** (1913 bis 2005), frz. Schriftsteller, Literaturnobelpreisträger 1985; **Alberto Giacometti** (1901–1966), schweizer. Bildhauer und Grafiker; **Fridtjof Nansen** (1861–1930), norweg. Polarforscher, Zoologe und Diplomat; **Giuseppe Verdi** (1813–1901), italien. Komponist

Ist es wahr, dass …? 2011

Die Kalender 2012 sind da!

 14,99 €

 14,99 €

 14,99 €

 14,99 €

 14,99 €

 14,99 €

 9,99 €

 14,99 €

 14,99 €

 14,99 €

 3,99

Besuchen Sie uns im Internet: www.harenberg-kalender.de

Meine Bestellung

Nutzen Sie dieses Serviceblatt zur Bestellung, indem Sie die Anzahl der gewünschten Exemplare vorn in die Kästchen eintragen, oder fragen Sie in Ihrer Buchhandlung bzw. in der Buchabteilung großer Warenhäuser nach.

☐ Ja, ich bestelle **Kalender 2012** wie auf der Vorderseite eingetragen.

☐ Ja, ich bestelle die **Harenberg Sammelbox** wie auf der Vorderseite eingetragen.

Absender

Anrede ☐ Frau ☐ Herr Titel _____ Geburtsjahr |___|___|___|___|

_____
Name

_____
Vorname

_____
Straße/Haus-Nr.

_____
PLZ/Ort

_____
Telefon/E-Mail

_____
Datum/Unterschrift   Ist es wahr, dass ...? 2011

Die auf der Vorderseite abgebildeten Titel waren bei Drucklegung des Kalenders in Planung.
Eine Gewähr für ihr Erscheinen besteht nicht. Bei den Preisen sind Änderungen vorbehalten.
Bei Nutzung dieses Bestellscheins erfolgt der Versand innerhalb Deutschlands portofrei.

Ja, der KV&H Verlag darf diese Angaben speichern. Er stellt sicher, dass meine Daten nicht an Dritte weitergegeben werden. Ich bin damit einverstanden, dass Sie mir gelegentlich neue Angebote zusenden (Text ggf. streichen).

Per Post

Kundenservice Kalender
Postfach 10 03 11 · 68003 Mannheim

Per Fax

06 21/39 01-76 880

Per E-Mail

bestellen@
derkalenderverlag.de

Ist es wahr, dass ein mündlich geschlossener Vertrag verbindlich ist?

♎ Waage 41. Woche 07:38 ☉ 18:39 | 17:57 ☽ 07:03

11 Dienstag
Oktober

2011

Ja!

Und das ist auch gut so, denn sonst wäre beispielsweise der tägliche Einkauf eine Qual. Ein Vertrag liegt dann vor, wenn zwei übereinstimmende Willenserklärungen vorliegen, die eine bestimmte Rechtsfolge herbeiführen sollen. Konkret: Wer einen Kaufvertrag abschließt, bestätigt, dass er eine Sache zu einem bestimmten Preis kaufen oder verkaufen will. Demnach kommen auch bei Einkäufen jedes Mal Kaufverträge zustande, ohne dass es schriftlich festgehalten werden muss.

Es gibt jedoch Kaufverträge, bei denen die Schriftform vorgeschrieben ist, damit sie gültig werden. Das ist bei Grundstücks- und Immobilien(ver)käufen beispielsweise der Fall. Hier muss zusätzlich zur schriftlichen Fixierung sogar ein Notar zur Beurkundung eingeschaltet werden.

Am 11. Oktober wurden geboren:

Renate Lingor (*1975), dt. Fußballspielerin; **Saul Friedländer** (*1932), israel. Historiker; **Liselotte Pulver** (*1929), schweizer. Schauspielerin; **Hans Söhnker** (1903–1981), dt. Schauspieler; **Karl Hofer** (1878–1955), dt. Maler und Grafiker; **Conrad Ferdinand Meyer** (1825–1898), schweizer. Schriftsteller

Ist es wahr, dass …? 2011

Ist es wahr, dass der Homo sapiens bereits Australien erreicht hat, bevor er in Europa erschienen ist?

LESERFRAGE von **Peter G.** aus Weil der Stadt

⚖ Waage 41. Woche 07:40 ☉ 18:36 | 18:18 ○ 08:09

12 Mittwoch
Oktober

2011

Vielleicht!

Wissenschaftler von der Australian National University stellten die These auf, dass sich der moderne Mensch in Australien unabhängig von der Menschengruppe in Ostafrika entwickelt hat. Bisher war man der Meinung, dass die Wiege der Menschheit in Afrika gelegen hatte und sich der Mensch von dort aus über die ganze Welt ausbreitete.

1974 wurde dann ein menschliches Skelett am Lake Mungo in New South Wales gefunden, dessen Alter auf mindestens 56 000 Jahre geschätzt wird. Seine DNA und Merkmale seines Skeletts unterscheiden ihn von den Menschen, die vor 150 000 Jahren von Afrika aus die Erde besiedelt haben sollen. Daraus schließen die Forscher, dass der Mungomann nicht aus Afrika stammt, sondern sich seine Art parallel zu seinen Genossen in Afrika entwickelt haben muss.

Am 12. Oktober wurden geboren:

Marion Jones (*1975), US-amerikan. Leichtathletin (Sprinterin, Weitspringerin); **Luciano Pavarotti** (1935 bis 2007), italien. Sänger (Tenor); **Richard Meier** (*1934), US-amerikan. Architekt; **Wolfgang Fortner** (1907–1987), dt. Komponist und Dirigent; **Ding Ling** (1904–1986), chines. Schriftstellerin; **Edith Stein** (1891–1942), dt. Karmelitin und Philosophin

Ist es wahr, dass …? 2011

Ist es wahr, dass es schon früher **Rauchverbote** gab?

⚖ Waage 41. Woche 07:42 ☉ 18:34 | 18:42 ☾ 09:15

13 **Donnerstag**
Oktober

2011

Ja!

Schon im 17. Jahrhundert gab es in Europa Rauchverbote, wie es in der Bulle »Cum Ecclesia« vom 30. Januar 1642 vermerkt ist. Auch eine Art Tabaksteuer ließen sich die Mächtigen in der Türkei und Russland einfallen und führten eine Luxussteuer auf das Rauchen ein. Gleichzeitig wurden bestimmte Bereiche für Raucher gesperrt, so beispielsweise Kirchen. Teilweise versuchte man die Raucher mit Strafen zur Vernunft zu bringen. Zar Michail Romanow hatte Verbannung und Exkommunikation in petto; im Herzogtum Lüneburg konnten Raucher bis 1692 sogar hingerichtet werden.

Im Ersten Weltkrieg dann durften die Soldaten in den Schützengräben nicht rauchen, um den Feind nicht auf sich aufmerksam zu machen. Rauchfreie Zonen in Zügen wurden schon im 19. Jahrhundert geschaffen.

Am 13. Oktober wurden geboren:

Paul Simon (*1941), US-amerikan. Sänger; **Christine Nöstlinger** (*1936), österreich. Schriftstellerin; **Margaret Hilda Thatcher** (*1925), brit. konservative Politikerin, erste Premierministerin Großbritanniens 1979–90; **Yves Montand** (1921–1991), frz. Chansonsänger und Schauspieler; **Kurt Schumacher** (1895 bis 1952), dt. SPD-Politiker; **Rudolf Virchow** (1821–1902), dt. Mediziner und liberaler Politiker

Ist es wahr, dass …? 2011

Ist es wahr, dass das Trinken von Meerwasser zum Wahnsinn führt?

⚖ Waage   41. Woche   07:43 ☉ 18:32 | 19:10 ☾ 10:20

14 Freitag
Oktober

2011

Ja!

Wenn ein Mensch in einer Notsituation Meerwasser trinkt, entzieht das darin enthaltene Salz den Körperzellen Wasser. Der Salzgehalt im Körper steigt und die Nieren können das Zuviel an Salz nicht ausscheiden. Der Körper dehydriert, der Mensch verdurstet. Trinkt jemand 1 l Salzwasser, müsste er etwa 1 3/4 l Süßwasser trinken, um den Salzgehalt wieder auf das normale Maß zu senken.

Als Folge des akuten Wassermangels werden zuerst die Zellen des Nervensystems geschädigt, was sich in Nervosität und Aggressivität äußert. Dann beginnen Halluzinationen – und damit der Wahnsinn. Zu guter Letzt fällt der Verdurstende ins Koma. Entscheidend für diese Vorgänge ist die Menge an Meerwasser, die jemand trinkt. Eine geringe Menge, die durch vorhandenes Süßwasser wieder ausgeglichen werden kann, führt natürlich nicht zum Wahnsinn.

Am 14. Oktober wurden geboren:

Roger Moore (*1927), brit. Schauspieler; **Hannah Arendt** (1906–1975), dt.-US-amerikan. Schriftstellerin und Politologin; **Heinrich Lübke** (1894–1972), dt. CDU-Politiker, Bundespräsident 1959–69; **E(dward) E(stlin) Cummings** (1894–1962), US-amerikan. Schriftsteller; **Dwight D. Eisenhower** (1890–1969), US-amerikan. Politiker (Republikaner), Präsident der USA 1953–61; **Katherine Mansfield** (1888–1923), neuseeländ. Schriftstellerin

Ist es wahr, dass Zitronen Messing zum Glänzen bringen?

♎ Waage | 41. Woche | 07:45 | 07:47 ☉ 18:30 | 18:28 | 19:45 | 20:29 ☾ 11:22 | 12:20

15 | **16** Samstag
Sonntag
Oktober

2011

Ja!

Das so schön golden glänzende Messing bekommt mit der Zeit einen grünlichen Überzug, die Patina. Der Grund: Messing ist eine Legierung aus Zink und Kupfer, wobei der Kupferanteil zwischen 56 und 90% betragen kann. Kupfer hat die Eigenschaft, »anzulaufen«, sodass dies auch beim Messing passiert. Auch wenn Messing neben Kupfer weitere Bestandteile wie Aluminium, Eisen oder Nickel enthält, kann es oxidieren.

Was Oma schon wusste: Dagegen hilft eine Zitrone. Frucht halbieren, Messing damit einreiben und Säure einwirken lassen. Dann kommt ein Poliertuch zum Einsatz, um die Zitronensäurereste samt Patina zu entfernen. Wer der natürlichen Wirkung der Zitronensäure nicht traut, kann auch auf handelsübliche Messingreiniger zurückgreifen.

Am 15. Oktober wurden geboren:

David Trimble (*1944), nordir. Politiker, Friedensnobelpreisträger 1998; **Mario Puzo** (1920–1999), US-amerikan. Schriftsteller; **Friedrich Nietzsche** (1844–1900), dt. Philosoph; **Friedrich Wilhelm IV.** (1795 bis 1861), preuß. König 1840–61

Am 16. Oktober wurden geboren:

Günter Grass (*1927), dt. Schriftsteller, Literaturnobelpreisträger 1999; **Eugene O'Neill** (1888–1953), US-amerikan. Dramatiker, Literaturnobelpreisträger 1936; **David Ben Gurion** (1886–1973), israel. Mapai-Politiker, Ministerpräsident 1948–53 und 1955–63; **Adolph Freiherr von Knigge** (1752–1796), dt. Schriftsteller

Ist es wahr, dass …? 2011

Ist es wahr, dass Deutschland im Zweiten Weltkrieg England und Frankreich den Krieg erklärt hat?

♎ Waage   42. Woche   07:48 ☉ 18:26 | 21:21 ☾ 13:12

17 Montag
Oktober

2011

Nein!

Keine Frage, die Aggressionen, die zum Zweiten Weltkrieg führten, gingen vom nationalsozialistischen Deutschland aus. Deutsche Truppen überfielen – ohne vorhergehende Kriegserklärung – am 1. September 1939 Polen und gaben damit den Startschuss für einen globalen Krieg, der mindestens 50 Millionen Menschen das Leben kostete. Einen Grund für den Einmarsch konstruierten die Deutschen selbst. So überfielen SS-Männer am 31. August 1939 als polnische Widerstandskämpfer verkleidet den Sender Gleiwitz und erklärten im Namen Polens den Krieg gegen Deutschland.

Frankreich und Großbritannien stellten aufgrund eines Abkommens mit Polen am 2. September ein Ultimatum für den sofortigen Abzug aller deutschen Truppen. Weil dies nicht passierte, erklärten die beiden Staaten Deutschland am 3. September den Krieg.

Am 17. Oktober wurden geboren:

Christoph Marthaler (*1951), schweizer. Bühnenregisseur und Komponist; **Montgomery Clift** (1920 bis 1966), US-amerikan. Schauspieler; **Rita Hayworth** (1918–1987), US-amerikan. Schauspielerin; **Arthur Miller** (1915–2005), US-amerikan. Dramatiker; **Alexander Sutherland Neill** (1883–1973), brit. Pädagoge (Summerhill); **Alfred Polgar** (1873–1955), österreich. Schriftsteller und Kritiker; **Georg Büchner** (1813 bis 1837), dt. Schriftsteller

Ist es wahr, dass …? 2011

Ist es wahr, dass man Dinosaurier züchten kann?

♎ Waage   42. Woche   07:50 ☉ 18:24 | 22:22 ☾ 13:56

18 **Dienstag**
Oktober

2011

Nein!

Die Idee stammt aus einem Buch. Eine in Bernstein eingeschlossene Mücke, die kurz vor ihrem Ableben Dinoblut gesaugt hatte, liefert das genetische Material, um daraus Dinosaurier zu züchten. Wie jeder weiß, endet das Ganze in einer Katastrophe.

Das Problem, das sich potenziellen Dinozüchtern auftut, liegt in der Beschaffung von »weichem Material«, aus dem DNA gewonnen werden könnte. Muskeln, Gewebe oder Blut sind längst der Verwesung anheimgefallen, sodass selbst Berichte über zwei erfolgreiche DNA-Funde angezweifelt werden.

Ein kanadischer Forscher geht einen anderen Weg. Er will die DNA von Hühnerembryos manipulieren, damit diese schon im Ei Merkmale von Dinos entwickeln. Schließlich seien Vögel ja die Nachfahren der Dinosaurier, argumentiert er in seinem Buch »Wie man Dinosaurier macht«.

Am 18. Oktober wurden geboren:

Martina Navratilova (*1956), tschech.-US-amerikan. Tennisspielerin; **Klaus Kinski** (1926–1991), dt. Schauspieler; **Melina Mercouri** (1925–1994), griech. Schauspielerin und Politikerin; **Lotte Lenya** (1898–1981), österreich. Sängerin und Schauspielerin; **Heinrich von Kleist** (1777–1811), dt. Schriftsteller; **Eugen, Prinz von Savoyen-Carignan** (1663–1736), österreich. Feldherr und Staatsmann

Ist es wahr, dass die »Saure-Gurken-Zeit« etwas mit sauren Gurken zu tun hat?

♎ Waage   42. Woche   07:52 ☉ 18:22 | 23:31 ☾ 14:33

19 Mittwoch
Oktober

2011

Nein!

Der Begriff stammt höchstwahrscheinlich vom jiddischen »Zóres- und Jókresszeit«, was »Zeit der Not und der Teuerung« bedeutet. Im Rotwelschen wurde daraus die Saure-Gurken-Zeit, die seit dem späten 18. Jahrhundert eine Zeit der Lebensmittelknappheit charakterisiert.

Da hierzulande Nahrungsmittel nicht wirklich knapp sind, hat die Saure-Gurken-Zeit eine andere Bedeutung erlangt. Geschäftsleute bezeichnen damit die Zeit im Hochsommer, wenn alle Deutschen Spanien belagern und die Geschäfte hier leer bleiben. Das Parlament hat ebenfalls Pause und die Journalisten nichts zu berichten, sodass auch sie saure Gurken essen oder eben ins Sommerloch fallen.

Übrigens haben auch die Engländer mit der »cucumbertime« ihre Gurkenzeit.

Am 19. Oktober wurden geboren:

John Le Carré (*1931), brit. Schriftsteller; **Hilde Spiel** (1911–1990), österreich. Schriftstellerin und Kritikerin; **Miguel Ángel Asturias** (1899–1974), guatemaltek. Schriftsteller, Literaturnobelpreisträger 1967; **Hermann Claudius** (1878–1980), dt. Schriftsteller; **Luigi Albertini** (1871–1941), italien. Publizist und liberaler Politiker; **Annie Smith Peck** (1850–1935), US-amerikan. Bergsteigerin

Ist es wahr, dass …? 2011

Ist es wahr, dass man mit *kalt gepressten Ölen* nicht braten soll?

♎ Waage　　42. Woche　　07:53 ☉ 18:19 | – ☾ 15:03

20 **Donnerstag**
Oktober

2011

Manchmal!

Es kommt auf das Öl an, ob es sich zum Braten eignet oder nicht. Kalt gepresste Öle bestehen zu einem Großteil aus ungesättigten oder mehrfach ungesättigten Fettsäuren, die das Gesunde im Öl ausmachen. Werden sie zum Braten hohen Temperaturen ausgesetzt, werden die Fettsäuren zerstört und es können sich Peroxide oder aus den Proteinen und pflanzlichen Inhaltsstoffen andere giftige Substanzen bilden. Es gibt jedoch kalt gepresste Öle, die auch beim Braten stabil sind. Dazu zählt beispielsweise Olivenöl, das größtenteils aus einfach ungesättigten Fettsäuren besteht.

Wer sichergehen will, beim Braten nichts falsch zu machen, weicht ausnahmsweise auf Öle mit gesättigten Fettsäuren aus wie Raps- oder Erdnussöl. Wer auf sein kalt Gepresstes nicht verzichten mag, wählt beim Braten die mittlere Temperatur.

Am 20. Oktober wurden geboren:

Elfriede Jelinek (*1946), österreich. Schriftstellerin, Literaturnobelpreisträgerin 2004; **Christiane Nüsslein-Volhard** (*1942), dt. Biologin, Medizinnobelpreisträgerin 1995; **Jean-Pierre Melville** (1917–1973), frz. Filmregisseur; **Grete Schickedanz** (1911–1994), dt. Unternehmerin (»Quelle«); **Arthur Rimbaud** (1854 bis 1891), frz. Dichter; **Christopher Wren** (1632–1723), engl. Baumeister, Astronom und Mathematiker

Ist es wahr, dass …? 2011

Ist es wahr, dass es im Wilden Westen ursprünglich keine Pferde gab?

⎯ Waage · 42. Woche · 07:55 ☉ 18:17 | 00:44 ☾ 15:30

21 Freitag Oktober **2011**

Ja!

Das untrennbar mit Indianern verbundene Reittier kam erst mit der Ankunft der Spanier im 16. Jahrhundert nach Nordamerika. Einige entlaufene Pferde vornehmlich der Marke Araber und Berber kamen in der freien Wildbahn gut zurecht und schlossen sich zu Mustangherden zusammen, wo sie alsbald auch auf Indianer trafen.

Die Indianer verehrten die Pferde zunächst als heilige Tiere, nutzten sie aber schnell als Fleischlieferanten. Es dauerte ein Jahrhundert, bis auch die Indianer die Reitkunst beherrschten und Pferde für die Jagd, den Transport oder den Kampf einsetzten.

Vor der Ankunft der Hauspferde hat es wahrscheinlich schon Wildpferdartige in Amerika gegeben, die aber wohl vor 2,5 Millionen Jahren ausstarben.

Am 21. Oktober wurden geboren:

Leo Kirch (*1926), dt. Medienunternehmer; **Dizzy Gillespie,** eigtl. **John Birks** (1917–1993), US-amerikan. Jazzmusiker; **Georg Solti** (1912–1997), ungar.-brit. Dirigent; **Claire Waldoff** (1884–1957), dt. Kabarettistin, Sängerin und Schauspielerin; **Alfred Nobel** (1833–1896), schwed. Chemiker und Industrieller, Erfinder des Dynamits, Nobelpreisstifter; **Alphonse de Lamartine** (1790–1869), frz. Dichter der Romantik und liberaler Politiker

Ist es wahr, dass der Ätna der aktivste Vulkan in Europa ist?

♏ Skorpion 42. Woche 07:57 | 07:59 ☉ 18:15 | 18:13 | 02:01 | 03:21 ☾ 15:53 | 16:16

22 | 23 Samstag Sonntag Oktober **2011**

Nein!

Der an der Ostküste Siziliens gelegene 3350 m hohe Ätna ist zweifelsohne einer der aktivsten Vulkane in Europa, ja sogar der Welt. Seit dem ersten schriftlichen Zeugnis eines Ausbruchs vor 2700 Jahren ist der Ätna rund 400-mal ausgebrochen, wobei sich so manche Eruption über mehrere Jahre hinzog. Die Auswirkungen waren oft weithin zu spüren wie etwa 44 v. Chr., als die Asche des Vulkans Rom verdunkelte und Missernten in Ägypten zur Folge hatte.

Doch ein anderer Italiener stellt selbst den Ätna in den Schatten: der Stromboli, der sich auf der gleichnamigen Insel nördlich der Fußspitze des Stiefels befindet. Der Stromboli ist ständig aktiv und spuckt Lavafetzen, Schlacken und Asche aus. Längere Ruhephasen wie der Ätna kennt er nicht, auch wenn stärkere Ausbrüche eher selten sind.

Am 22. Oktober wurden geboren:

Cathérine Deneuve (*1943), frz. Schauspielerin; **Robert Rauschenberg** (1925–2008), US-amerikan. Maler und Grafiker; **Doris Lessing** (*1919), engl. Schriftstellerin, Literaturnobelpreisträgerin 2007; **Sarah Bernhardt** (1844–1923), frz. Schauspielerin

Am 23. Oktober wurden geboren:

Pelé, eigtl. **Edson Arantes do Nascimento** (*1940), brasilian. Fußballspieler; **Leszek Kolakowski** (1927 bis 2009), poln. Philosoph; **Pierre Larousse** (1817–1875), frz. Verleger und Lexikograf; **Adalbert Stifter** (1805 bis 1868), österreich. Schriftsteller; **Albert Lortzing** (1801–1851), dt. Opernkomponist

Ist es wahr, dass …? 2011

Ist es wahr, dass es gegen Viren kein Mittel gibt?

♏ Skorpion   43. Woche   08:00 ☉ 18:11 | 04:44 ☾ 16:38

24 **Montag**

Oktober

2011

Nein!

Es kommt darauf an, wo sich das Virus befindet. In der großen weiten Welt kann man dem Virus mit Chlor, Äther, UV-Licht, Röntgenstrahlen oder Hitze zu Leibe rücken. Dabei wird entweder die Hülle oder die Erbsubstanz der Biester zerstört.

Hat das Virus jedoch einmal einen menschlichen Körper infiltriert, sieht die Sache anders aus. Ein Virus besteht aus einer eiweißhaltigen Hülle, die die Erbsubstanzen DNA und RNA enthält. Mehr nicht. Befällt ein Virus einen Organismus, schleust es sein Erbmaterial in eine Wirtszelle ein, die daraufhin beginnt, Viren zu produzieren. Da es sehr eng an die jeweilige Wirtszelle gebunden ist, würde ein Medikament, das hier ansetzt, auch die menschliche DNA beschädigen. Deshalb versucht man derzeit, die Virenvermehrung mit Medikamenten zu stoppen.

Am 24. Oktober wurden geboren:

Isolde Ohlbaum (*1947), dt. Fotografin; **Gilbert Bécaud** (1927–2001), frz. Chansonsänger; **Horst Stern** (*1922), dt. Journalist und Schriftsteller; **Karlfried Graf Dürckheim** (1896–1988), dt. Psychotherapeut; **August von Platen** (1796–1835), dt. Schriftsteller; **Anna Amalie** (1739–1807), Herzogin von Sachsen-Weimar-Eisenach

Ist es wahr, dass …? 2011

Ist es wahr, dass Winston Churchill den Ausdruck »Eiserner Vorhang« geprägt hat?

♏ Skorpion 43. Woche 08:02 ☉ 18:09 | 06:09 ☾ 17:03

25 Dienstag
Oktober

2011

Nein!

Der Ausdruck taucht schon zu Beginn des 20. Jahrhunderts in mehreren Werken auf, so beispielsweise im 1904 erschienenen Roman »The food of the Gods« von H. G. Wells oder im 1918 von Wassili Rosanow geschriebenen Buch »Die Apokalypse unserer Zeit«, in dem der Autor die isolierte Stellung der Russischen Föderation innerhalb Europas beschreibt. Zitat: »Unter Rasseln, Knarren und Kreischen senkt sich ein eiserner Vorhang auf die russische Geschichte [...] herab. Die Vorstellung geht zu Ende.«

Bezogen auf die Grenze zwischen Ost und West ist der Kommunist Lev Nikulin einer der Ersten, die damit eine Grenzlinie zwischen der damaligen Sowjetunion und Westeuropa beschreiben. Während und nach dem Zweiten Weltkrieg verwendeten Winston Churchill und Konrad Adenauer den Begriff, der bis heute für die Grenze und politische Unfreiheit steht.

Am 25. Oktober wurden geboren:

Birgit Prinz (*1977), dt. Fußballspielerin; **Anne Tyler** (*1941), US-amerikan. Schriftstellerin; **Peter Rühmkorf** (1929–2008), dt. Schriftsteller; **Dieter Borsche** (1909–1982), dt. Schauspieler; **Pablo Picasso** (1881 bis 1973), span. Maler, Grafiker und Bildhauer; **Georges Bizet** (1838–1875), frz. Komponist; **Johann Strauß (Sohn)** (1825–1899), österreich. Komponist

Ist es wahr, dass ...? 2011

Ist es wahr, dass Schnecken mit Haus auf die Welt kommen?

♏ Skorpion 43. Woche 08:04 ☉ 18:07 | 07:36 ● 17:31

26 Mittwoch Oktober

2011

Ja!

Große Schnecken mit großem Haus waren einmal kleine Schnecken mit kleinem Haus. Sobald die Schneckchen auf die Welt kommen, sind sie schon stolze Eigenheimbesitzer. Viele Schnecken entwickeln sich aus Eiern und schon im Ei hat die Minischnecke ihr winziges, noch durchsichtiges Häuschen. Wenn sie dann die Eihülle fressen und ihre erste Wohnung verlassen, nehmen sie ihr Haus natürlich mit.

Das Haus der kleinen Schnecke besitzt noch einen recht scharfen Rand, der sich erst im Lauf des Schneckenlebens langsam verdickt. Ihr Haus baut die Schnecke von innen heraus auf. Den dazu notwendigen Kalk gewinnt sie aus der Nahrung oder aus dem Boden, wenn sie mit ihrer schleimigen Unterseite darüber kriecht. Der weiche »Mantel«, der in der Schale sitzt, sondert den Kalk schließlich ab und lässt das Schneckenhaus bis zur Geschlechtsreife wachsen.

Am 26. Oktober wurden geboren:

Hillary Rodham Clinton (*1947), US-amerikan. Politikerin (Demokraten) und Juristin, Außenministerin seit 2009; **Ulrich Plenzdorf** (1934–2007), dt. Schriftsteller; **François Mitterrand** (1916–1996), frz. sozialistischer Politiker, Staatspräsident 1981–95; **Don Siegel** (1912–1991), US-amerikan. Filmregisseur; **Mahalia Jackson** (1911–1972), US-amerikan. Gospel- und Bluessängerin; **Beryl Markham** (1902–1986), engl. Flugpionierin; **Helmuth Graf von Moltke** (1800–1891), preuß. Generalfeldmarschall

Ist es wahr, dass …? 2011

Ist es wahr, dass Bohnen giftig sind?

♏ Skorpion 43. Woche 08:05 ☉ 18:06 | 09:03 ☾ 18:07

27 Donnerstag
Oktober

2011

Ja!

Rohe Bohnen können durchaus als Mordwerkzeug herhalten. Sechs rohe Bohnen können sogar ein Kind töten. Bohnen enthalten Phasin, ein Eiweiß, das Zucker bindet. Gelangt es ins Blut, verklumpen die roten Blutkörperchen, was Symptome wie Erbrechen, Durchfall und Magen-Darm-Beschwerden verursacht. Selbst bei Erwachsenen können vier bis fünf rote Nierenbohnen diese Erscheinungen hervorrufen.

Um die Bohnen zu entgiften, lässt man sie keimen, was den Phasingehalt senkt. Wer dann Bohnenkeimlinge essen möchte, muss sie nur wenige Minuten in kochendem Wasser blanchieren, um das Phasin vollständig zu eleminieren. Wer lieber ungekeimte Bohnen mag, kocht sie mindestens 15 Minuten lang. Dadurch wird Phasin denaturiert, also seine Proteinstruktur verändert.

Am 27. Oktober wurden geboren:

Vanessa Mae (*1978), brit. Violinistin; **Sylvia Plath** (1932–1963), US-amerikan. Schriftstellerin; **Dylan Thomas** (1914–1953), brit. Schriftsteller; **Theodore Roosevelt** (1858–1919), US-amerikan. Politiker (Republikaner), Präsident der USA 1901–09; **James Cook** (1728–1779), brit. Seefahrer und Entdecker; **Erasmus von Rotterdam** (1469–1536), niederländ. Humanist und Theologe

Ist es wahr, dass …? 2011

Ist es wahr, dass Neandertaler unsere Vorfahren sind?

♏ Skorpion   43. Woche   08:07 ☉ 18:04 | 10:25 ☽ 18:51

28 Freitag
Oktober

2011

Nein!

Die Neandertaler waren Verwandte des modernen Menschen, wissenschaftlich Homo sapiens. Beide gehören zur Gattung »Homo« und haben sich von einem gemeinsamen Urmenschen, der in Afrika gelebt hat, entwickelt.

Es gab den gemeinsamen Vorfahren Homo erectus, der vor zwei Millionen Jahren gelebt haben soll. Ein Teil dieser Urmenschen besiedelte Europa, ein Teil blieb in Afrika. Diese sollen sich zu Homo sapiens weiterentwickelt haben, während die europäischen Vertreter zum Neandertaler wurden. Vor 40 000 Jahren trafen beide Gruppen in Europa wieder aufeinander, als der Homo sapiens Afrika in Richtung Norden verließ.

Rund 60 000 Jahre lebten beide Menschenarten nebeneinander, bis der Neandertaler ausstarb. Ob sich beide Arten vermischten, wird unter Forschern derzeit heftig diskutiert.

Am 28. Oktober wurden geboren:

Julia Roberts (*1967), US-amerikan. Schauspielerin; **Bill Gates** (*1955), US-amerikan. Computer-Unternehmer; **Horst Antes** (*1936), dt. Maler, Bildhauer und Grafiker; **Francis Bacon** (1909–1992), brit. Maler; **Anna Elizabeth Dickinson** (1842–1932), US-amerikan. Frauenrechtlerin; **Georges Jacques Danton** (1759–1794), frz. Revolutionär

Ist es wahr, dass …? 2011

Ist es wahr, dass man täglich

»müssen«

muss?

♏ Skorpion · 43. Woche · 08:09 | 07:11 ☉ 18:02 | 17:00 | 11:38 | 11:38 ☽ 19:46 | 19:50

29 | **30** Samstag
Sonntag | Winterzeit
Oktober **2011**

Nein!

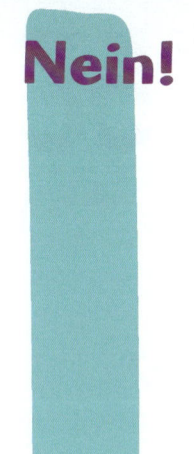

Täglich zu müssen, liegt im Trend, denn die meisten Menschen machen täglich ihr großes Geschäft, mancher sogar mehrmals am Tag. Es ist jedoch nicht krankhaft, wenn das stille Örtchen auch nur dreimal pro Woche aufgesucht wird. Ebenso vielfältig wie die Menschen ist die Gewohnheit, Festes auszuscheiden. Erst wenn sich Unwohlsein und Völlegefühl einstellen und Druck beim Pressen notwendig wird, könnte es sich um Verstopfung handeln. Umgekehrt legt übel riechender, schleimiger Stuhl nahe, dass Durchfall im Anzug ist.

Einen großen Einfluss auf Häufigkeit, Beschaffenheit und Menge hat die Ernährung. Ballaststoffe und ein gutes Maß an Flüssigkeit gefallen dem Darm. Auch Bewegung hält ihn auf Trab. Und vielleicht muss man dann ja doch täglich müssen, ob man will oder nicht.

Am 29. Oktober wurden geboren:

Dieter Nuhr (*1960), dt. Kabarettist; **Richard Dreyfuss** (*1947), US-amerikan. Schauspieler; **Niki de Saint Phalle** (1930–2002), frz. Bildhauerin und Malerin; **Eddie Constantine** (1917–1993), US-amerikan.-frz. Schauspieler und Sänger

Am 30. Oktober wurden geboren:

Diego Armando Maradona (*1960), argentin. Fußballspieler; **Louis Malle** (1932–1995), frz. Filmregisseur; **Paul Valéry** (1871–1945), frz. Schriftsteller; **Hermann Fürst von Pückler-Muskau** (1785–1871), dt. Reiseschriftsteller und Landschaftsgärtner

Ist es wahr, dass …? 2011

Ist es wahr, dass man Hühner leasen kann?

♏ Skorpion   44. Woche   07:12 ☉ 16:58 | 12:24 ☽ 21:01

31 Montag
Reformationstag
Oktober

2011

Ja!

Der Weg zum persönlichen Frühstücksei führt über ein geleastes Huhn. Wer in der Nähe eines Hühnerleasinganbieters wohnt, kann dort für einen Jahresbeitrag ein Huhn leasen. Dann gibt es entweder täglich oder sechsmal die Woche ein Ei vom persönlichen Huhn. Zunächst sucht sich der Eiliebhaber »sein« Huhn aus, bekommt vielleicht eine Urkunde und kann somit sicher sein, von genau diesem Huhn sein Ei zu bekommen. Besucht er sein Huhn, kann er es streicheln und ihm das eine oder andere Leckerli mitbringen.

Doch nicht nur Hühner kann der Tierfreund leasen. Auch das Pferdeleasing erfreut sich wachsender Beliebtheit. Über einen Zeitraum von drei bis vier Jahren wird ein Leasingvertrag abgeschlossen, der vom einfachen Reittier bis hin zum 500 000-Euro-Pferd reichen kann. Nach Ablauf des Vertrages kann das Pferd »zurückgegeben« werden.

Am 31. Oktober wurden geboren:

Peter Jackson (*1961), neuseeländ. Filmregisseur; **Andrea Breth** (*1952), dt. Regisseurin und Theaterleiterin; **August Everding** (1928–1999), dt. Regisseur und Intendant; **Fritz Walter** (1920–2002), dt. Fußballspieler; **Helmut Newton** (1920–2004), dt.-austral. Fotograf; **Jan Vermeer**, gen. **Vermeer van Delft** (1632 bis 1675), niederländ. Maler

Ist es wahr, dass …? 2011

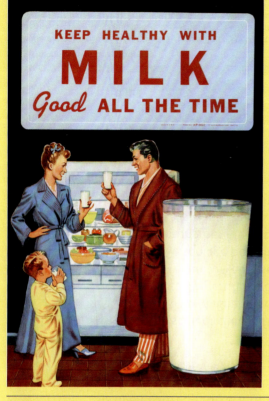

Ist es wahr, dass Milch bei Vergiftungen hilft?

♏ Skorpion 44. Woche 07:14 ☉ 16:56 | 13:00 ☽ 22:13

1 Dienstag
Allerheiligen
November

2011

Nein!

Milch kann bei einer Vergiftung die Auswirkungen sogar verschlimmern, weil manche Substanzen in Kombination mit Milch schneller über den Magen-Darm-Trakt in den Körper gelangen. Hat jemand eine giftige Pflanze gefuttert, führt das Fett in der Milch dazu, dass sich die Giftstoffe aus der Pflanze schneller lösen und die Vergiftung schneller einsetzen kann.

Da bei unterschiedlichen Giften auch unterschiedliche Erste-Hilfe-Maßnahmen greifen, sollte umgehend ein Notarzt gerufen werden. Selbst sorgt man beim Betroffenen für lebenserhaltende Maßnahmen wie stabile Seitenlage bei Ohnmacht oder Mund-zu-Mund-Beatmung bei Atemstillstand. Dabei müssen gegebenenfalls Handschuhe oder Mundschutz getragen werden, damit das Gift nicht auf den Helfer übergeht.

Am 1. November wurden geboren:

Katja Riemann (*1963), dt. Schauspielerin; **Edgar Reitz** (*1932), dt. Filmregisseur und Produzent; **Günter de Bruyn** (*1926), dt. Schriftsteller; **Ilse Aichinger** (*1921), österreich. Schriftstellerin; **Anton Flettner** (1885–1961), dt. Ingenieur und Erfinder (Flettner-Rotor); **Minna Cauer** (1842–1922), dt. Frauenrechtlerin

Ist es wahr, dass **Eunuchen** keinen Geschlechtsverkehr haben können?

♏ Skorpion　　44. Woche　　07:16 ☉ 16:54 | 13:28 ☽ 23:25

2 Mittwoch

November

2011

Nein!

Je nach Art der Kastration kann ein Eunuch noch Geschlechtsverkehr haben, nämlich dann, wenn ihm »nur« die Hoden entfernt wurden. Eine Erektion findet nämlich dann statt, wenn mehr Blut in den Penis gelangt und sich die Schwellkörper füllen. Anders sieht es aus, wenn auch der Penis dran glauben musste. Dann geht gar nichts mehr.

Doch bevor aus einem Jungen oder Mann ein Eunuch werden konnte, musste die Kastration überlebt werden. Das war angesichts der Infektionsgefahr ein ziemliches Risiko, sodass viele Betroffene als »Eunuchenneulinge« starben. Überstand man die Prozedur, war eine Anstellung als Palasteunuch möglich. Oft erlangten Eunuchen hohe Positionen und wurden Berater oder Minister. Sie waren für den jeweiligen Herrscher aufgrund ihrer fehlenden Potenz keine Gefahr und wurden deshalb als loyale Diener angesehen.

Am 2. November wurden geboren:

Richard Serra (*1939), US-amerikan. Bildhauer; **Sophia** (*1938), Königin von Spanien als Gattin von Juan Carlos I.; **Burt Lancaster** (1913–1994), US-amerikan. Schauspieler; **Luchino Visconti** (1906–1976), italien. Filmregisseur; **Warren Gamaliel Harding** (1865–1923), US-amerikan. Politiker, Präsident der USA 1921–23; **Marie Antoinette** (1755–1793), Königin von Frankreich als Frau von Ludwig XVI.

Ist es wahr, dass …? 2011

Ist es wahr, dass Aale Süßwasserfische sind?

♏ Skorpion   44. Woche   07:18 ☉ 16:53 | 13:50 ☽ –

3 Donnerstag
November

2011

Nein!

Aale sind überall zu Hause: im Meer, in Bächen und Flüssen und teilweise sogar an Land. Das Leben des Fettfisches beginnt im Meer. In der unweit der Bahamas gelegenen Sargassosee schlüpfen die Aallarven, die wegen ihrer Form auch »Weidenblattlarven« genannt werden.

Nach einer dreijährigen Reise gelangen sie an die europäische Küste, werden zum Glasaal und entern flussaufwärts die Binnengewässer, wo sie bisweilen auch Strecken über feuchtes Land zurücklegen. Die jetzt »Steigaal« oder »Gelbaal« genannten Fische wachsen im Süßwasser während der nächsten zwölf bis 15 Jahre zu geschlechtsreifen Aalen heran. Danach machen sie sich als »Blankaal« zu ihrer Geburtsstätte in die Sargassosee auf, um dort abzulaichen – und zu sterben.

Am 3. November wurden geboren:

Dieter Wellershoff (*1925), dt. Schriftsteller; **Charles Bronson** (1921–2003), US-amerikan. Schauspieler; **Marika Rökk** (1913–2004), ungar.-dt. Tänzerin, Schauspielerin und Sängerin; **André Malraux** (1901–1976), frz. Schriftsteller und Politiker; **Karl Baedeker** (1801–1859), dt. Verleger; **Vincenzo Bellini** (1801–1835), italien. Komponist; **Benvenuto Cellini** (1500–1571), italien. Goldschmied, Medailleur und Bildhauer des Manierismus

Ist es wahr, dass …? 2011

Ist es wahr, dass man seinen Führerschein verlieren kann, wenn man betrunken Fahrrad fährt?

♏ Skorpion · 44. Woche · 07:19 ☉ 16:51 | 14:10 ☽ 00:35

4 Freitag
November

2011

Ja!

Wer glaubt, sich abfüllen zu können, und danach beschwingt aufs Fahrrad steigt, riskiert seinen Führerschein. Ab einem Promillegehalt von 1,6 im Blut gehen Richter davon aus, dass der Radler von seiner Persönlichkeit her geeignet ist, auch betrunken ins Auto zu steigen. Das heißt: Wer viel trinkt und dann radelt, ist so verlottert, dass er auch besoffen ins Auto steigt.

Das musste auch ein Mann erfahren, der mit 2,09 Promille auf dem Drahtesel erwischt worden ist. Er musste seinen Führerschein abgeben, weil die Richter bezweifelten, dass er überhaupt in der Lage sei, ein Kraftfahrzeug zu führen. Als problematisch für den Mann erwies sich seine Vorgeschichte, denn die ließ darauf schließen, dass seine alkoholisierte Radtour kein Einzelfall war.

Am 4. November wurden geboren:

Luis Figo (*1972), portugies. Fußballspieler; **Christina »Tina« Theune-Meyer** (*1953), dt. Fußballtrainerin; **Robert Mapplethorpe** (1946–1989), US-amerikan. Fotograf; **Judy Winter** (*1944), dt. Schauspielerin; **Thomas Klestil** (1932–2004), österreich. Politiker, Bundespräsident 1992–2004; **Klabund** (1890–1928), dt. Schriftsteller

Ist es wahr, dass ...? 2011

Ist es wahr, dass ein Zeppelin vergleichsweise sicher war?

♏ Skorpion | 44. Woche | 07:21 | 07:23 ☉ 16:49 | 16:48 | 14:28 | 14:45 ☾ 01:43 | 02:49

2011

Nein!

Sein majestätisches Schweben am Himmel verleiht ihm eine Aura des Unzerstörbaren, doch das trügt. Vor dem Ersten Weltkrieg glich die Fahrt mit einem Zeppelin russischem Roulette. Hält der Zeppelin durch? Gibt es ein Gewitter? Kommt man lebend an? Von den ersten 20 Zeppelinen fanden nur sechs einen »natürlichen Tod« und wurden abgewrackt. Die anderen wurden Opfer von Schlampigkeiten oder ungünstigen Wetterverhältnissen.

Nach dem Ersten Weltkrieg drehten die himmlischen Riesen weiter ihre Runden, teilweise zuverlässig wie die LZ-126, die acht Jahre lang bei den US-Amerikanern ihren Dienst versah. Doch immer wieder überschatteten Unfälle mit Toten die Zeppelinfahrt: 1921 bis 1923: 130 Tote, 1930: 112 Tote und 1937: 36 Tote bei der Katastrophe von Lakehurst. Das bedeutete das Aus für die Starrluftschiffe.

Am 5. November wurden geboren:

Uwe Seeler (*1936), dt. Fußballspieler; **Rudolf Augstein** (1923–2002), dt. Publizist und Herausgeber (»Der Spiegel«); **Vivien Leigh** (1913–1967), engl. Schauspielerin; **Hans Sachs** (1494–1576), dt. Meistersinger

Am 6. November wurden geboren:

James Jones (1921–1977), US-amerikan. Schriftsteller; **Julius Hackethal** (1921–1997), dt. Mediziner; **Robert Musil** (1880–1942), österreich. Schriftsteller; **Julia Agrippina die Jüngere** (15–59), röm. Kaiserin als vierte Gattin von Claudius, Gründerin von Köln

Ist es wahr, dass …? 2011

Ist es wahr, dass nur *Milch* pasteurisiert wird?

♏ Skorpion　　45. Woche　　07:25 ☉ 16:46 | 15:03 ☽ 03:55

7 Montag
November

2011

Nein!

Auf der gewöhnlichen Milchpackung steht es drauf. Und deshalb ist es uns hier auch besonders geläufig, dass Milch pasteurisiert wird. Aber tatsächlich werden auch zahlreiche andere Lebensmittel durch eine kurzzeitige Erhitzung haltbar gemacht. Wein zählt dazu, Fruchtsaft, Bier ebenfalls und auch Sauerkonserven sowie Fischprodukte werden pasteurisiert.

Durch die Erhitzung bis auf 85 °C bleiben die Geschmacksstoffe und Nährstoffe weitgehend erhalten, während Mikroorganismen, die das Lebensmittel verderben können, abgetötet werden. Keimfrei wird das Pasteurisierte jedoch nicht, sodass das Lebensmittel zwar mehrere Tage lang haltbar ist, aber spätestens nach einer Woche dem Verderb anheimfallen kann.

Am 7. November wurden geboren:

Albert Camus (1913–1960), frz. Schriftsteller, Literaturnobelpreisträger 1957; **Konrad Lorenz** (1903–1989), österreich. Verhaltensforscher, Medizinnobelpreisträger 1973; **Leo Trotzki** (1879–1940), russ. Revolutionär und sowjet. Politiker; **Lise Meitner** (1878–1968), österreich.-schwed. Atomphysikerin; **Marie Curie** (1867–1934), frz.-poln. Chemikerin, Physiknobelpreisträgerin 1903, Chemienobelpreisträgerin 1911

Ist es wahr, dass …? 2011

Ist es wahr, dass sich eine Zwiebelpflanze selbst in die Erde ziehen kann?

♏ SKORPION 45. Woche 07:26 ☉ 16:44 | 15:23 ☽ 05:00

8 **Dienstag**
     November **2011**

Ja!

Einige Zwiebelpflanzen wie Tulpen, Krokusse, Iris oder Narzissen besitzen Zugwurzeln, mit denen sie sich buchstäblich tiefer ins Erdreich eingraben können. Dank ihrer Eigenschaft, sich zusammenziehen zu können, graben sie sich in einem Monat um rund 1,5 cm in die Erde und ziehen die an ihnen hängende Zwiebel mit in die Tiefe.

Der Grund hierfür liegt auf der Hand: Die Pflanze sucht sich die für sie angenehmsten Bodenbedingungen aus. Ist es zu kalt oder schwankt die Temperatur stark, verzieht sie sich ins tiefere Erdreich, weil dort konstantere Temperaturen herrschen. Deshalb ist es in kälteren Regionen nicht unbedingt ratsam, Zwiebelpflanzen ausgraben zu wollen, denn sie können durchaus 30 cm und mehr ins Erdreich wandern.

Am 8. November wurden geboren:

Kazuo Ishiguro (*1954), japan.-brit. Schriftsteller; **Alain Delon** (*1935), frz. Schauspieler; **Christiaan Barnard** (1922–2001), südafrikan. Herzchirurg; **Peter Weiss** (1916–1982), dt. Schriftsteller; **Margaret Mitchell** (1900–1949), US-amerikan. Schriftstellerin; **Bram Stoker** (1847–1912), ir. Schriftsteller

Ist es wahr, dass die NSDAP die Bücherverbrennung angezettelt hat?

♏ Skorpion　　　45. Woche　　　07:28 ☉ 16:43 | 15:46 ☽ 06:06

9 Mittwoch

November　　　　　　　　　　　　　**2011**

Nein!

Es passte gut ins Konzept der NS-Propaganda, doch angezettelt wurde die Bücherverbrennung 1933 von der vom NS-Studentenbund beherrschten Deutschen Studentenschaft unter Beteiligung der Hitlerjugend.

In einer »Aktion wider den undeutschen Geist« wurden Zehntausende Bücher mit vermeintlich deutschfeindlichem Inhalt öffentlich auf Scheiterhaufen verbrannt. Rund 70 000 Schaulustige versammelten sich am 10. Mai 1933 auf dem Berliner Opernplatz und in 21 anderen deutschen Städten, um Menschenketten zu bilden und Bücher von Sigmund Freud, Heinrich Heine, Erich Kästner oder Karl Marx ins Feuer zu werfen.

Weil es regnete und die Bücherhaufen zunächst nicht angezündet werden konnten, war die Feuerwehr so freundlich, mit Benzinkanistern nachzuhelfen.

Am 9. November wurden geboren:

Sven Hannawald (*1974), dt. Skispringer; **Bille August** (*1948), dän. Filmregisseur; **Anne Sexton** (1928 bis 1974), US-amerikan. Dichterin; **Imre Kertész** (*1929), ungar. Schriftsteller, Literaturnobelpreisträger 2002; **Hermann Weyl** (1885–1955), dt.-US-amerikan. Mathematiker (Feldtheorie); **Iwan Turgenjew** (1818–1883), russ. Schriftsteller

Ist es wahr, dass …? 2011

Ist es wahr, dass die Tulpe aus Holland kommt?

♏, Skorpion 45. Woche 07:30 ☉ 16:41 | 16:13 ○ 07:11

10
Donnerstag

November

2011

Nein!

Käse, Windmühlen und Frau Antje – alles Gute kommt aus Holland, nur die Tulpe nicht. Sie kommt ursprünglich aus dem östlichen Mittelmeerraum, wo sie laut Aufzeichnungen in altpersischer Literatur schon mindestens seit dem 9. Jahrhundert kultiviert wird. Die Türken brachten die Tulpe im 16. Jahrhundert nach Mittel- und Westeuropa.

Der niederländische Botaniker Carolus Clusius sorgte für die Verbreitung der Tulpe und beglückte beispielsweise Österreich mit dem damals exotischen Gewächs. So wundert es kaum, dass Holland schon gegen Ende des 16. Jahrhunderts das Tulpenmekka schlechthin war. Ein wahrer Tulpenboom mit neuen Sorten war die Folge. Zwischenzeitlich wurde die Tulpe sogar zu einem Spekulationsobjekt. Heute kommen rund 80% der Tulpen aus den Niederlanden.

Am 10. November wurden geboren:

Jens Lehmann (*1969), dt. Fußballtorhüter; **Richard Burton** (1925–1984), brit. Schauspieler; **Carl Friedrich Wilhelm Borgward** (1890–1963), dt. Automobilproduzent; **Arnold Zweig** (1887–1968), dt. Schriftsteller; **Friedrich von Schiller** (1759–1805), dt. Dichter; **William Hogarth** (1697–1764), engl. Maler und Kupferstecher; **Martin Luther** (1483–1546), dt. Reformator

Ist es wahr, dass sich alle Vögel mausern?

♏ Skorpion   45. Woche   07:32 ☉ 16:40 | 16:46 ☾ 08:15

11 **Freitag**
Martinstag
November

2011

Ja!

Um ihr Gefieder zu erneuern und Parasiten loszuwerden, mausern sich Vögel in regelmäßigen Abständen. Das tut auch der rund 1,8 kg schwere Phönixhahn, doch lässt er dabei eine Stelle seines Federkleides aus: Aufgrund einer genetischen Besonderheit – er besitzt das Gen Gt – bleibt ein Teil seiner Schwanzfedern von der Mauser unberührt. Sie wachsen immer weiter und können bei einer speziell auf diese Rasse ausgerichteten Haltung bis zu 10 m lang werden.

Der Phönix oder Onagadori ist eine japanische Zierhühnerrasse, über deren Ursprünge nichts bekannt ist. 1923 wurde die Rasse zum japanischen Kulturdenkmal erklärt. Die extreme Schwanzlänge ist das Resultat einer gezielten Züchtung mit Inzucht und Auslese.

Am 11. November wurden geboren:

Leonardo DiCaprio (*1974), US-amerikan. Schauspieler; **Hans Magnus Enzensberger** (*1929), dt. Schriftsteller; **Gustav VI. Adolf** (1882–1973), König von Schweden 1950–73; **Alfred Hermann Fried** (1864–1921), österreich. Pazifist, Friedensnobelpreisträger 1911; **Fjodor M. Dostojewski** (1821–1881), russ. Schriftsteller; **Heinrich IV.** (1050–1106), röm.-dt. König und Kaiser (Gang nach Canossa 1077)

Ist es wahr, dass …? 2011

Ist es wahr, dass der
Molotowcocktail
nach Wjatscheslaw Molotow benannt ist?

♏ Skorpion　　45. Woche　　07:33 | 07:35 ☉ 16:38 | 16:37　|　17:27 | 18:17 ☾ 09:15 | 10:08

12 | 13 Samstag
Sonntag | Volkstrauertag
November **2011**

Ja!

Eine mit einer brennbaren Flüssigkeit gefüllte Flasche wird mit einem Zünder versehen, angezündet und geworfen. Der in Deutschland als verbotene Waffe eingestufte Molotowcocktail wurde tatsächlich nach dem ehemaligen sowjetischen Außenminister Wjatscheslaw Molotow benannt. Den Einfall, den Wurfbrandsatz nach Molotow zu benennen, hatten die Finnen. Sie sahen in ihm den Verantwortlichen für die sowjetische Invasion in Finnland im Winter 1939/40.

Um sowjetische Panzer in großem Stil in Brand setzen zu können, wurden die finnischen Cocktails industriell in einer staatseigenen Firma hergestellt. 450 000 Stück sind damals angefertigt worden. So viel Zerstörungspotenzial fanden auch die Deutschen gut und verbreiteten Anleitungen zur Herstellung der »Brandflasche«.

Am 12. November wurden geboren:

Neil Young (*1945), kanad. Rockmusiker; **Grace Kelly** (1929–1982), als Gracia Patricia Fürstin von Monaco; **Michael Ende** (1929–1995), dt. Schriftsteller; **Loriot**, eigtl. **Vicco von Bülow** (*1923), dt. satirischer Zeichner, Schauspieler und Regisseur; **Auguste Rodin** (1840–1917), frz. Bildhauer

Am 13. November wurden geboren:

Peter Härtling (*1933), dt. Schriftsteller; **Mary Wigman** (1886–1973), dt. Tänzerin, Choreografin und Tanzpädagogin; **Robert Louis Stevenson** (1850–1894), schott. Schriftsteller; **Augustinus** (354–430), latein. Kirchenlehrer

Ist es wahr, dass …? 2011

Ist es wahr, dass bei Rabattaktionen der Verstand aussetzt?

♏ Skorpion — 46. Woche — 07:37 ☉ 16:35 | 19:16 ☾ 10:55

14 Montag
November

2011

Ja!

Sobald wir ein Schild mit den fett gedruckten Lettern »RABATT« sehen, brechen sich unsere Urinstinkte Bahn. Das Belohnungszentrum im Gehirn meldet Hochstimmung, das Kontroll- und Verstandeszentrum geht derweil in den Dauerschlaf. Alles fertig zum Kauf! Selbst wenn Aktionen wie »eine Gurke für 59 Cent, drei Gurken für 1,89 Euro« die Käufer auf die Probe stellen, werden die meisten tatsächlich den höheren Preis für drei Gurken bezahlen, als sich drei einzelne zu kaufen.

Geht es um Produkte im höheren Preissegment, dann wird das Schmerzzentrum im Gehirn gepeinigt, was auch eine direkte Auswirkung darauf hat, welche Qualität einem Produkt zugeschrieben wird: »Was teuer ist, muss gut sein«, folgern Menschen in ihrer Schlichtheit im Allgemeinen und die Hersteller von Luxusartikeln im Besonderen.

Am 14. November wurden geboren:

Condoleezza Rice (*1954), US-amerikan. Politikerin (Republikaner), Außenministerin 2004–09; **Charles, Prince of Wales** (*1948), brit. Thronfolger; **Hussein II.** (1935–1999), König von Jordanien 1952–99; **Astrid Lindgren** (1907–2002), schwed. Kinderbuchautorin; **Jawaharlal Nehru** (1889–1964), ind. Politiker, Premierminister 1947–64; **Sonia Delaunay** (1885–1979), frz.-russ. Malerin und Designerin; **Claude Monet** (1840–1926), frz. Maler

Ist es wahr, dass …? 2011

Ist es wahr, dass Gipfelstürmer Eintrittsgeld bezahlen müssen?

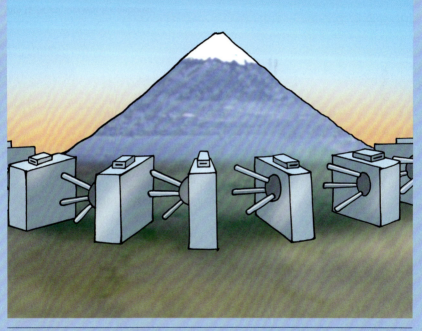

♏ Skorpion   46. Woche   07:39 ☉ 16:34 | 20:22 ☾ 11:33

15 Dienstag
November

2011

Je nachdem!

Wer einen hohen Gipfel erklimmen will, muss nicht nur einige körperliche Strapazen auf sich nehmen, sondern soll künftig an bestimmten Orten auch Eintrittsgeld dafür bezahlen. Geht es nach dem Willen des Bürgermeisters der am Fudschijama gelegenen Gemeinde Fuji-Yoshida, soll jeder Bergsteiger sieben Euro bezahlen, wenn er auf den 3776 m hohen Nationalberg Japans klettern will.

Was sich zunächst einmal merkwürdig anhört, hat einen ernsten Hintergrund. Jährlich suchen mehr als 400 000 Kletterer den Berg heim – und das nur in den Monaten Juli und August. Teilweise findet man sich mit 3000 Mitkletterern auf dem Gipfel wieder. Wo viele Menschen zusammenkommen, bleibt auch viel Müll zurück, dessen Beseitigung eine Menge Geld kostet. Das sollte der Naturfreund einsehen und diesen Beitrag ohne Murren leisten.

Am 15. November wurden geboren:

Daniel Barenboim (*1942), israel. Pianist und Dirigent; **Wolf Biermann** (*1936), dt. Schriftsteller und Liedermacher; **Chinua Achebe** (*1930), nigerian. Schriftsteller; **Claus Graf Schenk von Stauffenberg** (1907 bis 1944), dt. Offizier und Widerstandskämpfer gegen das NS-Regime; **Georgia O'Keeffe** (1887–1986), US-amerikan. Malerin; **Gerhart Hauptmann** (1862–1946), dt. Schriftsteller, Literaturnobelpreisträger 1912; **Johann Kaspar Lavater** (1741–1801), schweizer. ev. Theologe und Philosoph

Ist es wahr, dass …? 2011

Ist es wahr, dass der Schiefe Turm von Pisa das schiefste Gebäude ist?

♏ Skorpion   46. Woche   07:40 ☉ 16:33 | 21:32 ☾ 12:05

16 Mittwoch
Buß- und Bettag
November

2011

Nein!

Der Schiefe Turm von Pisa ist zwar der bekannteste schiefe Turm, noch schiefer ist aber der Schiefe Turm von Suurhusen in der ostfriesischen Gemeinde Hinte. Der 27,37 m hohe Turm hat einen Überhang von 2,47 m und damit eine Neigung von 5,19 Grad. Zum Vergleich: Die Neigung des Schiefen Turms von Pisa beträgt 3,97 Grad.

Rund 400 Jahre stand der im Jahr 1450 errichtete Turm, der an eine schon bestehende Kirche angebaut worden war, sicher auf seinem Eichenfundament. 1885 bemerkte man, dass sich der Kirchturm »selbstständig« machte. Wahrscheinlich begann das Eichenfundament des Turms zu verrotten, weil sich der Grundwasserspiegel abgesenkt hatte und die Eichenstämme dadurch nicht mehr konserviert wurden.

1996 erreichte der Turm seine heutige Neigung und wankt seither – auch dank verschiedener Sicherungsmaßnahmen – nicht mehr.

Am 16. November wurden geboren:

Lothar Späth (*1937), dt. CDU-Politiker und Unternehmer, Ministerpräsident von Baden-Württemberg 1978–91; **José Saramago** (*1922), portugies. Schriftsteller, Literaturnobelpreisträger 1998; **Paul Hindemith** (1895–1963), dt. Komponist; **Richard Nikolaus Graf von Coudenhove-Kalergi** (1894–1972), österreich. Schriftsteller und Politiker, Gründer der Paneuropa-Bewegung; **Tiberius** (42 v. Chr.–37 n. Chr.), röm. Kaiser 14–37

Ist es wahr, dass

Pollen

nur im Frühjahr und Sommer unterwegs sind?

♏ Skorpion 46. Woche 07:42 ☉ 16:31 | 22:46 ☾ 12:32

17 Donnerstag
November

2011

Nein!

Auch im Winter dürfen sich Pollenallergiker nicht auf der sicheren Seite wähnen. Zwar besteht die Chance auf ein paar pollenfreie Wochen, doch ein Restrisiko bleibt, wenn das Wetter nicht mitspielt. Ist der Winter warm, tummeln sich schon im Januar Haselpollen in der Luft. Im Februar kommen die Erlenpollen dazu und den März hasst der Pollenallergiker sowieso schon, weil dann die Saison beginnt.

Blieben der Oktober und der November zum Durchatmen, doch auch hier kann ein Zuviel an Sonne wieder Pein verursachen. Dann nämlich kann der Blütenstaub von Birke, Erle und Hasel Probleme bereiten.

Am 17. November wurden geboren:

Sophie Marceau (*1966), frz. Schauspielerin; **Martin Scorsese** (*1942), US-amerikan. Filmregisseur; **Rock Hudson** (1925–1985), US-amerikan. Schauspieler; **Walter Hallstein** (1901–1982), dt. CDU-Politiker (Hallstein-Doktrin); **Curt Goetz** (1888–1960), dt. Schriftsteller und Schauspieler; **Isabelle Eberhardt** (1877 bis 1904), russ. Reiseschriftstellerin; **Vespasian** (9–79), röm. Kaiser 69–79

Ist es wahr, dass das Taschentuch zum Naseputzen erfunden wurde?

♏ Skorpion　　　46. Woche　　　07:44 ☉ 16:30 | − ☾ 12:56

18 **Freitag**
November

2011

Nein!

Zu Beginn seiner Karriere verdingte sich das Taschentuch als Schweißtuch. Die aus ägyptischem Leinen bestehenden Stofflappen steckte sich der vornehme Römer in seine Togafalte, um sich damit jederzeit säubern zu können. Schweiß, Blut und Tränen hüllten das Taschentuch so mancher jungen Dame im Mittelalter ein, wenn der edle Recke es mit in den Kampf nahm und seiner Angebeteten nach seiner Rückkehr wieder überreichte.

Im 15. Jahrhundert dann war das Taschentuch ein Luxusartikel. Kunstvoll bestickte Läppchen waren zu kostbar, als dass es jemand gewagt hätte, hineinzuschnäuzen. Sie dienten hauptsächlich repräsentativen Zwecken oder als Träger von Parfüm, um mal eben den schlosseigenen Geruch übertünchen zu können. Damit war zumindest die Annäherung an die Nase geschaffen.

Am 18. November wurden geboren:

Wolfgang Joop (*1944), dt. Modedesigner und Unternehmer; **Margaret Atwood** (*1939), kanad. Schriftstellerin; **Alan Shepard** (1923–1998), US-amerikan. Astronaut, 1961 als erster US-Amerikaner im Weltraum; **Compay Segundo**, eigtl. **Maximo Francisco Repilado Munoz** (1907–2003), kuban. Sänger und Gitarrist (»Buena Vista Social Club«); **Klaus Mann** (1906–1949), dt. Schriftsteller; **Carl Maria von Weber** (1786–1826), dt. Komponist

Ist es wahr, dass …? 2011

Ist es wahr, dass die Antibabypille allein für den Geburtenrückgang verantwortlich ist?

♏ Skorpion | 46. Woche | 07:45 | 07:47 ☉ 16:29 | 16:28 | 00:02 | 01:20 ☾ 13:18 | 13:39

19 | 20 Samstag
Totensonntag
November **2011**

Nein!

Eine einfache und wirksame Verhütungsmethode trägt sicherlich dazu bei, dass die Kinderzahl abnimmt, ist aber nicht der alleinige Grund. In entwickelten Ländern spielt auch die veränderte Rolle der Frau eine große Rolle. Das Heimchen am Herd war gestern. Heute ist es für Frauen hierzulande selbstverständlich, eine gute Ausbildung anzustreben und im Job Karriere zu machen. Wenn dann im Umfeld keine vernünftigen Kinderbetreuungsangebote vorhanden sind, entscheiden sich Paare häufiger gegen Kinder und für die Karriere.

Auch sind Kinder heute nicht mehr für die Altersvorsorge wichtig, weil der Staat diese Rolle – weitgehend – übernommen hat. Und wer als Berufstätiger keine Kinder zu finanzieren hat, kann mehr in seine private Altersvorsorge stecken.

Am 19. November wurden geboren:

Jodie Foster (*1962), US-amerikan. Schauspielerin und Regisseurin; **Calvin Klein** (*1942), US-amerikan. Modedesigner und Unternehmer; **Indira Gandhi** (1917–1984), ind. Politikerin, Premierministerin 1966 bis 1977 und 1980–84

Am 20. November wurden geboren:

René Kollo (*1937), dt. Sänger (Tenor); **Robert F. Kennedy** (1925–1968), US-amerikan. Politiker (Demokraten); **Nadine Gordimer** (*1923), südafrikan. Schriftstellerin, Literaturnobelpreisträgerin 1991; **Selma Lagerlöf** (1858–1940), schwed. Schriftstellerin, Literaturnobelpreisträgerin 1909

Ist es wahr, dass …? 2011

Ist es wahr, dass im Kolosseum Christen gestorben sind?

Gladiatorenkämpfe, Netzfechter und Samnit.

♏ Skorpion | 47. Woche | 07:49 ☉ 16:26 | 02:41 ☾ 14:02

21 Montag November **2011**

Nein!

Wenn Christen im alten Rom zu Tode kamen und den Löwen zum Fraß vorgeworfen wurden, geschah das höchstwahrscheinlich im Zirkus des Nero. Kaiser Caligula hatte die Unterhaltungsstätte am südlichen Abhang des Vatikanischen Hügels in der Nähe des heutigen Petersdoms bauen lassen. Der Ausspruch aus der Apologie des Tertullian: »Die Christen den Löwen zum Fraß« gibt hiervon Zeugnis. Auch Petrus soll dort im Jahr 64 oder 67 unter Kaiser Nero den Märtyrertod gestorben sein.

Im Kolosseum wurde auch gemeuchelt, wahrscheinlich so viel wie nirgendwo sonst auf der Welt im Verhältnis zur Fläche. Während seiner mehr als 400-jährigen Betriebszeit sollen bis zu 500000 Menschen und Millionen von Tieren ihr Leben gelassen haben, und das vornehmlich bei Gladiatorenkämpfen, Tierhatzen und Hinrichtungen.

Am 21. November wurden geboren:

Björk, eigtl. **Björk Gudmundsdottir** (*1965), isländ. Popsängerin, Komponistin und Schauspielerin; **Marilyn French** (1929–2009), US-amerikan. Schriftstellerin; **René Magritte** (1898–1967), belg. Maler; **Viktoria von Preußen** (1840–1901), dt. Kaiserin; **Friedrich Schleiermacher** (1768–1834), dt. ev. Theologe, Philosoph und Pädagoge; **Voltaire,** eigtl. **François Marie Arouet** (1694–1778), frz. Schriftsteller und Philosoph

Ist es wahr, dass der Südpol kälter als der Nordpol ist?

♐ Schütze 47. Woche 07:50 ☉ 16:25 | 04:04 ☾ 14:28

22 **Dienstag**
November **2011**

Ja!

Im Jahresmittel kann der Nordpol −15 bis −20 °C für sich verbuchen, Tendenz steigend. Der Südpol erreicht im Schnitt rund 20 Grad weniger. Dafür, dass er selbst im Sommer nicht wärmer als −10 °C wird, sorgt seine Lage in rund 3200 m über Meereshöhe. Zudem befindet er sich auf einer Landmasse, die die Wärme schlechter speichern kann als das Meer, das den Nordpol umgibt.

Treffen die Sonnenstrahlen auf die weißen Eismassen, werden sie sogleich wieder reflektiert. Selbst wenn die Sonne 24 Stunden am Tag den Südpol erhellt, macht ihn das nicht wärmer, weil sie sehr tief steht. Kommt der Winter, zeigt sich die Sonne überhaupt nicht, was zu rekordverdächtigen Temperaturen von −83 °C führen kann.

Am 22. November wurden geboren:

Regina Halmich (*1976), dt. Boxerin; **Boris Becker** (*1967), dt. Tennisspieler; **Wiktor Pelewin** (*1962), russ. Schriftsteller; **Benjamin Britten** (1913–1976), brit. Komponist; **Charles de Gaulle** (1890–1970), frz. General und Politiker, Staatspräsident 1958–69; **George Eliot**, eigtl. **Mary Ann Evans** (1819–1880), engl. Schriftstellerin; **Thomas Cook** (1808–1892), brit. Unternehmer, Gründer des ersten Reisebüros für Gesellschaftsreisen

Ist es wahr, dass …? 2011

Ist es wahr, dass die Sterblichkeit durch die
Einführung der Antibiotika
nicht zurückgegangen ist?

♐ Schütze   47. Woche   07:52 ☉ 16:24 | 05:29 ☾ 14:58

23 Mittwoch

November

2011

Nein!

Bei der ambulant erworbenen Lungenentzündung beispielsweise haben Antibiotika dazu beigetragen, dass die Zahl der Todesfälle zurückgegangen ist. Dennoch sterben immer noch rund 10–12% der Patienten, was absolut gesehen rund 19 000 Menschen pro Jahr sind. Studien, die in den 1930er-Jahren durchgeführt wurden, zeigten, dass die Sterblichkeitsrate ohne Antibiotika bei etwa 30% lag.

Auch bei Tropenkrankheiten leisten Antibiotika wirksame Dienste. So wurde bei der Infektionskrankheit Leishmaniose, an der jährlich weltweit rund eine halbe Million Menschen neu erkranken, die Sterblichkeitsrate auf 15% gesenkt. Das hört sich viel an, ist aber angesichts des sonst fast immer tödlichen Verlaufs erfreulich wenig.

Am 23. November wurden geboren:

Christine Mielitz (*1949), dt. Opernregisseurin; **Herbert Achternbusch** (*1938), dt. Schriftsteller und Filmregisseur; **Günter Gaus** (1929–2004), dt. Publizist und Politiker; **Paul Celan** (1920–1970), dt.-sprachiger Dichter; **Marieluise Fleißer** (1901–1974), dt. Schriftstellerin; **Hjalmar Branting** (1860–1925), schwed. Politiker, Ministerpräsident 1920–23 und 1924/25, Friedensnobelpreisträger 1921; **Otto I. der Große** (912–973), röm.-dt. Kaiser 962–73

Ist es wahr, dass …? 2011

Ist es wahr, dass es tatsächlich Hobbits gegeben hat?

♐ Schütze 47. Woche 07:53 ☉ 16:23 | 06:53 ☾ 15:37

24 **Donnerstag**
November

2011

Ja!

Sie sahen zwar nicht so aus wie die Helden aus dem Herrn der Ringe, waren aber wahrscheinlich ähnlich klein wie Frodo & Co. Auf der indonesischen Insel Flores fanden Forscher im Jahr 2004 versteinerte Überreste eines kleinen Urmenschen, den sie zunächst Homo floresiensis nannten. Weil dieser Mensch nur einen Meter groß war, bekam er schnell den Beinamen »Hobbit« in Anlehnung an die Gestalt aus der Geschichte von J. R. R. Tolkien.

Einige Zeit lang waren sich die Wissenschaftler uneins, ob sie mit dem Hobbit tatsächlich eine eigene Art gefunden hatten oder ob er nur ein etwas zu klein geratener Homo sapiens war. Doch schließlich analysierten US-amerikanische Anthropologen Teile seines Handgelenks und kamen zu dem Schluss, dass sie sich deutlich von denen des Neandertalers und des Homo sapiens unterscheiden.

Am 24. November wurden geboren:

Dale Carnegie (1888–1955), US-amerikan. Schriftsteller; **Henri de Toulouse-Lautrec** (1864–1901), frz. Maler und Grafiker des Fin de Siècle; **Lilli Lehmann** (1848–1929), dt. Sängerin; **Ludwig Bechstein** (1801 bis 1860), dt. Sammler und Herausgeber von Sagen u. Märchen; **Laurence Sterne** (1713–1768), engl. Schriftsteller; **Baruch de Spinoza** (1632–1677), niederländ. Philosoph

Ist es wahr, dass …? 2011

Ist es wahr, dass in einer Gruppe
von 50 Menschen
zwei davon sehr wahrscheinlich
am gleichen Tag

Geburtstag

haben?

♐ Schütze   47. Woche   07:55 ☉ 16:22 | 08:12 ● 16:27

25 Freitag

November

2011

Ja!

Bei einer mittelgroßen Feier ist es durchaus wahrscheinlich, dass sich zwei Menschen treffen, die am gleichen Tag Geburtstag feiern können. Die Wahrscheinlichkeit hierfür beträgt nämlich 97%.

Ausgerechnet wird dies am einfachsten bei Betrachtung der Wahrscheinlichkeit, dass alle Geburtstage verschieden sind: Treffen wir jemanden, hat er mit einer Wahrscheinlichkeit von 364 : 365 nicht am selben Tag Geburtstag, was rund 99,7% entspricht. Steigt unser Grüppchen auf drei Personen, ergibt sich ein Prozentsatz von 99,1% für verschiedene Geburtstage. Die Rechnung dahinter:

$$365 : 365 \times 364 : 365 \times 363 : 365.$$

Je größer die Gruppe wird, desto kleiner wird die Chance, an einem anderen Tag Geburtstag zu haben. Trifft nun der 50. in der Gruppe ein, sind alle Geburtstage nur noch mit einer Wahrscheinlichkeit von 3% verschieden.

Am 25. November wurden geboren:

Maarten 't Hart (*1944), niederländ. Schriftsteller; **Ludvík Svoboda** (1895–1979), tschechoslowak. Politiker des Prager Frühlings 1968; **Johannes XXIII.,** eigtl. **Angelo Giuseppe Roncalli** (1881–1963), Papst 1958–63; **Carl Benz** (1844–1929), dt. Ingenieur und Automobilpionier; **Lina Morgenstern** (1830–1909), dt. Sozialpädagogin und Frauenrechtlerin, Herausgeberin der »Deutschen Hausfrauenzeitung«; **Franz Xaver Gruber** (1787–1863), österreich. Organist, Komponist des Weihnachtsliedes »Stille Nacht«

Ist es wahr, dass …? 2011

Ist es wahr, dass man auf einem Hausboot wohnen kann?

♐ Schütze　　47. Woche　　07:57 | 07:58 ☉ 16:21 | 16:21　　09:20 | 10:14 ☽ 17:28 | 18:38

26 | **27** Samstag
Sonntag | 1. Advent
November　　**2011**

Nein!

Spitzfindig betrachtet ist ein Hausboot ein schwimmender Wohnwagen, der sich für einen mobilen Ferienaufenthalt auf Binnengewässern eignet. Die Betonung liegt hierbei auf »mobil«, denn die fest verankerten Schwimmhäuser werden »Wohnboote« genannt.

Hausboote gibt es für alle Bedürfnisse und Geldbeutel: angefangen vom besseren Motorboot mit Schiebedach bis hin zur Luxusjacht. Wer ein Hausboot für seinen Urlaub mieten möchte, muss 18 Jahre alt sein sowie körperlich und geistig gesund sein. Dazu gibt es bestimmte Regeln wie Nachtfahrverbot und Reviergrenzen.

Ein Wohnboot dagegen liegt immer fest an seinem Platz, ist an die örtliche Kanalisation angeschlossen und hat keinen eigenen Antrieb, dafür aber eine Hausnummer.

Am 26. November wurden geboren:

Tina Turner (*1939), US-amerikan. Pop- und Rocksängerin; **George Segal** (1924–2000), US-amerikan. Bildhauer der Pop-Art; **Eugène Ionesco** (1909–1994), rumän.-frz. Schriftsteller; **Heinrich Brüning** (1885 bis 1970), dt. Zentrumspolitiker, Reichskanzler 1930–32

Am 27. November wurden geboren:

Jil Sander (*1943), dt. Modedesignerin; **Jimi Hendrix** (1942–1970), US-amerikan. Rockmusiker; **Alexander Dubček** (1921–1992), tschech. Politiker, Mitinitiator des Prager Frühlings 1968; **Anders Celsius** (1701 bis 1744), schwed. Astronom (Celsius-Temperaturskala)

Ist es wahr, dass …? 2011

Ist es wahr, dass Efeu Mauern sprengen kann?

♐ Schütze 48. Woche 08:00 ☉ 16:20 | 10:56 ☾ 19:53

28 Montag November

2011

Ja!

Rissige Mauern haben schlechte Karten, wenn sie mit Efeu bewachsen sind. Um an einer Mauer hochwachsen zu können, entwickelt die Pflanze zunächst Haftwurzeln. Finden diese eine Lücke, die einigermaßen feucht ist, bildet die Haftwurzel zusätzlich richtige Wurzeln aus, die in Risse und Fugen hineinwachsen. Nach einer Zeit verdicken sie sich, was der Mauer unter Umständen gar nicht gut tut. Fugen und Risse können hierdurch vergrößert werden.

Einer intakten Mauer kann der Efeu dagegen nichts anhaben. Im Gegenteil: Wuchert er beispielsweise an einer Hausfassade, trägt er zur Wärmedämmung bei und bietet allerlei Getier ein lauschiges Plätzchen. Einziger Nachteil: Fenster und Türen müssen regelmäßig freigeschnitten werden.

Am 28. November wurden geboren:

Ed Harris (*1950), US-amerikan. Schauspieler; **Tomi Ungerer** (*1931), frz. Zeichner, Kinderbuchautor und Cartoonist; **Alberto Moravia** (1907–1990), italien. Schriftsteller; **Stefan Zweig** (1881–1942), österreich. Schriftsteller; **Anton Rubinstein** (1829–1894), russ. Pianist, Dirigent und Komponist; **Friedrich Engels** (1820–1895), dt. Philosoph und Politiker, mit Karl Marx Begründer des Marxismus

Ist es wahr, dass …? 2011

Ist es wahr,
dass die meisten Menschen,
die vom Blitz getroffen werden, sterben?

♐ Schütze   48. Woche   08:01 ☉ 16:19 | 11:28 ☽ 21:07

29 Dienstag

November

2011

Nein!

Rund 40% der vom Blitz Getroffenen sterben, macht eine Überlebensrate von immerhin 60%! In Deutschland gibt es jährlich etwa 100 Menschen, die vom Blitz getroffen werden. Ob sie dieses Ereignis überleben, hängt von zahlreichen Faktoren ab. Trifft der Blitz direkt mit seinen bis zu 100 000 Volt in den Körper, ist nichts mehr zu machen. Er sucht sich seinen Weg über das Gefäß- und Nervensystem, was in der Regel zum Herzstillstand führt.

Trägt man einen Helm oder feuchte Kleidung, kann der Blitz über die Körperoberfläche abgeleitet werden, sodass es meistens »nur« zu Verbrennungen, Lähmungen oder Herzschäden kommt. Auch die Stromstärke spielt vielleicht eine Rolle, denn schwächere Blitze gehen vorzugsweise durch den Körper, während sich die Stärkeren meistens an der Oberfläche entlang bewegen.

Am 29. November wurden geboren:

Petra Kelly (1947–1992), dt. Politikerin; **Jacques Chirac** (*1932), frz. Politiker (Gaullist), Staatspräsident 1995–2007; **Julius Raab** (1891–1964), österreich. ÖVP-Politiker, Bundeskanzler der großen Koalition 1953–61; **Theobald von Bethmann Hollweg** (1856–1921), dt. Politiker, Reichskanzler und preuß. Ministerpräsident 1909–17; **Gottfried Semper** (1803–1879), dt. Baumeister

Ist es wahr, dass …? 2011

Ist es wahr,
dass Hunde
zum Zahnarzt
müssen?

♐ Schütze   48. Woche   08:02 ☉ 16:18 | 11:53 ☽ 22:20

30 Mittwoch

November

2011

Ja!

Wenn Bello übel aus dem Maul riecht, ist ein Blick in die Mundhöhle angesagt. Oh je, auf den Zähnen hat sich ein hässlicher brauner Belag gebildet, der sich nicht abkratzen lässt. Zahnstein! Der muss weg, denn sonst besteht die Gefahr, dass sich die Zähne und das Zahnfleisch entzünden und die Zähne ausfallen. Auch können sich die Bakterien auf den gesamten Organismus ausbreiten und ihn schädigen.

Ist Zahnstein vorhanden, hilft ein Tierarzt, der sich mit der Zahnbehandlung von Tieren auskennt. Er verabreicht dem Liebling eine Vollnarkose und entfernt den Zahnstein, sodass Bellos Zähne hinterher wieder blitzsauber sind. Um die Zahnsteinbildung zu verhindern oder wenigstens zu verzögern, eignen sich hartes Futter und Kausachen wie Schweineohren oder Kauknochen. Wer geduldig ist, gewöhnt seinen Hund sogar ans Zähneputzen.

Am 30. November wurden geboren:

David Mamet (*1947), US-amerikan. Dramatiker; **Ridley Scott** (*1937), brit. Filmregisseur; **Winston Churchill** (1874–1965), brit. Politiker, Premierminister 1940–45 und 1951–55, Literaturnobelpreisträger 1953; **Mark Twain** (1835–1910), US-amerikan. Schriftsteller; **Theodor Mommsen** (1817–1903), dt. Historiker und liberaler Politiker, Literaturnobelpreisträger 1902; **Jonathan Swift** (1667–1745), angloir. Schriftsteller; **Andrea Palladio** (1508–1580), italien. Baumeister

Ist es wahr, dass …? 2011

Ist es wahr, dass manche Lebensmittel schlank machen?

♐ Schütze   48. Woche   08:04 ☉ 16:18 | 12:14 ☾ 23:30

1 Donnerstag
Dezember

2011

Nein!

Es gibt Lebensmittel, die automatisch dick machen, aber keine Lebensmittel, die automatisch das Gegenteil bewirken. Manche Lebensmittel kurbeln jedoch den Stoffwechsel an. Dazu zählen scharfe Gewürze wie Chili, Ingwer, Kaffee oder Cola, doch ist dieser Effekt so gering, dass dabei nicht unbedingt das Gewicht reduziert wird. Sogenannte Fatburner wie beispielsweise das beliebte Carnitin sollen das Fett dahinschmelzen lassen. Beim Carnitin passiert das aber nicht, denn der menschliche Körper produziert selbst Carnitin, sodass die zusätzlich aufgenommene Menge über die Nieren wieder ausgeschieden wird.

Der beste Weg, seinen Stoffwechsel anzukurbeln, führt über die Bewegung. Ist der Kreislauf in Schwung, regt sich auch alles andere im Körper. Kommt eine ausgewogene Ernährung hinzu, sollte sich das Gewicht im Zaum halten lassen.

Am 1. Dezember wurden geboren:

Bette Midler (*1945), US-amerikan. Schauspielerin und Sängerin; **Woody Allen** (*1935), US-amerikan. Regisseur und Schauspieler; **Alicia Markowa** (1910–2004), brit. Balletttänzerin und -direktorin; **Ernst Toller** (1893–1939), dt. Schriftsteller; **Rex Stout** (1886–1975), US-amerikan. Kriminalschriftsteller; **Karl Schmidt-Rottluff** (1884–1976), dt. Maler und Grafiker des Expressionismus

Ist es wahr, dass …? 2011

Ist es wahr, dass Islandmoos eine Moosart ist?

♐ Schütze 48. Woche 08:05 ☉ 16:17 | 12:33 ☽ –

2 Freitag
Dezember

2011

Nein!

Islandmoos ist eine Strauchflechte. Die bis zu 12 cm hoch wachsende Pflanze gedeiht in ganz Europa und bevorzugt hierbei Gebirge und sandigen Untergrund. Ist das Klima richtig unfreundlich wie beispielsweise in der Tundra oder an windigen Plätzen, verbreitet sich Islandmoos mitunter zu ganzen Teppichen.

Die Pflanze wird vielfältig genutzt. Modelleisenbahnfreunde kennen sie im getrockneten Zustand und begrünen damit ihre Miniaturlandschaften. In der Medizin schreibt man der Flechte eine antibakterielle Wirkung zu. Sie soll bei Entzündungen und Brechreiz helfen, den Appetit anzuregen und belebend zu wirken. Und wer erkältet war, hat sicherlich schon den einen oder anderen Tee mit Islandmoos getrunken.

Am 2. Dezember wurden geboren:

Jan Ullrich (*1973), dt. Straßenradsportler, erster dt. Tour-de-France-Sieger 1997; **Gianni Versace** (1946 bis 1997), italien. Modeschöpfer; **Botho Strauß** (*1944), dt. Schriftsteller; **Maria Callas** (1923–1977), griech. Sängerin (Sopran); **Marion Gräfin Dönhoff** (1909–2002), dt. Publizistin und Herausgeberin (»Die Zeit«); **Otto Dix** (1891–1969), dt. Maler und Grafiker

Ist es wahr, dass …? 2011

Ist es wahr,
dass Chinesen eine

gelbe Haut

haben?

♐ Schütze   48. Woche   08:07 | 08:08 ☉ 16:16 | 16:16 | 12:51 | 13:08 ☽ 00:37 | 01:44

3 | 4   Samstag   2011
Sonntag | 2. Advent
Dezember

Nein!

Chinesen sind nicht gelb, Indianer nicht rot und Afrikaner nicht schwarz. Die recht simple Einteilung der Rassen bezüglich ihrer Hautfarbe geht zurück auf den schwedischen Naturforscher Carl von Linné. In der 10. Auflage seiner Abhandlung »Systema Naturae« von 1758 teilt er die Menschen in vier Typen ein und ordnet ihnen die Hautfarben Rot, Gelb, Schwarz und Weiß zu. Diese nicht zutreffende Einteilung passte prima in den Wunsch der damaligen Biologen, neben der Tier- und Pflanzenwelt auch die menschliche Vielfalt in eine Systematik zu pressen.

Wenn ein Chinese tatsächlich eine gelbe Hautfarbe hat, leidet er höchstwahrscheinlich am Gilbert-Syndrom. Hierbei färbt Bilirubin die Haut gelb. Bilirubin entsteht, wenn der rote Blutfarbstoff Hämoglobin abgebaut wird, beispielsweise bei Hunger oder zu viel Alkohol.

Am 3. Dezember wurden geboren:

Katharina Witt (*1965), dt. Eiskunstläuferin; **Alice Schwarzer** (*1942), dt. Publizistin und Herausgeberin (»Emma«); **Franz-Josef Degenhardt** (*1931), dt. Schriftsteller und Liedersänger; **Jean-Luc Godard** (*1930), frz. Filmregisseur; **Joseph Conrad** (1857–1924), poln.-engl. Schriftsteller

Am 4. Dezember wurden geboren:

Jeff Bridges (*1949), US-amerikan. Schauspieler; **Rainer Maria Rilke** (1875–1926), österreich. Schriftsteller; **Wassily Kandinsky** (1866–1944), russ. Maler; **Thomas Carlyle** (1795–1881), schott. Essayist und Historiker

Harenberg Sprachkalender 2012

Sprachen lernen leicht gemacht

9,99 €

9,99 €

9,99 €

9,99 €

9,99 €

9,99 €

Besuchen Sie uns im Internet: www.harenberg-kalender.de

Meine Bestellung

Nutzen Sie dieses Serviceblatt zur Bestellung, indem Sie die Anzahl der gewünschten Exemplare vorn in die Kästchen eintragen, oder fragen Sie in Ihrer Buchhandlung bzw. in der Buchabteilung großer Warenhäuser nach.

☐ Ja, ich bestelle **Harenberg Sprachkalender 2012** wie auf der Vorderseite eingetragen.

Absender

Anrede　　☐ Frau　☐ Herr　Titel _____　　　　Geburtsjahr └──┴──┴──┴──┘

_____
Name

_____
Vorname

_____
Straße/Haus-Nr.

_____
PLZ/Ort

_____
Telefon/E-Mail

_____
Datum/Unterschrift　　　　　　　　　　　　　　Ist es wahr, dass ...? 2011

Die auf der Vorderseite abgebildeten Titel waren bei Drucklegung des Kalenders in Planung.
Eine Gewähr für ihr Erscheinen besteht nicht. Bei den Preisen sind Änderungen vorbehalten.
Bei Nutzung dieses Bestellscheins erfolgt der Versand innerhalb Deutschlands portofrei.

Ja, der KV&H Verlag darf diese Angaben speichern. Er stellt sicher, dass meine Daten nicht an Dritte weitergegeben werden. Ich bin damit einverstanden, dass Sie mir gelegentlich neue Angebote zusenden (Text ggf. streichen).

Per Post

Kundenservice Kalender
Postfach 10 03 11 · 68003 Mannheim

Per Fax

06 21 / 39 01-76 880

Per E-Mail

bestellen@
derkalenderverlag.de

Ist es wahr, dass den Deutschen beim Marshallplan Geld geschenkt wurde?

♐ Schütze   49. Woche   08:09 ☉ 16:15 | 13:28 ☽ 02:49

5 Montag
Dezember

2011

Nein!

Um Westeuropa gegenüber dem Ostblock zu stärken, gewährten die USA einigen Staaten nach dem Zweiten Weltkrieg Wiederaufbauhilfen in Form von Krediten, Lebensmitteln, Rohstoffen und Waren. Deutschland erhielt Kredite in Höhe von 1,4 Milliarden US-Dollar, die von der 1948 gegründeten Kreditanstalt für Wiederaufbau verwaltet wurden. Die Mittel, die die Amerikaner den Deutschen gewährt hatten, konnten in D-Mark wieder zurückgezahlt werden.

Auch andere Länder profitierten vom Marshallplan. So erhielten neben Deutschland auch Großbritannien, Frankreich, Italien, die Niederlande, Griechenland, Österreich und weitere Länder Leistungen. Damit wurde die Wirtschaft in Europa wieder angekurbelt und die USA sorgten dafür, dass sich ihre Absatzmärkte erholten.

Am 5. Dezember wurden geboren:

Hanif Kureishi (*1954), brit. Schriftsteller und Drehbuchautor; **José Carreras** (*1946), span. Sänger (Tenor); **Johannes Heesters** (*1903), niederländ.-österreich. Sänger und Schauspieler; **Walt Disney** (1901–1966), US-amerikan. Trickfilmzeichner und Filmproduzent; **Werner Heisenberg** (1901–1976), dt. Physiker, Physiknobelpreisträger 1932; **Fritz Lang** (1890–1976), österreich.-US-amerikan. Filmregisseur (»Metropolis«)

Ist es wahr, dass …? 2011

Ist es wahr, dass Frösche lange Zungen haben?

♐ Schütze   49. Woche   08:10 ☉ 16:15 | 13:49 ☽ 03:55

6 **Dienstag**
Nikolaus
Dezember

2011

Ja!

Um Insekten zu fangen, rollt der Frosch seine Zunge blitzartig aus seinem Maul, sodass seine Beute daran kleben bleibt. Je nach Froschart haben die Zungen eine unterschiedliche Länge, doch keine kommt annähernd an die längste Zunge der Säugetierwelt heran. Sie ist 8,5 cm lang und gehört Anoura fistulata, einer nur 5 cm großen Fledermaus, die in den Wäldern der ecuadorianischen Anden entdeckt wurde.

Der Sinn der langen Zunge erschließt sich dem aufmerksamen Forscher, wenn er die Fledermaus bei der Nahrungsaufnahme beobachtet. Sie ernährt sich nämlich von dem Nektar des Glockenblumengewächses Centropogon nigricans. Diese Pflanze hat eine 8–9 cm lange Blütenröhre, sodass ausschließlich die Spezialzunge dieser Fledermausart hier hineinpasst.

Am 6. Dezember wurden geboren:

Peter Handke (*1942), österreich. Schriftsteller; **Nikolaus Harnoncourt** (*1929), österreich. Violoncellist, Dirigent und Musikforscher; **Alfred Eisenstaedt** (1898–1995), dt.-US-amerikan. Fotograf; **Lina Carstens** (1892–1978), dt. Schauspielerin; **Rudolf Schlichter** (1890–1955), dt. Maler und Grafiker; **Joseph Louis Gay-Lussac** (1778–1850), frz. Physiker und Chemiker (Gay-Lussac'sches Gesetz)

Ist es wahr, dass

Maden

dazu beitragen können,
dass Mörder überführt werden?

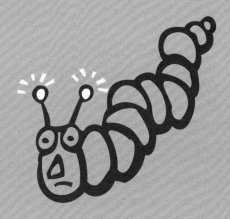

♐ Schütze 49. Woche 08:12 ☉ 16:15 | 14:15 ☽ 05:00

7 Mittwoch
Dezember

2011

Ja!

Die Schmeißfliege legt ihre Eier gern auf verwesenden Dingen ab und auch andere Insekten wie Aaskäfer, Asseln, Milben oder Motten fühlen sich auf Leichen wohl. Je nach Zustand der Leiche wird sie von unterschiedlichen Insekten besiedelt. Zuerst kommen die Schmeißfliegen, dann die Aaskäfer, zuletzt Spinnentiere. Findet der Forensiker nun eine bestimmte Insektenart auf einer Leiche, kann er daraus Rückschlüsse auf den Todeszeitpunkt ziehen.

Auch Hinweise auf den Ort des Verbrechens können Insekten geben. Sitzen auf der Leiche Insekten, die in der Umgebung des Fundortes nicht vorkommen, weiß der Entomologe, dass hier etwas faul ist und der Mord woanders geschehen ist. Und schließlich verraten Insekten, ob jemand vergiftet worden ist, denn die Tierchen nehmen das Gift des Leichnams auf.

Am 7. Dezember wurden geboren:

Tom Waits (*1949), US-amerikan. Rockmusiker und Schauspieler; **Dani Karavan** (*1930), israel. Bildhauer; **Noam Chomsky** (*1928), US-amerikan. Linguist; **Mário Soáres** (*1924), portugies. sozialistischer Politiker, Präsident 1986–96; **Johann Nepomuk Nestroy** (1801–1862), österreich. Schriftsteller und Schauspieler; **Marie Tussaud** (1761–1850), frz. Wachsbildnerin

Ist es wahr, dass …? 2011

Ist es wahr, dass die Sphinx ihre Nase durch Wind und Wetter verloren hat?

♐ Schütze 49. Woche 08:13 ☉ 16:14 | 14:46 ☽ 06:05

8 Donnerstag
Mariä Empfängnis
Dezember

2011

Nein!

Hätte die Erosion ihre Finger im Spiel gehabt, wäre der ganze Kopf der Sphinx betroffen und nicht nur ihre Nase. Der Verlust des exponierten Gesichtsteils ist vielmehr menschlichen Ursprungs.

Lange Zeit hielt sich das Gerücht, dass Napoleon 1797 seinen Kanonieren befohlen hat, die Skulptur zu beschädigen. Dies ist jedoch sehr unwahrscheinlich, weil Napoleon von der ägyptischen Kultur sehr angetan gewesen sein soll. Er brachte sogar einen Tross von Künstlern mit nach Ägypten, die die Sphinx – schon nasenlos – porträtiert haben.

Wahrscheinlich geht die Nase auf das Konto eines mittelalterlichen streng gläubigen Derwisches namens Mohamed Saim el-Dahr. Er wollte verhindern, dass die Gläubigen die Sphinx wie einen Gott verehren, und zeigen, dass sie nur aus Stein war.

Am 8. Dezember wurden geboren:

Jim Morrison (1943–1971), US-amerikan. Rocksänger; **Maximilian Schell** (*1930), schweizer. Schauspieler und Regisseur; **Camille Claudel** (1864–1943), frz. Bildhauerin; **Adolph von Menzel** (1815–1905), dt. Maler und Grafiker; **Adolf Kolping,** gen. **der Gesellenvater** (1813–1865), dt. kath. Theologe (Kolpingwerk); **Maria Stuart** (1542–1587), Königin von Schottland 1542–67; **Horaz** (65–8 v. Chr.), röm. Dichter

Ist es wahr, dass Wäsche bei Frost draußen nicht trocknet?

♐ Schütze 49. Woche 08:14 ☉ 16:14 | 15:24 ☽ 07:06

9 Freitag

Dezember

2011

Nein!

Bei Frost trocknet die Wäsche sogar schneller als in einem geheizten Raum, in dem eine hohe Luftfeuchtigkeit herrscht. Zunächst wird aus dem nassen T-Shirt ein hartes, vereistes Brett. Jetzt heißt es, standhaft bleiben, denn die Wäsche sollte noch länger draußen hängen bleiben. Dann plötzlich verschwindet das Eis und das Shirt ist zwar kalt, aber trocken.

Das Geheimnis dahinter ist die Sublimation. Das Wasser in der Wäsche gefriert zuerst und verdunstet dann sofort, ohne wieder zu Wasser zu werden. Das liegt an der Eigenschaft von Wasser, bei Frost nur einen Phasenübergang, nämlich den von Eis zu Wasserdampf, zu haben. Das funktioniert allerdings nur bei Dauerfrost, denn sobald die vereiste Wäsche von Plusgraden umgeben ist, wird sie wieder wässerig und feucht.

Am 9. Dezember wurden geboren:

Hans Peter »Hape« Kerkeling (*1964), dt. Entertainer und Komiker; **Judi Dench** (*1934), brit. Schauspielerin; **John Cassavetes** (1929–1989), US-amerikan. Schauspieler und Regisseur; **Kirk Douglas** (*1916), US-amerikan. Schauspieler und Produzent; **Elisabeth Schwarzkopf** (1915–2006), dt. Sängerin (Sopran); **Ödön von Horváth** (1901–1938), österreich. Schriftsteller

Ist es wahr, dass …? 2011

Ist es wahr, dass der Wigwam ein Zelt ist?

Schütze | 49. Woche | 08:15 | 08:16 ⊙ 16:14 | 16:14 | 16:12 | 17:08 ○ 08:03 | 08:53

10 | **11** Samstag
Sonntag | 3. Advent
Dezember **2011**

Nein!

Hier ist der Karl-May-Freund auf dem Holzweg, denn der Wigwam ist kein Indianerzelt. Vorzugsweise die im nördlichen und damit kalten Nordamerika lebenden Algonkinindianer leben in einem Wigwam, was nicht Zelt, sondern »Wohnung« oder »Behausung« bedeutet. Der Wigwam ist eine kuppelförmige Hütte mit gebogenen vertikalen Stäben, die nicht für die Wanderschaft ausgelegt ist. Sie besteht aus Elchhäuten und Birkenrinde, damit sie den rauen klimatischen Bedingungen standhalten kann.

Gingen Indianer auf Wanderschaft, wurde das Tipi ausgepackt. Im Gegensatz zum Wigwam hatte das Tipi spitz zulaufende Stangen, die mit Fellen bedeckt wurden. Seinen Zweck verrät schon der Begriff, denn Tipi bedeutet »Haus, das man benutzt«. Tipis wurden hauptsächlich von Indianern verwendet, die den Bisonherden hinterherzogen.

Am 10. Dezember wurden geboren:

Cornelia Funke (*1958), dt. Kinderbuchautorin; **Christine Brückner** (1921–1996), dt. Schriftstellerin; **Nelly Sachs** (1891–1970), dt.-schwed. Schriftstellerin, Literaturnobelpreisträgerin 1966; **Wilhelm von Bode** (1845–1929), dt. Kunsthistoriker, Generaldirektor der Berliner Museen 1905–20

Am 11. Dezember wurden geboren:

Christina Onassis (1950–1988), griech. Reederin; **Alexander Solschenizyn** (1918–2008), russ. Schriftsteller, Literaturnobelpreisträger 1970; **Robert Koch** (1843–1910), dt. Bakteriologe, Medizinnobelpreisträger 1905; **Hector Berlioz** (1803–1869), frz. Komponist

Ist es wahr, dass beim unterdrückten

Niesen

Gehirnzellen sterben?

LESERFRAGE von **Sarah F.** aus Düsseldorf

♐ Schütze 50. Woche 08:17 ☉ 16:14 | 18:13 ☾ 09:34

12 **Montag**
Dezember

2011

Nein!

Niesgeplagte Pollenallergiker können aufatmen: Von der Nase besteht keine Verbindung zum Gehirn, durch die irgendein Druck beim Niesen entweichen könnte. Folglich sterben auch keine Gehirnzellen ab.

Die beim Niesen frei werdenden Kräfte, die einen kleinen Orkan im Nasen-Rachen-Raum entfachen können, entweichen normalerweise durch die Nase. Einem gesunden Menschen macht das auch nichts aus, doch wer eine Herz-Kreislauf-Erkrankung hat, kann unter Umständen durch den plötzlich ansteigenden Blutdruck beim Niesen gefährdet sein.

Auch nicht zu empfehlen: das Zuhalten der Nase beim Niesen. Dann kann der Druck über die eustachische Röhre ins Mittelohr gelangen und hier zu Schäden führen.

Am 12. Dezember wurden geboren:

Johann Kresnik (*1939), österreich. Tänzer und Choreograf; **John James Osborne** (1929–1994), brit. Dramatiker; **Hermann Neuberger** (1919–1992), dt. Sportfunktionär, Präsident des Deutschen Fußball-Bundes 1975–92; **Frank Sinatra** (1915–1998), italien.-US-amerikan. Sänger und Schauspieler; **Liesl Karlstadt** (1892–1960), dt. Schauspielerin; **Edvard Munch** (1863–1944), norweg. Maler und Grafiker; **Gustave Flaubert** (1821–1880), frz. Schriftsteller

Ist es wahr, dass …? 2011

Ist es wahr, dass manche Pflanzen abgestandenes Wasser mögen?

♐ Schütze 50. Woche 08:18 ☉ 16:14 | 19:23 ☾ 10:09

13 Dienstag
Dezember
2011

Ja!

Azaleen und Rhododendren lieben kalziumarmes Wasser, das der Blumenfreund gewinnen kann, indem er Leitungswasser stehen lässt. Dadurch sinken der CO_2-Gehalt und die Löslichkeit von Kalzium – ideal für obige Pflanzen.

Die meisten anderen Pflanzen sind in puncto Wasser nicht wählerisch. Sie vertragen »frisch Gezapftes« ohne Probleme, weil in heutigem Trinkwasser nur geringe Mengen an Chlor enthalten sind. Dies war nicht immer so, denn Chlor wurde eingesetzt, um die Keime im Trinkwasser abzutöten. Der kluge Pflanzenbesitzer wusste damals, dass Wasser beim Rumstehen Chlor an die Luft abgibt, sodass es sich nach einer Weile besser zum Gießen eignet. Weil heute jedoch Wasser mithilfe von Sauerstoffgas trinkbar gemacht wird, ist es für Pflanzen ungefährlich.

Am 13. Dezember wurden geboren:

Edith Clever (*1940), dt. Schauspielerin und Regisseurin; **Robert Gernhardt** (1937–2006), dt. Schriftsteller und Zeichner; **Curd Jürgens** (1915–1982), dt. Schauspieler; **Franz von Lenbach** (1836–1904), dt. Porträtmaler der Gründerzeit; **Werner von Siemens** (1816–1892), dt. Ingenieur, Erfinder und Unternehmer; **Heinrich Heine** (1797–1856), dt. Dichter und Publizist

Ist es wahr, dass …? 2011

Ist es wahr, dass ägyptische Pyramiden an den Sternen ausgerichtet sind?

♐ Schütze　　50. Woche　　08:19 ☉ 16:14 | 20:36 ☾ 10:37

14 Mittwoch

Dezember

2011

Ja!

Die alten Ägypter hatten zwar ein beschränktes astronomisches Wissen, nutzten dies aber optimal, um ihre Pyramiden ins rechte Licht zu setzen. So sind zwei Schächte der Cheopspyramide so angeordnet, dass die Seele eines in der Pyramide begrabenen Pharaos zum Nordstern und zum Orion aufsteigen konnte.

Die Seiten derselben Pyramide stehen in der Windrose und verlaufen von Ost nach West beziehungsweise von Süd nach Nord. Als Orientierung dienten den Astronomen Sterne im Kleinen und Großen Wagen. Auch die Bahn der Sonne hat den Baumeistern wahrscheinlich geholfen, um die Pyramiden nach Süden hin auszurichten.

Am 14. Dezember wurden geboren:

Marianne Fritz (1948–2007), österreich. Schriftstellerin; **Leonardo Boff** (*1938), brasilian. kath. Theologe (»Befreiungstheologie«); **Karl Carstens** (1914–1992), dt. CDU-Politiker, Bundespräsident 1979–84; **Karl Renner** (1870–1950), österreich. sozialistischer Politiker, Bundespräsident 1945–50; **Tycho Brahe** (1546 bis 1601), dän. Astronom; **Nostradamus** (1503–1566), frz. Mathematiker und Astrologe

Ist es wahr, dass …? 2011

Ist es wahr, dass man *Kaugummi* mit Kälte gut entfernen kann?

♐ Schütze 50. Woche 08:20 ☉ 16:14 | 21:51 ☾ 11:02

15 **Donnerstag**
Dezember

2011

Ja!

Ein Kaugummi in der Verpackung ist in der Regel eher hart und klebt nicht. Erst in der warmen Mundhöhle erreicht er seine Betriebstemperatur und Klebrigkeit, wenn er warm gekaut wird. Ist er ausgelutscht und schon etwas zäh, landet er oft auf dem Pflaster, bisweilen auf der Parkbank, manchmal in der Kleidung und im schlimmsten Fall im Wollpullover.

Macht nichts, denn das Gefrierfach schafft Abhilfe. Man lege das Kleidungsstück so lange hinein, bis der Kaugummi hart geworden ist, und entfernt ihn dann als Ganzes aus dem Stoff. Ähnlich gehts mit Kaugummi auf Teppich: In Plastik verpackte Eiswürfel oder Kühlakkus auflegen, warten und dann mit dem Hammer auf den Gummi hauen, bis er sich löst.

Am 15. Dezember wurden geboren:

Michael Bogdanov (*1938), brit. Regisseur; **Friedensreich Hundertwasser** (1928–2000), österreich. Maler und Grafiker; **Jean Paul Getty** (1892–1976), US-amerikan. Ölindustrieller und Kunstmäzen; **Antoine Henri Becquerel** (1852–1908), frz. Physiker, Physiknobelpreisträger 1903; **Gustave Alexandre Eiffel** (1832 bis 1923), frz. Ingenieur; **La Rochefoucauld** (1613–1680), frz. Schriftsteller; **Nero** (37–68), röm. Kaiser 54–68

Ist es wahr, dass …? 2011

Ist es wahr, dass es Wurmlöcher gibt?

♐ Schütze   50. Woche   08:21 ☉ 16:14 | 23:07 ☾ 11:24

16 **Freitag** **2011**
Dezember

Nein!

Wurmlöcher existieren nur in der Theorie. Albert Einstein und Nathan Rosen waren 1935 die Ersten, die darüber nachdachten, was passiert, wenn sich zwei schwarze Löcher treffen. Dann würden die beiden schwarzen Löcher eine Verbindung bilden, durch die sich die Raumzeit überlisten ließe und ein Raumschiff viel schneller von A nach B gelangen könnte. Da der Wurm es mit dem Apfel genauso macht, wird diese Verbindung »Wurmloch« genannt.

So weit die Theorie. In der Praxis herrschen in schwarzen Löchern unglaublich hohe Gravitationskräfte, die sogar das Licht schlucken. Deshalb würde ein Wurmloch, sofern es überhaupt entsteht, sehr schnell durch seine eigene Schwerkraft zusammenfallen. Ganz zu schweigen von einem Raumschiff, das bestenfalls durch ein stabiles Wurmloch fliegen könnte.

Am 16. Dezember wurden geboren:

Heike Drechsler (*1964), dt. Leichtathletin (Weitspringerin); **Liv Ullmann** (*1938), norweg. Schauspielerin; **Margaret Mead** (1901–1978), US-amerikan. Anthropologin; **Leopold I.** (1790–1865), erster König der Belgier 1831–65; **Johann Wilhelm Ritter** (1776–1810), dt. Physiker und Chemiker, Entdecker der ultravioletten Strahlung; **Jane Austen** (1775–1817), engl. Schriftstellerin

Ist es wahr, dass …? 2011

Ist es wahr, dass ein *Girokonto* so gut wie Bargeld ist?

♐ Schütze 50. Woche 08:21 | 08:22 ☉ 16:14 | 16:15 | – | 00:25 ☾ 11:45 | 12:06

17 | 18 Samstag
Sonntag | 4. Advent
Dezember
2011

Manchmal!

Wer ein gefülltes Girokonto und eine passende Plastikkarte dazu hat, kann überall dort einkaufen, wo er die Karte in kleine Automaten stecken und seine Geheimzahl eingeben oder Unterschrift leisten kann. Dann ersetzt das Geld auf dem Konto die großen Scheine im Portemonnaie und ist so gut wie Bargeld.

Es wäre jedoch falsch, anzunehmen, dass das gesamte Geld, das auf Girokonten auf dem Papier verfügbar ist, auch tatsächlich als Banknoten beim Geldinstitut lagert. Die Bank muss zwar für Einlagen, zu denen auch das Giralgeld gehört, mit ihrem Eigenkapital haften, doch das ist nicht so hoch wie die gesamten Einlagen.

Am 17. Dezember wurden geboren:

Milla Jovovich (*1975), russ.-US-amerikan. Schauspielerin; **Armin Mueller-Stahl** (*1930), dt. Schauspieler; **Hans Henny Jahnn** (1894–1959), dt. Schriftsteller; **Erwin Piscator** (1893–1966), dt. Regisseur und Theaterleiter; **Ludwig van Beethoven** (1770–1827), dt. Komponist der Wiener Klassik

Am 18. Dezember wurden geboren:

Steven Spielberg (*1947), US-amerikan. Filmregisseur; **Willy Brandt** (1913–1992), dt. SPD-Politiker, Bundeskanzler 1969–74, Friedensnobelpreisträger 1971; **Paul Klee** (1879–1940), schweizer.-dt. Maler und Grafiker; **Christine** (1626–1689), Königin von Schweden 1632–54

Ist es wahr, dass …? 2011

Ist es wahr, dass es kein Mittel gegen Automarder gibt?

♐ Schütze 51. Woche 08:23 ☉ 16:15 | 01:44 ☾ 12:29

19 Montag

Dezember

2011

Ja!

Eine zuverlässige, ungefährliche Abwehr von Mardern ist nicht möglich. Wenn das Auto morgens nicht mehr anspringt oder während der Fahrt der Motorraum zu brennen beginnt, kann ein Marder sein Unwesen getrieben haben. Steinmarder mögen Kabel, Schläuche und Dämmmaterial. Sie knabbern daran, zerbeißen es und setzen damit so manches Auto außer Gefecht. Sie tun dies nicht, weil Gummi so lecker schmeckt, sondern weil wahrscheinlich im selben Motorraum schon ein Artgenosse geschlummert hat, was der Marder überhaupt nicht mag.

Um Kabel vor Bissen zu schützen, können sie zusätzlich ummantelt werden, was jedoch nicht bei jedem Kabel möglich ist. Eine Abwehr mit Strom muss sehr sorgfältig durchgeführt werden, weil die notwendige Versorgung mit Spannung die Batterie belasten und eine Überlastung der Elektrik bewirken kann.

Am 19. Dezember wurden geboren:

Jake Gyllenhaal (*1980), US-amerikan. Schauspieler; **Tankred Dorst** (*1925), dt. Schriftsteller; **Elisabeth Noelle-Neumann** (*1916), dt. Publizistin und Meinungsforscherin; **Édith Piaf** (1915–1963), frz. Chansonsängerin; **Jean Genet** (1910–1986), frz. Schriftsteller; **Gisèle Freund** (1908–2000), dt.-frz. Fotografin und Soziologin; **Leonid Breschnew** (1906–1982), sowjet. Politiker, Staatsoberhaupt 1960–64, 1977–82, KPdSU-Generalsekretär 1964–82

Ist es wahr, dass mit »Luzifer« der Teufel gemeint ist?

♐ Schütze · 51. Woche · 08:23 ☉ 16:15 | 03:05 ☾ 12:56

20 Dienstag Dezember **2011**

Ja!

Doch das war nicht immer so. Zunächst ist Luzifer der lateinische Name des Morgensterns Venus. Die wörtliche Übersetzung lautet »Lichtträger«. Doch im Lauf der Zeit wurde hieraus ein Synonym für den Satan, Teufel, Fürsten der Finsternis.

Die Bibel hat einen entscheidenden Anteil daran, dass der gefallene Engel Luzifer seinen Namen dem Teufel geliehen hat. Er war der erste von Gott geschaffene Engel, der heller strahlte als alle anderen Engel. Als Luzifer auch den Menschen im Himmel dienen sollte, meuterte er mit anderen Engeln, wurde aber vom Erzengel Michael besiegt und mit seinen Anhängern auf die Erde gestürzt. Dieser Himmelssturz des Lichtbringers wurde dann im Lukas-Evangelium mit Satan in Verbindung gebracht, als Jesus sagt: »Ich sah den Satan vom Himmel fallen wie einen Blitz.« Fertig war der Luziferteufel.

Am 20. Dezember wurden geboren:

Alan Parsons (*1948), brit. Rockmusiker; **Jean-Claude Trichet** (*1942), frz. Bankmanager und Finanzpolitiker, Präsident der Europäischen Zentralbank ab 2003; **Otto Graf Lambsdorff** (*1926), dt. FDP-Politiker; **Friederike Mayröcker** (*1924), österreich. Schriftstellerin; **Charlotte Bühler** (1893–1974), dt. Psychologin; **Pieter de Hooch** (1629–1684), niederländ. Maler

Ist es wahr, dass …? 2011

Ist es wahr, dass Milch von Almkühen gesünder ist?

♐ Schütze   51. Woche   08:24 ☉ 16:16 | 04:27 ☾ 13:30

21 Mittwoch
Dezember

2011

Ja!

Mehr Frischluft und Gras bedeutet mehr Linol. Kühe, die auf schadstofffreien Wiesen fernab von Autos, Fabriken und Flugbenzin im Freien grasen dürfen, produzieren gesündere Milch. Sie fressen gesünderes Futter, atmen die reinere Luft und trinken sauberes Wasser. Das freut die Kühe, weil es auf der grünen weiten Wiese angenehmer ist als im engen muffigen Stall. Und es freut die Milchproduzenten, weil ihre Milch nachgewiesenermaßen die dreifache Menge an konjugierter Linolsäure enthält wie Stallrindermilch.

Da Linolsäure zu den mehrfach ungesättigten Fettsäuren gehört, wirkt sich Milch von der Alm positiv auf den menschlichen Organismus aus. So profitieren Immunsystem, Arterien und Knochen, wenn die Milchkuh auf der Alm Grünes fressen darf.

Am 21. Dezember wurden geboren:

Reinhard Mey (*1942), dt. Liedermacher und Chansonsänger; **Frank Zappa** (1940–1993), US-amerikan. Rocksänger; **Jane Fonda** (*1937), US-amerikan. Schauspielerin; **Heinrich Böll** (1917–1985), dt. Schriftsteller, Literaturnobelpreisträger 1972; **Jean Racine** (1639–1699), frz. Dramatiker; **Thomas Becket** (1118 bis 1170), engl. Lordkanzler und Erzbischof von Canterbury

Ist es wahr, dass …? 2011

Ist es wahr, dass **Bier** in nassen Gläsern nicht überschäumt?

♑ Steinbock 51. Woche 08:25 ☀ 16:16 | 05:46 ☾ 14:13

22 **Donnerstag**
Winteranfang
Dezember

2011

Ja!

Das im Bier enthaltene Kohlendioxid verursacht beim Einschenken Schaum, wenn die Glaswand rau ist. An den Unebenheiten »entbinden« sich Kohlendioxidblasen. Desto unebener das Glasinnere ist, umso mehr Schaum entsteht so. Wenn das Bier zwar schäumen, aber nicht überschäumen soll, zieht es der Wirt kurz durchs Wasser. Dadurch lagern sich Wassermoleküle an der Glasoberfläche an und gleichen die Unebenheiten aus, sodass die Kohlendioxidblasen sich nicht mehr lösen.

Als angenehme Nebenwirkung werden dabei auch Rückstände von Spülmittel und Staub entfernt, die einer stabilen Schaumkrone entgegenwirken können. So sorgt das Ausspülen mit Wasser zum einen dafür, dass der Schaum nicht überläuft, zum anderen, dass er stabil bleibt.

Am 22. Dezember wurden geboren:

Ralph Fiennes (*1962), brit. Schauspieler; **Max Bill** (1908–1994), schweizer. Maler, Bildhauer, Architekt, Grafiker und Designer; **Gustaf Gründgens** (1899–1963), dt. Schauspieler und Regisseur; **Filippo Tommaso Marinetti** (1876–1944), italien. Schriftsteller, Begründer des literarischen Futurismus; **Käte Paulus** (1868–1935), erste dt. Fallschirmspringerin; **Giacomo Puccini** (1858–1924), italien. Komponist

Ist es wahr, dass …? 2011

Ist es wahr, dass das Schwarze Meer schwarz ist?

♑ Steinbock　　　51. Woche　　　08:25 ☉ 16:17 | 06:58 ☾ 15:07

23 Freitag

Dezember

2011

Nein!

Seinen Namen verdankt das Schwarze Meer dem in der Antike üblichen System, Himmelsrichtungen mit Farbwörtern zu bezeichnen. Wenn nun jemand südlich des Schwarzen Meeres zu Hause war, nannte er es »Schwarzes« Meer, weil Schwarz die Farbe für den Norden war.

Auch die unschönen Wetterbedingungen mit Stürmen und Nebelschwaden, die gelegentlich am Schwarzen Meer herrschen, können zur Namensgebung beigetragen haben. »Schwarz« wird hier im Sinn von »ungastlich« gebraucht. Dies sahen auch schon die alten Griechen so, denn sie nannten es »Póntos Áxe(i)nos«, was eben genau »ungastliches Meer« bedeutet.

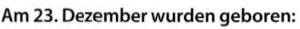

Am 23. Dezember wurden geboren:

Silvia (*1943), Königin von Schweden als Gattin von Carl XVI. Gustav; **Akihito** (*1933), japan. Kaiser seit 1989; **Antoni Tàpies** (*1923), span. Maler; **Helmut Schmidt** (*1918), dt. SPD-Politiker, Bundeskanzler 1974–82; **François Champollion** (1790–1832), frz. Ägyptologe, Entzifferer der Hieroglyphen; **Martin Opitz** (1597–1639), dt. Dichter des Barock

Ist es wahr, dass Christen den Rosenkranz erfunden haben?

♑ Steinbock   51. Woche   08:25 | 08:26 ☉ 16:17 | 16:18 | 07:59 | 08:47 ● 16:12 | 17:26

24|25 Sa. | Heiligabend
So. | Weihnachten
Dezember 2011

Nein!

Schon weit vor Christi Geburt verwendeten indische Gläubige eine Gebetsschnur. Anhänger des Gottes Shiva, Gott der Auflösung und Zerstörung, nutzten ihn und ebenso fand er Verwendung beim Vishnukult und im Buddhismus, bei dem 108 Perlen bebetet werden.

Zum Christentum gelangte der Rosenkranz gemäß der weitverbreiteten Legende durch die Gottesmutter Maria, die ihn dem heiligen Dominikus im Jahr 1208 anvertraut hat. Papst Pius V. erlaubte im Jahr 1569, dass der Rosenkranz auch offiziell beim Gebet verwendet werden darf. Tatsächlich schriftlich erwähnt wurde eine Gebetskette bei den Christen jedoch schon im 11. Jahrhundert im Zusammenhang mit der angelsächsischen Lady Godiva.

Der Rosenkranz besitzt 59 Perlen sowie ein Kreuz und ist eine Zählhilfe beim Rosenkranzgebet.

Am 24. Dezember wurden geboren:

Tarja Halonen (*1943), finn. sozialdemokratische Politikerin, erste Staatspräsidentin Finnlands ab 2000; **Joseph Höffner** (1906–1987), dt. kath. Theologe und Kardinal, Erzbischof von Köln ab 1969; **Elisabeth,** gen. **Sisi** (1837–1898), Kaiserin von Österreich als Gattin Franz Josephs I., Königin von Ungarn

Am 25. Dezember wurden geboren:

Hanna Schygulla (*1943), dt. Schauspielerin; **Joachim Meisner** (*1933), dt. kath. Theologe, Kardinal, Erzbischof von Köln ab 1989; **Mohammed Anwar As Sadat** (1918–1981), ägypt. Politiker, Staatspräsident 1970–81, Friedensnobelpreisträger 1978; **Charlotte von Stein** (1742–1827), dt. Schriftstellerin, Freundin Johann Wolfgang von Goethes

Ist es wahr, dass Galileo Galilei das Fernrohr erfunden hat?

♑ Steinbock　　52. Woche　　08:26 ☉ 16:19 | 09:24 ☾ 18:42

26 Montag
2. Weihnachtsfeiertag
Dezember

2011

Nein!

Das erste Fernrohr ist eine Erfindung des deutsch-niederländischen Brillenmachers Hans Lipperhey. Am 2. Oktober 1608 hatte er Pläne für den Bau eines Fernrohres in der Tasche und erhielt vom Rat von Zeeland den Auftrag, ein solches Instrument zu bauen. Die »Teleskope«, die aus einer Sammel- und einer Streulinse bestanden, fanden im Jahr darauf schon den Weg nach Paris. Die Kunde vom Fernrohr gelangte auch zu Galileo Galilei, der sich Linsen besorgte und das holländische Fernrohr nachbaute.

Damit begann er als einer der Ersten, den Himmel mit einem astronomischen Gerät zu beobachten und machte entscheidende Entdeckungen. So erkannte er, dass die Mondoberfläche bergig ist, die Milchstraße aus einzelnen Sternen besteht und Jupiter vier große Monde hat.

Am 26. Dezember wurden geboren:

Richard Widmark (1914–2008), US-amerikan. Schauspieler; **Mao Zedong** (1893–1976), chines. Politiker; **Henry Miller** (1891–1980), US-amerikan. Schriftsteller; **Maurice Utrillo** (1883–1955), frz. Maler; **Ernst Moritz Arndt** (1769–1860), dt. Schriftsteller, Historiker und Politiker; **Friedrich II.** (1194–1250), röm.-dt. Kaiser (Staufer)

Ist es wahr, dass …? 2011

Ist es wahr, dass kreative Menschen häufiger Albträume haben?

♑ Steinbock — 52. Woche — 08:26 ☉ 16:19 | 09:53 ☾ 19:57

27 Dienstag
Dezember
2011

Wahrscheinlich!

Zumindest nach den Theorien von »Obertraumdeuter« Sigmund Freud sind kreative Menschen besonders häufig von Albträumen betroffen. Sie haben dabei auch das Pech, sich besser an ihre Träume erinnern zu können als der Buchhalter von nebenan oder der Steuerberater auf der ersten Etage.

Mindestens einmal pro Woche wird der kreative und einfühlsame Mensch von einem Albtraum heimgesucht, fanden Schlafmediziner an der psychiatrischen Uniklinik Regensburg heraus. Und weil sie ihre Träume so intensiv erleben, steigt die Angst vor dem nächsten Traum, sodass unter Umständen sogar Medikamente eingesetzt werden, damit die Betroffenen wieder ruhig schlafen können.

Am 27. Dezember wurden geboren:

Guido Westerwelle (*1961), dt. FDP-Politiker, Außenminister seit 2009; **Gérard Depardieu** (*1948), frz. Schauspieler; **Michel Piccoli** (*1925), frz. Schauspieler; **Sebastian Haffner** (1907–1999), dt. Publizist; **Marlene Dietrich** (1901–1992), dt.-US-amerikan. Schauspielerin und Sängerin; **Carl Zuckmayer** (1896–1977), dt. Schriftsteller; **Johannes Kepler** (1571–1630), dt. Astronom

Ist es wahr, dass …? 2011

Ist es wahr, dass Pinguine keine Knie haben?

♑ Steinbock　　52. Woche　　08:27 ☉ 16:20 | 10:17 ☽ 21:10

28   Mittwoch   2011
      Dezember

Nein!

Der Pinguin ist ein Vogel und hat als solcher auch Knie. Weil seine Oberschenkel aber mit 10 cm sehr kurz sind und die Unterschenkel auch keine Längenrekorde brechen, sieht es so aus, als säßen die Füße direkt unter dem Rumpf. Wenn der Pinguin sich setzt, befinden sich seine Knie auf der Höhe des Beckens. Steht er auf, wird er um besagte 10 cm größer und kann sich aufgrund seiner kurzen Beine an Land nur recht unbeholfen fortbewegen.

So ungelenk er sich an Land bewegt, so elegant und effizient gleitet er durchs Wasser. Sein stromlinienförmiger Körper befähigt ihn zu einer Höchstgeschwindigkeit vom 25 km/h und einer Schwimmstrecke von 100 km. Das macht ihn zu einem guten Jäger, der auch unter Wasser dank seiner wenig gekrümmten Hornhaut gut sehen kann.

Am 28. Dezember wurden geboren:

Richard Clayderman (*1953), frz. Pop-Pianist; **Hildegard Knef** (1925–2002), dt. Schauspielerin, Chansonsängerin und Schriftstellerin; **Earl Hines** (1905–1983), US-amerikan. Jazzmusiker; **Friedrich Wilhelm Murnau** (1888–1931), dt. Filmregisseur; **Arthur Stanley Eddington** (1882–1944), brit. Astronom und Physiker; **Woodrow Wilson** (1856–1924), US-amerikan. Politiker (Demokraten), Präsident der USA 1913–21

Ist es wahr, dass …? 2011

Ist es wahr, dass Irren

menschlich

ist?

♑ Steinbock 52. Woche 08:27 ☉ 16:21 | 10:37 ☽ 22:20

29 **Donnerstag**

Dezember

2011

Ja!

Der Mensch lebt in einer komplexen Welt, die er oft blitzschnell mit seinen Sinnen erfassen muss. Um zu überleben, blendet er das Unwichtige aus und konzentriert sich auf das Wesentliche. Doch manchmal unterlaufen hier kleine Fehler, die große Folgen haben können.

Nicht selten überschätzt der Mensch auch seine Fähigkeiten oder stößt an die Grenzen seiner Vorstellungskraft, wenn er Prognosen für die Zukunft abgibt. So formulierte Ken Olson, Gründer der Computerfirma Digital Equipment, 1997: »Es gibt nicht den geringsten Grund für eine Privatperson, einen Computer daheim zu haben.« Auch der Atomphysiker Ernest Rutherford glaubte 1933 nicht, dass »Energie, die durch Atomzertrümmerung gewonnen wird«, eine Kraftquelle sein könne. Irrtümer eben.

Am 29. Dezember wurden geboren:

Jude Law (*1972), brit. Schauspieler; **Brigitte Kronauer** (*1940), dt. Schriftstellerin; **Helmut Gollwitzer** (1908–1993), dt. ev. Theologe; **Pablo Casals** (1876–1973), span. Cellist, Dirigent und Komponist; **Anton Dohrn** (1840–1909), dt. Zoologe; **Charles Goodyear** (1800–1860), US-amerikan. Chemiker, Erfinder der Kautschukvulkanisation

Ist es wahr, dass Lava langsam fließt?

♑ Steinbock   52. Woche   08:27 ☉ 16:22 | 10:56 ☽ 23:28

30 Freitag

Dezember

2011

Nein!

Wie schnell Lava ihre zerstörerische Kraft entfalten kann, hängt von unterschiedlichen Faktoren ab. So kommt es beispielsweise darauf an, wie viel Lava pro Zeiteinheit ein Vulkan ausspuckt, wie steil sein Hang ist und wie viel Wärme die Oberfläche der Lava abgibt. Dickflüssige Lava fließt langsamer als dünnflüssige. Auch die chemische Zusammensetzung ist wichtig: Lava mit viel Kieselsäure fließt kurz, Lava mit wenig Kieselsäure fließt weit. Dabei kann sie in breiter Front oder in einem Lavatunnel den Vulkanhang hinabgleiten.

Schnelle Lava kann mit bis zu 100 km/h fließen, wie der Vulkanausbruch des Nyiragongo im Kongo am 10. Januar 1977 bewies. Der Ausbruch führte dazu, dass eine Seite des Vulkans vollständig aufriss und sich die Lava des Kratersees, übrigens der größte der Erde, in weniger als einer Stunde ergoss.

Am 30. Dezember wurden geboren:

Eldrick »Tiger« Woods (*1975), US-amerikan. Golfspieler; **Carol Reed** (1906–1976), brit. Filmregisseur; **Carl Hanser** (1901–1985), dt. Verleger; **Rudyard Kipling** (1865–1936), engl. Schriftsteller, Literaturnobelpreisträger 1907; **Theodor Fontane** (1819–1898), dt. Schriftsteller des Realismus; **Titus** (39–81), röm. Kaiser 79–81

Ist es wahr, dass Sekt aus Wasserhähnen kommt?

♑ Steinbock 52. Woche 08:27 | 08:27 ☉ 16:23 | 16:24 | 11:14 | 11:32 ☽ – | 00:35

31|1
Samstag | Silvester
Sonntag | Neujahr
Dezember | Januar 2012

2011

Ja!

Wer in Trier wohnt, kommt hin und wieder in den Genuss von Sekt, wenn er den Wasserhahn aufdreht und in der Nähe einer Sektkellerei wohnt. So gelangten 1997 rund 2500 l Sekt in die städtischen Wasserleitungen, weil das Rückstoßventil an der Abfüllanlage der besagten Kellerei defekt war. Ein Mechaniker, der in seinem benachbarten Betrieb Kaffee kochen wollte, war angetan vom »angenehmen Geruch nach Sekt im Trinkwasser« und wird sich geärgert haben, als die Stadtwerke die Rohre kräftig durchspülen ließen.

Auch 16 Jahre zuvor konnten sich Trierer schon über prickelndes Trinkwasser freuen, als 800 l Sekt die städtischen Leitungen fluteten. Der Grund war auch hier ein Defekt an der Abfüllanlage. Prost Neujahr!

Am 31. Dezember wurden geboren:

Anthony Hopkins (*1937), brit. Schauspieler; **Mildred Scheel** (1932–1985), dt. Ärztin, Initiatorin der Deutschen Krebshilfe; **George Catlett Marshall** (1880–1959), US-amerikan. Politiker (Marshallplanhilfe), Friedensnobelpreisträger 1953; **Henri Matisse** (1869–1954), frz. Maler und Grafiker

Am 1. Januar wurden geboren:

Helmut Jahn (*1940), dt.-US-amerikan. Architekt; **Maurice Béjart** (1927–2007), frz. Choreograf und Ballettdirektor; **J(erome) D(avid) Salinger** (*1919), US-amerikan. Schriftsteller; **Pierre de Coubertin** (1863–1937), frz. Pädagoge und Historiker, Initiator der modernen Olympischen Spiele

Schulferien in Deutschland 2011

Land	Weihnachten 2010/11	Winter 2011	Ostern / Frühjahr 2011	Himmelfahrt / Pfingsten 2011	Sommer 2011	Herbst 2011	Weihnachten 2011/12
Baden-Württemberg	23.12.–8.1.	–	26.4.–30.4.**	14.6.–25.6.	28.7.–10.9.	2.11.–4.11.	23.12.–5.1.
Bayern	24.12.–7.1.	7.3.–11.3.	18.4.–30.4.	14.6.–25.6.	30.7.–12.9.	31.10.–5.11.	27.12.–5.1.
Berlin	23.12.–1.1.	31.1.–5.2.	18.4.–30.4.	3.6./29.6.	30.6.–12.8.	4.10.–14.10.	23.12.–3.1.
Brandenburg	23.12.–1.1.	31.1.–5.2.	20.4.–30.4.	3.6.	30.6.–13.8.	4.10.–14.10.	23.12.–3.1.
Bremen	22.12.–5.1.	31.1.–1.2.	16.4.–30.4.	14.6.	7.7.–17.8.	17.10.–29.10.	23.12.–4.1.
Hamburg	23.12.–3.1.	31.1.	7.3.–18.3.	26.4.–29.4./3.6.	30.6.–10.8.	4.10.–14.10.	27.12.–6.1.
Hessen	20.12.–7.1.	–	18.4.–30.4.	–	27.6.–5.8.	10.10.–22.10.	21.12.–6.1.
Mecklenburg-Vorpommern	23.12.–31.12.	7.2.–19.2.	16.4.–27.4.	10.6.–14.6.	4.7.–13.8.	17.10.–21.10.	23.12.–3.1.
Niedersachsen	22.12.–5.1.	31.1.–1.2.	16.4.–30.4.	3.6./14.6.	7.7.–17.8.	17.10.–29.10.	23.12.–4.1.
Nordrhein-Westfalen	24.12.–8.1.	–	18.4.–30.4.	–	25.7.–6.9.	24.10.–5.11.	23.12.–6.1.
Rheinland-Pfalz	23.12.–7.1.	–	18.4.–29.4.	–	27.6.–5.8.	4.10.–14.10.	22.12.–6.1.
Saarland	20.12.–31.12.	7.3.–12.3.	18.4.–30.4.	–	24.6.–6.8.	4.10.–15.10.	23.12.–4.1.
Sachsen	23.12.–1.1.	12.2.–26.2.	22.4.–30.4.	3.6.	11.7.–19.8.	17.10.–28.10.	23.12.–2.1.
Sachsen-Anhalt	22.12.–5.1.	5.2.–12.2.	18.4.–27.4.	14.6.–18.6.	11.7.–24.8.	17.10.–22.10.	22.12.–7.1.
Schleswig-Holstein*	23.12.–7.1.	–	15.4.–30.4.	3.6.–4.6.	4.7.–13.8.	10.10.–22.10.	23.12.–6.1.
Thüringen	23.12.–31.12.	31.1.–5.2.	18.4.–30.4.	11.6.–14.6.	11.7.–19.8.	17.10.–28.10.	23.12.–31.12.

Angegeben ist jeweils der erste und letzte Ferientag. Nachträgliche Änderungen einzelner Länder sind vorbehalten.

* Auf den Inseln Amrum, Föhr, Helgoland und Sylt sowie auf den Halligen gelten für die Sommer- und Herbstferien Sonderregelungen.
** Reformationsfest und Gründonnerstag ist schulfrei.

Schulferien in Österreich 2011

Die Ferientermine waren bei Drucklegung dieses Kalenders noch nicht bekannt. Genaue Angaben erhalten Sie bei:

Bundesministerium für Unterricht, Kunst und Kultur
(Schulinfo)
Minoritenplatz 5
A-1014 Wien

www.bmukk.gv.at

Schulferien in der Schweiz 2011

Die Ferientermine in der Schweiz variieren je nach Kanton, Ort und Schultyp sehr stark. Eine Auflistung würde daher den Rahmen dieses Kalenders sprengen. Genaue Angaben erhalten Sie bei:

Generalsekretariat EDK
Haus der Kantone
Speichergasse 6
Postfach 660
CH-3000 Bern 7

Tel. 0041/(0) 3 13 09 51 11
Fax 0041/(0) 3 13 09 51 50
www.edk.ch

Jahresübersicht 2012

Januar
Mo		2	9	16	23	30
Di		3	10	17	24	31
Mi		4	11	18	25	
Do		5	12	19	26	
Fr	**6**	13	20	27	
Sa		7	14	21	28	
So	**1**	**8**	**15**	**22**	**29**

Februar
Mo		6	13	20	27
Di		7	14	21	28
Mi	1	8	15	22	29
Do	2	9	16	23	
Fr	3	10	17	24	
Sa	4	11	18	25	
So	**5**	**12**	**19**	**26**	

März
Mo		5	12	19	26
Di		6	13	20	27
Mi		7	14	21	28
Do	1	8	15	22	29
Fr	2	9	16	23	30
Sa	3	10	17	24	31
So	**4**	**11**	**18**	**25**	

April
Mo		2	**9**	16	23	30
Di		3	10	17	24	
Mi		4	11	18	25	
Do		5	12	19	26	
Fr	**6**	13	20	27	
Sa		7	14	21	28	
So	**1**	**8**	**15**	**22**	**29**

Mai
Mo		7	14	21	**28**
Di	**1**	8	15	22	29
Mi	2	9	16	23	30
Do	3	10	**17**	24	31
Fr	4	11	18	25	
Sa	5	12	19	26	
So	**6**	**13**	**20**	**27**	

Juni
Mo		4	11	18	25
Di		5	12	19	26
Mi		6	13	20	27
Do		**7**	14	21	28
Fr	1	8	15	22	29
Sa	2	9	16	23	30
So	**3**	**10**	**17**	**24**	

Juli
Mo		2	9	16	23	30
Di		3	10	17	24	31
Mi		4	11	18	25	
Do		5	12	19	26	
Fr		6	13	20	27	
Sa		7	14	21	28	
So	**1**	**8**	**15**	**22**	**29**

August
Mo		6	13	20	27
Di		7	14	21	28
Mi	1	8	**15**	22	29
Do	2	9	16	23	30
Fr	3	10	17	24	31
Sa	4	11	18	25	
So	**5**	**12**	**19**	**26**	

September
Mo		3	10	17	24
Di		4	11	18	25
Mi		5	12	19	26
Do		6	13	20	27
Fr		7	14	21	28
Sa	1	8	15	22	29
So	**2**	**9**	**16**	**23**	**30**

Oktober
Mo	1	8	15	22	29
Di	2	9	16	23	30
Mi	**3**	10	17	24	**31**
Do	4	11	18	25	
Fr	5	12	19	26	
Sa	6	13	20	27	
So	**7**	**14**	**21**	**28**	

November
Mo		5	12	19	26
Di		6	13	20	27
Mi		7	14	**21**	28
Do	**1**	8	15	22	29
Fr	2	9	16	23	30
Sa	3	10	17	24	
So	**4**	**11**	**18**	**25**	

Dezember
Mo		3	10	17	24	31
Di		4	11	18	**25**	
Mi		5	12	19	**26**	
Do		6	13	20	27	
Fr		7	14	21	28	
Sa	1	8	15	22	29	
So	**2**	**9**	**16**	**23**	**30**

Bewegliche Feiertage Karfreitag: 6. April, Ostern: 8./9. April, Christi Himmelfahrt: 17. Mai, Pfingsten: 27./28. Mai, Fronleichnam: 7. Juni, Buß- und Bettag: 21. November.
Rot markiert sind nur bundesweit gültige Feiertage, **schwarz markiert** sind nicht bundesweite Feiertage.

Bildquellenverzeichnis

Titel
Illustration Tom Breitenfeldt

Bildagentur Archiv Boiselle, Speyer
20.05.

Arco Images, Lünen/Bahr 31.08., Dolder 15.13., Rolfes, 19.12., Wegner 06.12.
– **Nature Picture Library** 10.10.; Hobson 31.03., Mango 11./12.06., Rich 23./24.04.
Christian Back, Großwelzheim 28.03.
– **Bildagentur Huber, Garmisch-Partenkirchen** 27.07.
blickwinkel, Witten/Hecker 03.11.
– MPphoto 17.05.
Corbis, Düsseldorf/Barrow 08.08.,
Blanchetti 14.09., Dagli Orti 20.07., de la Harpe 20.06., Diebold 28.11.; Garrett 13.12., Jannack 18.11., Karrass 01.07., Krist 05.05., Kulka 22.02., 15./16.10., Lanting 01./02.10., Lupton 16.08., Manen 22.07.; Schäfer 15.04., Wyman 20.01.
AgStock Images 27.10.
– amanaimages/Yoshikawa 17.02.
– Atlantide Phototravel 23.02., 22./23.10.
– Benelux 04.10., 10.11.
– Cynthia Hart Designer 06.11.
– DLILLC 28.12.
– Historical Picture Archive 19.08.

– Image Plan 28.01.
– JLP 22.01.
– photocuisine/Desgrieux 25.08., Nicoloso 06.10.
– Radius Images 13.05.
– Radlkl/Yu 02.09.
– Robert Harding World Imagery/Ashworth 29.04.
– Science Faction/Radcliffe 08.01.
– Zefa/Seckinger 21.03.
Corbis Royalty Free 12.01., 17.01., 02.02.
Reinhard Dirscherl, München 16.06.
Wolfgang Fuchs, Hart bei Graz 16.11.
Interfoto, München 18.07., 08.01., with 04.04.
– Mary Evans Picture Library 05./06.11.
– movaAR 18.04., Bali 28./27.02., Belcher 06.01., de Cleveland 11.05., 15.07., Eisele-Hein 06.12., Fischer 21.12., Horvat 09.06.; Jegen 13.04., Krabs 29.08., Lauter 08.06., Siepmann 14.06., Strigl 02.12.
– The Travel Library/Foulkes 27.04.
Juniors Bildarchiv, Ruhpolding/Milse 07.06., Spreckels 09./10.04.
laif Agentur für Photos und Reportagen, Köln/Emmler 19./20.02.
mauritius images, Mittenwald 23.12.

– imagebroker 09.03.
– akg-images 23.08., 23., 21.11., 26.12.
picture-alliance, Frankfurt a.M./Sander 14.01., 19.10.
– Beipress 06.04.
– chromorange/Graziano 31.01.
– dieKLEINERT.de/Emmet 06.09.
– dpa 27.09., Hirschberger 01.08., Bäsemann 09.02., Breloer 23.08., Cotrim 05.09., Frey 11.03., Kasper 14.02., Krämer 28./29.05., Omon 30.12., Pleul 02.03., Scheidemann 14.11., Sennot 24.05., Stockfood 07.02., 21.04., Thieme 12.08., Weda 03.06.
– Flora Press 09.09.
– Helga Lade Foto 02.05.
– imagestate 25.10.
– Keystone 18.03.
– kids images 00.07.
– Okapia 25.03., 27.06.
– Photocuisine 04.02.
– united archives 19.09.
– photoshot/Edwardes 11.07., Shaw 04.08.
– ZB/Schindler 04.01.
Stockfood, München 05./06./03.; Bender 11.02.

Impressum

Alle Rechte vorbehalten. Nachdruck, auch auszugsweise, nicht gestattet.

© 2010 KV&H Verlag GmbH

Harenberg

D-82008 Unterhaching

Niederlassung: 44137 Dortmund, Königswall 21

Redaktionsschluss: 4.1.2010

Autorin: Martina Stein, buchwerkstatt.com • **Lektorat:** Dirk Michel
Illustrationen: Tom Breitenfeldt • **Projektmanagement:** Silke Erdmann
Bildredaktion: Klaus zu Klampen • **Herstellung:** Rüdiger Theile

Artikel-Nr. 3010800
ISBN 978-3-8400-0098-0

Die Inhalte dieses Kalenders wurden mit größtmöglicher Sorgfalt erarbeitet, dennoch können viele Themen nicht abschließend bewertet werden, da sie sich nach wie vor in der fachlichen Diskussion befinden. Dieser Kalender gibt den Kenntnisstand zum Zeitpunkt des Redaktionsschlusses wieder. Die Haftung bei möglichen inhaltlichen Fehlern wird, soweit gesetzlich zulässig, ausgeschlossen.

Die in diesem Kalender angegebenen Auf- und Untergangszeiten von Sonne und Mond beziehen sich auf Kassel und berücksichtigen die Mitteleuropäische Sommerzeit. Zum Zeitpunkt der Drundlegung dieses Kalenders war noch nicht über eine evtl. Aufhebung der Sommerzeit entschieden.

Da die Sonne nicht genau um Mitternacht von einem Tierkreiszeichen in das nächste wechselt, ist die Häufig zu findende allgemeine Einteilung der Sternzeichen nach Kalendertagen nicht vollkommen präzise. Der genaue Zeitpunkt des Übergangs variiert auch von Jahr zu Jahr, da das Sonnenjahr nicht genau 365 Tage lang ist. Der KV&H Verlag verzichtet daher bewusst auf eine Verantheilung der Sternzeichenwechsel. Seine kalendarischen Angaben beziehen sich auf die "Astronomischen Grundlagen für Kalender", die jedes Jahr vom Astronomischen Rechen-Institut am Zentrum für Astronomie der Universität Heidelberg herausgegeben werden.